知识生产的原创基地
BASE FOR ORIGINAL CREATIVE CONTENT

颉腾商业
JIE TENG BUSINESS

赢在资本

上市公司资本运营
法律风险解析与防范

郭勤贵　赵万宝◎编著

Winning in Capital

Analysis and Prevention
of Legal Risks in Capital Operation
of Listed Companies

中国广播影视出版社

图书在版编目（CIP）数据

赢在资本：上市公司资本运营法律风险解析与防范 / 郭勤贵，赵万宝编著. -- 北京：中国广播影视出版社，2021.1

ISBN 978-7-5043-8493-5

Ⅰ.①赢… Ⅱ.①郭… ②赵… Ⅲ.①上市公司—资本经营—企业法—法律解释—中国 Ⅳ.① D922.291.914

中国版本图书馆CIP数据核字(2020)第168020号

赢在资本——上市公司资本运营法律风险解析与防范
郭勤贵　赵万宝　编著

策　　划	李华君	
责任编辑	王　佳	
责任校对	龚　晨	

出版发行	中国广播影视出版社	
电　　话	010-86093580　010-86093583	
社　　址	北京市西城区真武庙二条9号	
邮　　编	100045	
网　　址	www.crtp.com.cn	
电子信箱	crtp8@sina.com	

经　　销	全国各地新华书店
印　　刷	文畅阁印刷有限公司

开　　本	710毫米×1000毫米　1/16
字　　数	219（千）字
印　　张	18.5
版　　次	2021年1月第1版　2021年1月第1次印刷
书　　号	ISBN 978-7-5043-8493-5
定　　价	69.00元

（版权所有　翻印必究·印装有误　负责调换）

PREFACE | 前言

"敬畏市场、尊重法律"是上市公司防范资本运营法律风险的唯一路径

强大的金融是一个强国的标配,而强大的资本市场是金融强大的标志,是改变以银行为主的传统融资市场的重要力量。从欧美金融市场结构及其与企业创新关系来看,以银行为主的欧洲传统金融市场,以传统企业为主,鲜有互联网科技企业出现。而以资本市场融资为主的美国金融市场,却出现了一些互联网科技企业、生物制药企业。同时,美国企业杠杆与债务风险较小的原因也在于其发达的资本市场为它提供了强大的直接融资功能。

中国借鉴了美国金融模式的合理因素。所以,建立强大的金融市场已成为我国的重大战略之一,而资本市场成为重中之重。经过近30年的发展,中国A股市场已经成为当今世界最重要的资本市场之一。上市公司数量即将突破4000家,从市值、市盈率、融资金额、交易活跃度等指标看,A股已经具备了一定的竞争力。随着我国资本市场的重大战略及一系列的配套政策出台,A股必将成为我国金融市场的重要力量。

但相比于中国香港资本市场、美国资本市场及其他发达资本市场,A股市场还存在诸多问题:一方面是由A股自身散户持股比例超高而机构持股比例过低等投资结构所造成的;另一方面也与A股的服务与监管制度缺位有关。

随着强监管时代的来临,上市公司面临的合规风险越来越大,原有的资本运营逻辑已经无路可走,靠讲故事圈钱,靠财务造假粉饰业绩,靠并购重

组概念做市值管理，靠关联交易、虚假合同创造利润，靠忽悠式重组继续画饼等，都将走进资本运营的法律深渊。

上市公司作为优秀企业的代表，若善于合法合理运用资本市场，那么资本市场就是天堂。如果违法违规进行资本炒作，那么资本市场就是地狱。

从违法违规等法律风险角度看，上市公司及其相关人员面临三大法律风险及责任，分别是民事法律风险及民事法律责任、行政法律风险及行政法律责任、刑事法律风险及刑事法律责任等。

而上市公司不是实际控制人的"一言堂"，背后还有成千上万普通股民的利益。当实际控制人因个人原因涉案，上市公司该如何及时切割？如何避免个人行为传导成资本市场"地震"？如何保护中小股民的切身利益？诸如此类的问题还非常多。

2019年以来，十多家上市公司实际控制人被刑拘，或给各大上市公司敲响了警钟，也给投资界人士上了一堂"法律课"。防患于未然，与其事后经历震荡，不如加强公司治理结构的科学性与稳定性，从制度上规避个人对企业造成的巨大影响，保护上市公司的"健康"，使之可持续运营。

因此，上市公司一方面应当在业务上踏踏实实做好本职工作，回归商业本质规律，尊重市场逻辑，持续不断地创造利润就是最好的市值管理。同时，作为不同于一般公司的社会公众公司，应当合法合规地进行公司治理、信息披露、资本运营，防范资本运营的法律风险。另一方面，上市公司也应当深入学习，依法智慧地应对危机，重视信息披露工作，尤其是全面而审慎地做好重大危机时的信息披露工作。利用资本市场平台，持续走向成功。上市不是终点，而只是走向成功的起点。我们必须敬畏资本市场，敬畏法律规则。

郭勤贵

CONTENTS | 目录

第一章　上市公司证券类法律风险频发

第一节　中国证券市场发展历程 // 006

第二节　上市公司证券类法律风险概况 // 011
　一、2018年A股上市公司行政违法高发 // 011
　二、2018年上市公司涉及刑事犯罪整体情况 // 011
　三、上市公司遭遇证券诉讼问题多发 // 013

第三节　上市公司证券类法律责任类型 // 014
　一、上市公司证券类民事法律责任 // 015
　二、上市公司证券类行政法律责任 // 016
　三、上市公司证券类刑事法律责任 // 017

第四节　信息披露成为上市公司法律风险的重中之重 // 018
　一、信息披露已成上市公司违法违规行为的"重灾区" // 018
　二、信息披露的基本类型 // 019
　三、违反信息披露义务行为的具体类型 // 022
　四、信息披露违规的动因 // 024
　五、上市公司信息披露相关制度概述 // 024

第二章 上市公司常见证券类民事法律责任

第一节 上市公司证券类民事法律责任概况 // 028
第二节 上市公司虚假陈述的民事法律责任 // 032
一、2018年虚假陈述民事诉讼概况 // 032
二、上市公司信息披露违规简述 // 033
三、虚假陈述有关法律法规 // 034
四、虚假陈述民事法律责任若干法律问题 // 036
五、投资者与上市公司虚假陈述赔偿纠纷案例 // 042

第三节 上市公司涉及的操纵市场民事法律责任 // 043
一、操纵市场的有关法律法规 // 044
二、操纵市场概述 // 046
三、操纵市场案例 // 052
四、操纵市场民事赔偿案审理难点 // 056

第四节 上市公司涉及的内幕交易民事法律责任 // 058
一、现行法律法规关于内幕交易的规定 // 059
二、内幕交易若干法律问题 // 063
三、内幕交易民事赔偿案例 // 069
四、案件胜诉难点：因果关系、具体损失如何认定 // 075

第五节 上市公司欺诈发行民事法律责任 // 077
一、欺诈发行的有关法律法规 // 078
二、欺诈发行的法律责任 // 079
三、欺诈发行的案例 // 086

第六节 上市公司涉及的业绩承诺民事法律责任 // 089
一、有关业绩承诺的法律法规 // 91

二、监管部门——中国证监会的监管意见 // 92

三、当前上市公司业绩承诺的基本情况 // 93

四、上市公司业绩承诺兑现难的原因 // 95

五、业绩承诺的法律属性 // 96

六、业绩承诺有关案例 // 96

第七节 控股股东、实控人、董监高损害公司利益 // 99

一、关于上市公司控股股东、实际控制人及公司董监高损害上市公司利益的主要法律法规 // 100

二、常见损害公司利益行为 // 102

第八节 上市公司控制权之争民事法律风险 // 105

第三章 上市公司常见证券类行政法律责任

第一节 上市公司被立案调查 // 114

一、上市公司被立案调查概况 // 114

二、对上市公司立案调查的措施与程序 // 118

三、上市公司被立案调查的常见情形 // 123

第二节 上市公司被立案调查附带影响 // 125

一、对上市公司自身的影响 // 125

二、对上市公司控股股东、实际控制人的影响 // 128

三、对最近三年内控股股东、实际控制人的影响 // 129

四、对上市公司持股5%以上股东的影响 // 129

五、对上市公司董监高的影响 // 130

六、对独立董事的影响 // 130

七、对董事会秘书的影响 // 131

第三节 上市公司常见证券类行政处罚 // 132

一、上市公司证券类行政处罚概况 // 132

二、近几年上市公司行政违法处罚情况 // 133

三、上市公司行政违法行为处罚种类 // 139

四、上市公司信息披露违法行为的行政处罚 // 140

五、涉及上市公司内幕交易违法行为的行政处罚 // 142

六、上市公司财务造假型信息披露违法行为的行政处罚 // 145

七、上市公司违规担保违法行为的行政处罚 // 147

八、涉及上市公司操纵市场违法行为的行政处罚 // 147

九、上市公司实际控制人、控股股东违法行为的行政处罚 // 149

十、上市公司持股 5% 以上股东违法行为的行政处罚 // 152

十一、上市公司董监高及独立董事违法行为的行政处罚 // 153

第四节 上市公司常见证券类行政处罚附带影响 // 156

一、对上市公司自身的影响 // 156

二、对上市公司控股股东和实控人的影响 // 162

三、对上市公司持股 5% 以上股东的影响 // 162

四、对上市公司董监高的影响 // 162

五、对上市公司独立董事的影响 // 163

六、对上市公司董事会秘书的影响 // 163

第五节 上市公司非行政处罚性监管措施 // 164

一、上市公司非行政处罚性监管措施概述 // 164

二、近三年上市公司非行政处罚性监管措施情况 // 165

三、上市公司非行政处罚性监管措施种类 // 166

四、上市公司证券发行违规的非行政处罚性监管措施 // 167

五、上市公司收购违规的非行政处罚性监管措施 // 167

六、上市公司重大资产重组违规的非行政处罚性监管措施 // 170

七、上市公司信息披露违规的非行政处罚性监管措施 // 170

八、上市公司上市违规的非行政处罚性监管措施 // 172

第六节　上市公司非行政处罚性监管措施附带影响 // 174

一、对上市公司的影响 // 174

二、对上市公司控股股东及实际控制人的影响 // 175

三、对上市公司收购人及相关人员的影响 // 176

四、对上市公司董监高的影响 // 176

五、对上市公司独立董事的影响 // 177

六、对上市公司董事会秘书的影响 // 177

第七节　上市公司自律监管措施和纪律处分措施 // 178

一、上市公司自律监管措施和纪律处分措施概述 // 178

二、近三年上市公司自律监管措施和纪律处分措施情况 // 179

三、上市公司自律监管措施和纪律处分措施的种类 // 182

四、上市公司自律监管措施和纪律处分措施常见情形 // 186

第八节　上市公司自律监管措施和纪律处分措施附带影响 // 191

一、对上市公司的影响 // 191

二、对上市公司股东及实际控制人的影响 // 193

三、对上市公司收购人及相关人员的影响 // 195

四、对上市公司董监高的影响 // 195

五、对相关保荐代表人、证券服务机构及其相关人员的影响 // 196

第四章　上市公司常见证券类刑事法律责任

第一节　上市公司证券类刑事法律责任概况 // 199

一、上市公司证券类刑事犯罪概述 // 199

二、近几年上市公司刑事追责情况 // 202

第二节 上市公司常见证券类犯罪 // 212

    一、欺诈发行股票、债券罪 // 212

    二、违规披露、不披露重要信息罪 // 216

    三、擅自发行股票或者公司、企业债券罪 // 219

    四、内幕交易、泄露内幕信息罪 // 223

    五、利用未公开信息交易罪 // 226

    六、编造并传播证券、期货交易虚假信息罪 // 230

    七、操纵证券、期货市场罪 // 234

    八、背信损害上市公司利益罪 // 237

第三节 上市公司证券类刑事犯罪附带影响 // 242

    一、对A股上市公司的影响 // 243

    二、对上市公司董监高的附带影响 // 246

第四节 上市公司证券类三大法律责任的附带与交叉问题 // 248

    一、上市公司证券行政违法与刑事犯罪的界限 // 249

    二、上市公司证券类行政违法、刑事犯罪与民事赔偿责任 // 251

第五章 上市公司常见证券类法律风险管控与应对

第一节 抓信息披露工作 // 260

第二节 完善公司治理结构　让董事更懂事 // 264

第三节 严格执行内控与风险防范制度 // 267

第四节 对外积极沟通与应诉 // 270

第五节 对内严格追责 // 278

第六节 及时自查自纠 // 280

第七节 聘请外部专家 // 282

第八节 危机处理 // 284

第一章
上市公司证券类法律风险频发

01

上市公司经营过程中，面临各种不确定的风险已成为常态。风险包括：市场风险、竞争风险、政策风险、法律风险等各种可能影响上市公司经营行为的不确定性因素。在这些风险中，法律风险是最重要的风险之一。

对于上市公司而言，可能存在着众多的法律风险，包括：合同、知识产权、投资融资、并购、重组、公司治理、产品质量、资本运作等，而与上市公司相关的证券类法律风险尤为重大，甚至直接决定了上市公司的生死存亡。

那么，什么是上市公司证券类法律风险呢？本书所提到的证券类法律风险是指上市公司因违反与证券相关的法律、法规而产生的法律风险。换句话说，上市公司的有关行为违反了资本市场相关监管法律、法规，由此产生的民事、行政、刑事法律风险。上市公司法律法规风险有很多，但本书仅梳理与探讨上述的证券类法律风险。

2018年，上海证券交易所处理信息披露违规上市公司89家，董事、监事、高级管理人员462名。深圳证券交易所全年共发出纪律处分决定书146份，同比增长52.08%；涉及上市公司85家次，同比增长80.85%；涉及责任人员609人次，同比增长38.72%。从违规行为涉及面来看，覆盖了信息披露、规范运作、证券交易、中介机构违规等多个维度。从查出的违法违规行为看，主要集中在五大类：一是财务数据不真实、定期报告及业绩预告违规；二是资金占用、违规担保等重大恶性行为；三是违反承诺行为；四是异常并购交易行为；五是中介机构未履行勤勉尽责义务。

2019年，信息披露违规上市公司遭证监会立案调查的数量激增，因证券违法被刑事立案的上市公司实际控制人（董事长）已多达十余人，这是自证券市场建立以来从未有过的。一场监管风暴已经来临，比当年资本市场严打的"资本大鳄""妖精""害人虫"等来得更为猛烈。

据《中国证券报》记者不完全统计，截至2019年5月28日，已经有43

家上市公司或董监高等因违法违规行为被立案调查,平均每3.5天就有1家上市公司被立案调查。此外,此前已被立案调查目前还在进行中的公司有33家,总数达76家。随着"两康"事件曝光,资金占用、违规担保、财务造假等违法违规情形在数量、金额上均大幅增长。一波未平一波又起,几年前曾因信息披露违规被立案调查的上海某上市公司控股股东及实控人因涉嫌违规披露、不披露重要信息罪被公安机关拘留,接受调查。

同时,上市公司退市步伐加大。2019年5月17日晚,上海证券交易所对*ST海润和*ST上普做出股票终止上市决定;深圳证券交易所也做出*ST华泽、*ST众和股票终止上市决定。在此前的2019年5月10日晚,深圳证券交易所就一次性发布了乐视网、千山药机、*ST龙力、*ST凯迪、金亚科技、*ST皇台、*ST德奥7家公司的暂停上市公告,决定暂停上述公司股票上市。整个2018年,暂停上市的公司只有*ST众和(002070)、*ST上普(600680)、*ST海润(600401)、*ST华泽(000693)4家,且4家公司此次全部被终止上市。2019年以来A股市场在暂停上市公司家数方面,已创下历史新高。下表为2019年1—5月被立案调查的A股上市公司一览表。

公司名称	日期	被立案原因
*ST赫美	5月27日	涉嫌信息披露违法违规
*ST秋林	5月24日	涉嫌信息披露违法违规
聚力文化	5月24日	涉嫌信息披露违法违规
深大通	5月22日	公司及实控人在证监会依法履职过程中未予配合
腾讯股份	5月22日	涉嫌信息披露违法违规
ST天宝	5月21日	涉嫌信息披露违法违规
元成股份	5月21日	董事长、董秘涉嫌内幕交易

续表

公司名称	日期	被立案原因
*ST 刚泰	5月10日	涉嫌信息披露违法违规
*ST 东南	5月10日	公司、董事长兼总经理涉嫌信息披露违法违规
*ST 新亿	5月10日	2018年年报、2019年一季报未及时披露
*ST 毅达	5月10日	涉嫌信息披露违法违规
*ST 长生	5月10日	2018年年报、2019年一季报未及时披露
华泽退	5月10日	涉嫌信息披露违法违规
优德精密	5月6日	董事长黄崇胜被调查
ST 天润	5月6日	公司及赖淦锋涉嫌信息披露违法违规
乐视网	4月29日	公司及贾跃亭涉嫌信息披露违法违规
怡球资源	4月29日	涉嫌信息披露违法违规
南都电源	4月26日	董事长王岳能涉嫌内幕交易
*ST 索菱	4月26日	涉嫌信息披露违法违规
*ST 仁智	4月25日	涉嫌信息披露违法违规
*ST 皇台	4月12日	涉嫌信息披露违法违规
三圣股份	3月28日	涉嫌信息披露违法违规
*ST 飞马	3月29日	涉嫌信息披露违法违规
ST 新光	3月28日	未按规定披露对外担保及大股东占用资金
盛运环保	3月28日	涉嫌信息披露违法违规
新雷能	3月19日	董事长涉嫌内幕交易
*ST 雏鹰	3月19日	涉嫌违法违规
熊猫金控	3月8日	实控人涉嫌泄露内幕信息
*ST 欧浦	2月26日	涉嫌信息披露违法违规
*ST 利源	2月18日	涉嫌信息披露违法违规

续表

公司名称	日期	被立案原因
全新好	1月26日	信息披露涉嫌违反证券法律法规
*ST升达	1月24日	涉嫌信息披露违法违规
金刚玻璃	1月24日	涉嫌信息披露违法违规
天翔环境	1月24日	涉嫌信息披露违法违规
ST银河	1月23日	公司、银河集团涉嫌信息披露违法违规
天山生物	1月23日	涉嫌信息披露违法违规
*ST康得	1月22日	涉嫌信息披露违法违规
ST冠福	1月18日	涉嫌信息披露违法违规
东方金钰	1月16日	涉嫌信息披露违法违规
香溢融通	1月11日	涉嫌信息披露违法违规
太平年	1月10日	实控人与一致行动人涉嫌超比例持有宁波中百股票未披露且在限制期内违规交易
蓝丰生化	1月8日	涉嫌信息披露违法违规
四环生物	1月7日	涉嫌信息披露违法违规

（数据来源：上市公司公告）

A股上市公司是中国数以亿计的企业中的天之骄子和幸运儿，地方政府的"香饽饽"，资本市场及市场竞争中的宠儿。但随着资本市场的发展及监管力度的加大，上市公司涉及证券类法律的风险也越来越大，原有的公司治理、信息披露、资本运作、经营模式等已经无法维持，需要改变旧的观念，敬畏市场、敬畏法律与规则。

第一节
中国证券市场发展历程

  金融强则国强。金融对一个国家而言，其重要性不言而喻。而证券市场是金融市场的重要组成部分，在金融市场体系中居重要地位。证券市场是上市公司资本运作的平台、阵地与场所，没有证券市场就没有上市公司。

  从 20 世纪 90 年代初开始，中国证券市场经历了二十多年的发展，从不成熟逐步走向成熟，从监管缺位到监管逐步完善，从初具规模到发展壮大，证券业已成为中国国民经济中的一个重要行业，对推动国民经济增长做出了一定的贡献，但还存在诸多亟待完善的问题。中国证券行业的发展主要经历了六个阶段，基本情况如下：

第一阶段：中国证券市场的建立

  20 世纪 80 年代，中国国库券开始发行。1986 年 9 月 26 日，上海建立了第一个证券柜台交易点,办理由其代理发行的延中实业和飞乐音响两家股票的代购、代销业务,这是新中国证券正规化交易市场的开端。1990年12月,新中国第一家经批准成立的证券交易所——上海证券交易所成立。1991年4月,经国务院授权中国人民银行批准,深圳证券交易所成立。以沪、深交易所的成立为标志,中国证券市场开始其发展历程。

第二阶段：全国统一监管市场的形成

1992年证券委的成立,标志着中国证券市场开始逐步纳入全国统一监管框架,全国性市场由此开始发展。中国证券市场在监管部门的推动下,建立了一系列的规章制度,初步形成了证券市场的法规体系。1993年国务院先后颁布了《股票发行与交易管理暂行条例》和《企业债券管理条例》,此后又陆续出台了若干法规和行政规章,初步构建了最基本的证券法律法规体系。1993年以后,B股、H股发行出台,债券市场品种呈现多样化,发债规模逐年递增。与此同时,证券中介机构在种类、数量和规模上迅速扩大。1998年,国务院证券委撤销,中国证监会成为中国证券期货市场的监管部门,并在全国设立了派出机构,建立了集中统一的证券期货市场监管框架,证券市场由局部地区试点试验转向全国性市场发展阶段。

第三阶段：依法治市和市场结构改革

1999年至2004年是证券市场依法治市和规范发展的过渡阶段。1999年7月《证券法》实施,以法律形式确认了证券市场的地位,奠定了我国证券市场基本的法律框架,使我国证券市场的法制建设进入了一个新的历史阶段。

2001年，证券业协会设立代办股份转让系统。这一阶段，证券监管机构制定了包括《证券投资基金法》（2003年）在内的一系列的法规和政策措施，推进上市公司治理结构改善，大力培育机构投资者，不断改革完善股票发行和交易制度，促进了证券市场的规范发展和对外开放。

第四阶段：深化改革和规范发展

2004年至2008年是改革深化发展和规范发展阶段，以券商综合治理和股权分置改革为代表事件。2004年2月，国务院发布《关于推进资本市场改革开放和稳定发展的若干意见》，明确了证券市场的发展目标、任务和工作要求，是资本市场定位发展的纲领性文件。2004年5月起深交所在主板市场内设立中小企业板块，是证券市场制度创新的一大举措。为了贯彻落实国务院相关政策，2004年8月，中国证监会在证券监管系统内全面部署和启动了综合治理工作。自此，证券公司综合治理、上市公司股权分置改革、发展机构投资者在内的一系列重大变革由此展开。

2005年4月，经国务院批准，中国证监会发布了《关于上市公司股权分置改革试点有关问题的通知》，启动股权分置改革试点工作。股权分置改革后A股进入全流通时代，大小股东利益趋于一致。2006年1月，修订后的《证券法》《公司法》正式施行。同月，中关村高科技园区非上市股份制企业开始进入代办转让系统挂牌交易。2006年9月，中国金融期货交易所批准成立，有力推进了中国金融衍生产品的发展，完善了中国资本市场体系结构。2007年7月，中国证监会下发了《证券公司分类监管工作指引（试行）》和相关通知，这是对证券公司风险监管的新举措。

第五阶段：多层次资本市场的建立和完善发展

2009年10月创业板的推出标志着多层次资本市场体系框架基本建成。2010年，证券市场制度创新取得新的突破，3月融资融券、4月股指期货的推出为资本市场提供了双向交易机制，这是中国证券市场金融创新的又一重大举措。2012年8月转融资、2013年2月转融券业务陆续推出，有效地扩大了融资融券发展所需的资金和证券来源。2013年11月，党的十八届三中全会召开，全会提出对金融领域的改革，将为证券市场带来新的发展机遇。11月30日，中国证监会发布《关于进一步推进新股发行体制改革的意见》，新一轮新股发行制度改革正式启动。2013年12月，新三板准入条件进一步放开，新三板市场正式扩容至全国。随着多层次资本市场体系的建立和完善，新股发行体制改革的深化，新三板、股指期权等制度创新和产品创新的推进，中国证券市场逐步走向成熟，证券市场为中国经济提供投融资服务等功能日益突出。

经过20多年的发展，无论是从上市公司的数量，还是从融资金额、投资者数量等方面，中国资本市场均已具备了相当大的规模，其在融资、优化资源配置等方面对中国经济的发展发挥越来越重要的作用。自1990年证券市场形成，截至2013年年末，中国沪、深两市共有上市公司（A、B股）2 489家，总市值达到23.91万亿元，流通市值19.96万亿元。证券市场投资者规模日益壮大，其结构也在不断优化。截至2013年年末沪、深股票投资者开户数达1.75亿户，基金投资账户0.465亿户。证券中介机构和机构投资者数量不断增加，截至2013年年末，国内共有证券公司115家，证券投资基金管理公司89家。中国证券市场在优化资源配置、促进企业转制、改善融资结构、加速经济发展等方面正在发挥着重要作用。

第六阶段：科创板与注册制

2018年11月5日，有关部门宣布，我国将在上海证券交易所设立科创板并试点注册制，支持上海国际金融中心和科技创新中心建设，不断完善资本市场基础制度。进入2019年后，该项工作进程加快。6月，第一批科创板企业进入评审，7月22日，第一批科创板公司正式开板交易。

注册制的推出有可能真正让资本市场的资金被引导进入中国实体经济市场，实体经济的创新创业有了明确的资本上市与退出机制，从而更好地驱动资本市场向实体经济倾斜，更好地服务实体经济的发展，特别是支持中小微企业的发展。

减少中国资本市场的壳资源炒作，让中国资本市场向真正的价值投资市场转变。注册制的推出，将有可能进一步降低市场对壳资源的炒作，中国资本市场的投机属性将有可能被彻底改写，价值投资将有可能真正进入中国资本市场。

第二节
上市公司证券类法律风险概况

一、2018 年 A 股上市公司行政违法高发

根据中国证监会发布的《2018 年证监会行政处罚情况综述》披露数据，全年做出行政处罚决定 310 件，同比增长 38.39%；罚没款金额 106.41 亿元，同比增长 42.28%；市场禁入 50 人，同比增长 13.64%。其中：上市公司信息披露违法类案件处罚 63 起；操纵市场类案件处罚 14 起；内幕交易类案件处罚 87 起。其中有 57 起所涉内幕信息与资产并购重组事项相关，说明该领域依然是内幕交易的高发地带。

二、2018 年上市公司涉及刑事犯罪整体情况

根据有关报告及资料显示，2018 年以来，多家上市公司因为涉嫌刑事犯罪而遭遇股价崩盘式下跌，这对行业整体发展、投资者市场信心及预期收益

均造成不小的冲击。随着监管趋势持续从严及经济发展放缓，上市公司涉嫌刑事犯罪的风险仍需进一步关注。

1. 2018年上市公司涉及刑事犯罪整体情况

根据公开报道检索的情况，2018年共计74家上市公司涉及刑事犯罪，其中包括17家上市公司因他人犯罪行为成为被害人。剩余57家上市公司，涉嫌构成刑事犯罪的不乏上市公司实际控制人、高管人员及相关子公司。

2. 2018年上市公司涉及刑事犯罪主体及被侵害情况

（1）上市公司遭受内外部刑事侵害。根据统计，2018年74家上市公司共涉及78起刑事犯罪案件，包括17起案件系上市公司为被害人。其中超过70%的行为系外部人员实施，不到30%的系上市公司内部人员所为。

（2）国资背景上市公司受害比例较高。在74家涉刑上市公司中，存在31家上市公司具有国资背景，或为国有控股，或为国有参股。值得注意的是，17家遭受刑事侵害的上市公司中有11家具有国资背景。具体包括7起刑事诈骗案件及4起职务犯罪案件。

（3）实际控制人及董监高实施犯罪占比较高。据统计，公司实际控制人及董事、监事、高级管理人员是上市公司涉嫌刑事犯罪主体的主要组成人员，其中上市公司实际控制人占比最大。

从2018年上市公司涉及刑事犯罪类别情况看，上市公司共涉及9大类刑事犯罪，证券类犯罪数量开始增多。

三、上市公司遭遇证券诉讼问题多发

据《证券时报》2017年10月14日报道，截至2017年10月，有200家左右的上市公司被列为投资者维权索赔的被告，包括诸多知名上市公司。对虚假陈述的上市公司起诉索赔的投资者超过2万人，涉及金额超过20亿元。此类已结案件的起诉原告中，约有80%以上投资者通过和解或者判决，获得了现金或股票赔偿。

根据案例统计数据显示，不少上市公司因虚假陈述被股民起诉，一些上市公司因涉及内幕交易、操纵市场遭遇众多投资者起诉索赔。

第三节

上市公司证券类法律责任类型

2019年5月,中国证监会主席易会满在中国上市公司协会2019年年会上表示,上市公司和大股东必须牢牢守住"四条底线":一是不披露虚假信息,二是不从事内幕交易,三是不操纵股票价格,四是不损害上市公司利益。对于问题严重、拒不整改或整改不力的,证监会将综合运用监管措施、行政处罚、市场禁入、刑事移送等手段,追究公司特别是实际控制人、大股东、上市公司董事、监事、高级管理人员的责任。

上述表态直指上市公司存在的常见的违法违规问题,虚假信息、内幕交易、操纵市场、虚假上市被视为我国资本市场"四大毒瘤""四大顽疾",且久治不愈!除此之外,上市公司大股东、实际控制人利用资本市场,或者IPO融资、配资、增发,或者债券融资,大肆圈钱。而通过关联交易损害上市公司利益、侵占上市公司资金、为关联公司提供担保均成了资本市场常态。

不仅如此,通过重大资产重组和兼并收购向利益相关方输送利益也成为上市公司大股东、实际控制人掏空上市公司的惯用伎俩。根据历年来立案调查所查出的违法违规情况，结合各地法院受理的中小投资者提起的证券赔偿诉讼受理与审理情况，我们可以将上市公司常见的证券类违法违规及其法律责任归纳为如下几类：

一、上市公司证券类民事法律责任

A 股开立近 30 年以来，先后有了上海证券交易所与深圳证券交易所两家证券交易所，近 4000 家上市公司。根据不同的企业性质、融资规模、市值等分为了主板、中小板及创业板，以及后来推出的科创板。其中主板与中小板适用同一个交易发行规则，创业板适用单独的交易及发行规则，科创板单独适用一个规则，从目前看，科创板已经适用注册制。除此之外，A 股曾经还试图推出：战略新兴产业板、国际板、CDR 等，但因种种原因而搁浅。

就上市公司（包括董事、监事、高级管理人员）本身而言，常见的民事法律责任主要有：虚假陈述，其他违反信息披露义务、操纵市场、内幕交易、欺诈发行、业绩承诺不兑现、违规担保，控股股东、实控人损害公司利益（包括但不限于侵占资产、关联交易、同业竞争等），董事、监事、高级管理人员损害公司利益（包括但不限于侵占资产、关联交易、同业竞争等），控制权之争等多类民事法律责任。

上述民事法律责任，部分与上市公司自身有关，部分与上市公司董事、监事、高级管理人员等有关，部分与上市公司控股股东、实际控制人、大股东等有关，也有的民事法律责任与上市公司、董事、监事、高级管理人员及其控股股东（包括实际控制人）均有关。

在这些民事法律责任中，最为常见的是与上市公司"四大顽疾"有关的责任，即：虚假陈述、内幕交易、操纵市场、欺诈发行。近年来，损害上市公司利益、业绩承诺不兑现成为新的热点。随着证券诉讼立案条件的放宽，中小投资者维权意识增强，针对上市公司发起了众多证券诉讼案件，该类案件呈现高发趋势，涉及股民人数多、地域广、标的大，影响越来越大。此外，证监会主管的中小证券投资者保护协会发挥了积极的职能，代表股民针对违法违规的上市公司提起了众多具有代表性的证券诉讼案件，起到了维权效果，也达到了通过诉讼方式对上市公司进行监督的积极作用。

针对上市公司并购重组、资产收购中的业绩承诺落空及不兑现常态，监管部门及司法部门推动监管与司法保护，未来该类民事案件也将会大量涌现。

二、上市公司证券类行政法律责任

上市公司证券类行政法律责任是指上市公司违反证券类相关行政法律、法规、规范性文件、监管规定及证券交易所有关规定，而应承担相应的行政法律责任或类行政法律责任。

针对上市公司的行政监管，目前主要由中国证监会及其设立的地方证监局来负责监管。同时，上海证券交易所、深圳证券交易所针对上市公司出台了一些自律监管措施和纪律处分措施，具有一定类行政监管法律属性。

在当下针对上市公司规范运作的约束中，中国证监会及其派出机构的行政监管、证券交易所的准行政监管成为最主要的方式。由于证据查处困难及司法认定的疑难，监管部门的行政监管处理决定，往往成为司法机关立案侦查上市公司及其董事、监事、高级管理人员刑事法律责任的基础和前提，当然，也是请求上市公司、控股股东、实际控制人、上市公司董监高承担民事责任的事实与证据基础。

上市公司证券类行政法律责任，从宽泛意义上讲，主要有以下几种类型：

第一类,上市公司被立案调查;第二类,上市公司证券类行政处罚;第三类,上市公司非行政处罚性监管措施;第四类,上市公司自律性监管措施与纪律处分措施等。

一旦上市公司涉嫌上述证券类行政法律责任,就会对其有关的公司治理、资本运作产生巨大影响。甚至会导致资本市场对其产生质疑,部分情况下还可能导致上市公司面临灭顶之灾。

三、上市公司证券类刑事法律责任

上市公司证券类刑事法律责任是指上市公司违反涉及证券类的刑事法律规定,而应承担相应的刑事法律责任。上市公司证券类刑事法律责任是所有法律责任中最重的责任,是上市公司行为涉嫌犯罪、触犯刑事法律红线而承担的严重后果。

上市公司证券类刑事法律责任中,对于虚假陈述、内幕交易、操纵市场、欺诈上市、非法发行证券等常见违法行为,若符合刑法构成要件的,则构成证券类刑事犯罪。而且,上述证券类违法违规行为,既是证券类行政违法行为的常客,也是证券类刑事犯罪的常态,当然,也是证券类民事法律责任的常见责任。

上市公司证券类刑事法律责任,往往是在证券监管部门对上市公司立案调查后发现犯罪线索移交司法机关查处,并启动刑事追究程序的。也有大量案件是监管部门正在实施行政违法查处,甚至是已经采取了行政处罚、非行政处罚监管措施之后,发现涉嫌刑事犯罪,而撤销行政案件,移交司法机关启动刑事追责程序的。

上市公司涉嫌刑事犯罪被查处的,相关的民事法律责任并不会因此而免除。受害人可以向上市公司及其相关者主张民事赔偿。

第四节
信息披露成为上市公司法律风险的重中之重

一、信息披露已成上市公司违法违规行为的"重灾区"

根据《2016—2017中国上市公司及高管行政处罚案例研究报告》，信息披露违法成为上市公司证券类行政违法高发区，亦是执法重点。此外，在信息披露环节上，不少上市公司信息披露的总体情况并不理想，不少信息披露以宏观叙事为主，缺乏具体数据和细节信息。不少专家表示，现阶段有关上市公司信息披露的行政处罚并不少，但企业在这方面的信息披露意愿仍然较差。

此外，目前最为突出和不易把握、令上市公司左右为难的信息披露是上市公司董事长（一般是创始人）发生的突发性刑事拘留事件，何时披露？如何披露？成为所有信息披露中的难点。

根据证监会披露的数据显示，2018年一共做出行政处罚决定310件，其中信息披露违法类案件处罚56起。另据Wind统计数据显示，2019年以来，沪深两市就有710起违规事项，主要集中在信息披露虚假或严重误导性陈述、未及时披露公司重大事项等。最为恶劣的就是"两康"事件,一个是近300亿资金不见,一个是200亿现金不翼而飞。

由此可见,信息披露问题已成为上市公司违法违规行为的"重灾区"。因此,对信息披露质量的精准监管也成为证监会的监管重点之一。

二、信息披露的基本类型

1. 强制披露

强制性信息披露是指由相关法律法规和章程所明确规定的上市公司必须披露信息的一种基本信息披露制度。上市公司须按照法律、行政法规、部门规章、规范性文件、股票上市规则,以及沪、深证券交易所的其他相关规定披露必须披露的信息。强制性信息披露的内容一般包括公司概况及主营业务信息、基本财务信息、重大关联交易信息、审计意见、股东及董事人员信息等基本信息内容。

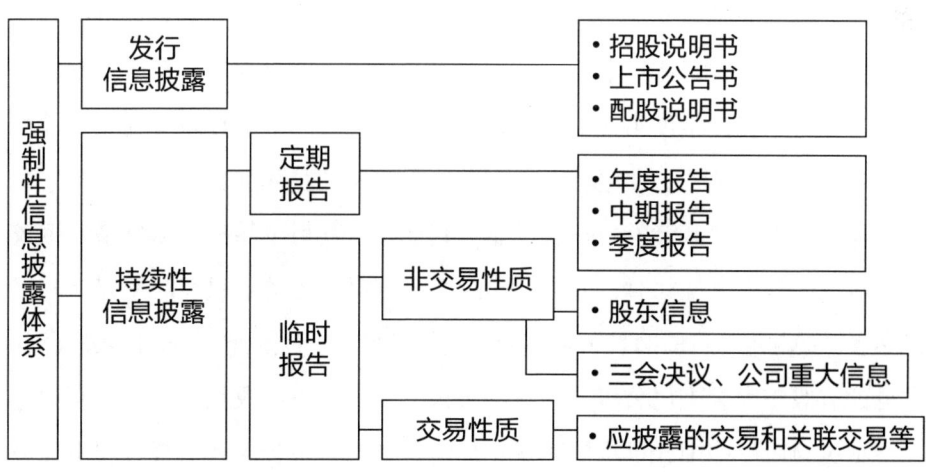

(资料来源:深交所《董秘信息披露实用手册》)

（1）发行信息的强制披露。发行信息的强制披露内容主要包括招股说明书、上市公告书及配股说明书的披露。对投资者做出投资决策有重大影响的信息，均应当在招股说明书中披露。公开发行证券的申请经中国证监会核准后，发行人应当在证券发行前公告招股说明书。发行人申请首次公开发行股票的，中国证监会受理申请文件后，发行审核委员会审核前，发行人应当将招股说明书申报稿在中国证监会网站预先披露。同时，证券发行申请经中国证监会核准后至发行结束前发生重要事项的，发行人应当向中国证监会书面说明，并经中国证监会同意后，修改招股说明书或者作相应的补充公告。

根据《信息披露管理办法》的规定，公司债券募集说明书的披露要求与招股说明书一致。

（2）持续性信息的强制披露。持续性信息的强制披露主要包括定期报告和临时报告的披露。

定期报告。上市公司应当披露的定期报告包括年度报告、中期报告和季度报告。《信息披露管理办法》具体规定了上市公司年度报告、中期报告和季度报告披露的时间要求，即年度报告应当在每个会计年度结束之日起 4 个月内，中期报告应当在每个会计年度的上半年结束之日起 2 个月内，季度报告应当在每个会计年度第 3 个月、第 9 个月结束后的 1 个月内编制完成并披露。第一季度季度报告的披露时间不得早于上一年度年度报告的披露时间。

临时报告。当上市公司发生可能对其证券及其衍生品种交易价格产生较大影响的"重大事件"时，上市公司应当以临时公告的形式及时予以披露，说明事件的起因、目前的状态和可能产生的影响。临时报告的形式比较广泛，常见的有股东大会决议公告、董事会决议公告、监事会决议公告等。其他重大事项也会由一些中介机构同时发布信息，如回访报告、评估报告和审计报告、律师见证报告等。上市公司应当及时向交易所报送并披露临时报告，临时报告涉及的相关备查文件应当同时在交易所指定网站上披露。

2. 自愿披露

自愿性信息披露指除强制性披露的信息之外，上市公司基于公司形象、投资者关系、回避诉讼风险等动机主动披露的信息，如管理者对公司长期战略及竞争优势的评价、环境保护和社会责任、公司实际运作数据、前瞻性预测信息、公司治理效果等。自愿披露通常无"及时性"要求，但需注意的是，公司的自愿性信息披露也应遵循真实、准确、完整、公平性原则，不应出现误导投资者的情形。

3. 暂缓披露

暂缓披露是信息披露的一种特定情形。根据沪深证券交易所《股票上市规则》的规定，上市公司拟披露的信息存在不确定性、属于临时性商业秘密或者交易所认可的其他情形，及时披露可能会损害公司利益或者误导投资者，且符合以下条件的，上市公司可以向交易所提出暂缓披露申请，说明暂缓披露的理由和期限：

（1）拟披露的信息未泄漏。

（2）有关内幕人士已书面承诺保密。

（3）公司股票及其衍生品种交易未发生异常波动。

经交易所同意，上市公司可以暂缓披露相关信息。暂缓披露的期限一般不超过两个月。暂缓披露申请未获交易所同意、暂缓披露的原因已经消除或者暂缓披露的期限届满的，上市公司应当及时披露。

4. 豁免披露

上市公司拟披露的信息属于国家机密、商业秘密或者交易所认可的其他情况，按沪、深证券交易所《股票上市规则》披露或者履行相关义务可能会导致其违反国家有关保密法律、行政法规规定或者损害公司利益的，上市公司可以向交易所申请豁免按本规则披露或者履行相关义务。申请豁免披露的，信息披露人应及时提出书面申请，陈述申请豁免理由并提供相关文件。

上市公司向交易所提出豁免履行相关信息披露义务前，必须确保该事项符合豁免披露的条件，不得以有关事项存在不确定性或者需要保密等为由不履行公告义务。

三、违反信息披露义务行为的具体类型

根据《证券法》第一百九十三条的规定，违反信息披露义务的行为主要包括发行人、上市公司或者其他信息披露义务人未按照规定披露信息，或者所披露的信息有虚假记载、误导性陈述或者重大遗漏等情形。具体而言，可以分为以下四种情形：

1. 未按照规定披露信息

关于如何认定行为人属于"未按照规定披露信息"，根据《中国证券监督管理委员会公告〔2011〕11号——信息披露违法行为行政责任认定规则》第七条规定："信息披露义务人未按照法律、行政法规、规章和规范性文件，以及证券交易所业务规则规定的信息披露（包括报告，下同）期限、方式等要求及时、公平披露信息，应当认定构成未按照规定披露信息的信息披露违法行为。"

2. 所披露信息有虚假记载

关于"所披露信息有虚假记载"的信息披露违法行为的认定，根据《中国证券监督管理委员会公告〔2011〕11号——信息披露违法行为行政责任认定规则》第八条规定，信息披露义务人在信息披露文件中对所披露内容进行不真实记载，包括发生业务不入账、虚构业务入账、不按照相关规定进行会计核算和编制财务会计报告，以及其他在信息披露中记载的事实与真实情况不符的，应当认定构成所披露的信息有虚假记载的信息披露违法行为。财务造假就是最典型的虚假记载。

3. 所披露信息有误导性陈述

根据《中国证券监督管理委员会公告〔2011〕11号——信息披露违法行为行政责任认定规则》第九条规定，"所披露信息有误导性陈述"的信息披露违法行为是指信息披露义务人在信息披露文件中或者通过其他信息发布渠道、载体，做出不完整、不准确陈述，致使或者可能致使投资者对其投资行为发生错误判断。忽悠式重组就属于此类。

4. 所披露信息有重大遗漏

根据《中国证券监督管理委员会公告〔2011〕11号——信息披露违法行为行政责任认定规则》第十条规定，信息披露义务人在信息披露文件中未按照法律、行政法规、规章和规范性文件及证券交易所业务规则关于重大事件或者重要事项信息披露要求披露信息，遗漏重大事项的，应当认定构成所披露的信息有重大遗漏的信息披露违法行为。

四、信息披露违规的动因

上市公司信息披露违规主要动因有两大类：一类是故意违规披露信息，主要表现为财务造假、相关信息造假等；另一类是轻视或疏忽造成信息披露违规。

因为信息披露看起来无关痛痒，所以信息披露违法类案件也特别容易被公司高管忽视。这也导致了信息披露类案件成为证券监管部门执法的重点领域。

忽视信息披露的后果触目惊心，上市公司及高管不仅会被证监会等行政监管机构做出警告罚款等行政处罚，甚至部分情节严重的上市公司高管会被处以市场禁入等禁令，因此上市公司及高管应当特别重视信息披露。

五、上市公司信息披露相关制度概述

从制度方面来看，为更好规范上市公司信息披露行为，自 2001 年 5 月起，沪、深两市交易所分别发布上海证券交易所《上市公司信息披露工作核查办法》和深圳证券交易所《上市公司信息披露工作考核办法》，标志着信息披露工作评价、考核结果定期发布制度建立，成为上市公司信息披露的"诚信名单"；2006 年，中国证监会发布《上市公司信息披露管理办法》，提出对上市公司及其他信息披露义务人的所有信息披露行为的总括性规范，涵盖公司发行、上市后持续信息披露的各项要求。

在规范信息披露制度的同时，监管部门对于信息披露违法违规的情况也设置了严格的事后"关卡"。2014 年 10 月，中国证监会发布了《关于改革完善并严格实施上市公司退市制度的若干意见》，明确了上市公司构成欺诈发行、重大信息披露违法或者其他涉及国家安全的重大违法行为的，将被强制退市。2016 年，博元投资因重大信息披露违法，被依法依规终止上市，成为资本市场第一家因重大信息披露违法被终止上市的公司。

虽然经过不断的规范和完善，A股市场上市公司的信息披露水平有明显提高，但是，不容忽视的是部分上市公司信息披露仍存在问题。例如：部分上市公司披露的信息缺乏可信度，信息披露不及时，定期业绩报告、预告矛盾甚至"变脸"等现象仍然存在。

2019年5月11日，中国证监会主席易会满在中国上市公司协会2019年年会上强调，提高上市公司质量是上市公司监管的首要目标。监管的重点在于公司治理，包含信息披露和内部控制。通过公司治理的强化，促进经营管理水平的提升。要通过持续监管、精准监管，提高上市公司信息披露质量，督促上市公司和大股东讲真话、做真账，提倡真和实，不搞虚和假，拒绝蒙和骗，不做违法违规之事。

对上市公司信息披露质量进行精准监管的同时也要进一步增加上市公司信息披露违法、违规成本。不断完善相关法律法规，加强行政处罚和刑事处罚的力度，创新执法手段。加大惩戒力度，增强监管震慑力，让做坏事的人必须付出代价，也让心存侥幸的人及时收手。

针对证券类行政违法高发区，上市公司及高管信息披露不规范的行为，应当在强调信息披露真实性、准确性、完整性的同时，进一步明确可能对上市公司股票交易价格产生较大影响的"重大事件"的认定标准，让上市公司及高管在履行信息披露义务时"有法可依"，也为证券监管部门提供执法依据。

第二章
上市公司常见证券类民事法律责任

02

如前文所述，上市公司证券类法律责任可以分为民事、行政及刑事法律责任三大类。在这三大类法律责任中，民事法律责任是最基本、最常见的法律责任。换句话说，无论上市公司涉及行政处罚、非行政处罚监管措施及涉嫌刑事犯罪，利益受到损害的利益关系人，均可以针对上市公司及相关人提起民事诉讼。也就是说，对于违反了证券法律、法规的上市公司及其相关人员，我国法律采取的是既惩罚又赔偿（连打带罚）的立场。

证券类民事法律责任是上市公司证券类法律责任中最为基础的法律责任，也是最为常见的一种法律责任。凡是违反证券法律、法规且给投资人等造成了损失的行为，都应当承担证券类民事法律责任。证券类民事法律责任作为民事法律责任的一种类型，在其构成要件上，同样适用于民事法律责任的构成要件。根据民事法律责任的构成要件，证券类民事法律责任的构成要件如下：

第一，有证券类民事违法行为的存在。行为的违法性是构成民事责任的必要条件之一。

第二，损害事实或后果的存在。对于证券类民事法律责任而言，主要是财产方面的损害。

第三，行为人的违法行为与受害人的损害事实之间存在因果关系。

第四，行为人主观上必须有过错。过错是指违法行为人对自己的行为及其后果的一种心理状态。

中国资本市场还处在探索与成长期。监管尚待进一步完善，上市公司尚需加强法律意识与自律，投资者需要加强风险与维权教育，全方位的监督体系还需要逐步建立。因此，证券类民事违法违规现象在所难免。但是，若想建立一个强大的资本市场，就必须提升科学监管、依法监管能力，尤其是有效地降低中小投资者民事维权门槛和成本，只有充分调动广大的中小投资者民事维权积极性，才可能有效地防止上市公司证券类违法犯罪行为的发生。

第一节
上市公司证券类民事法律责任概况

上市公司证券类民事法律责任，是指因上市公司违反了证券法律、法规的行为而应当依法承担的民事责任。

由于我国资本市场起步晚，至今仅三十余年，而经济发展迅速，资本市场出现的新问题、新情况比较多，对上市公司规范运作的监管与制约机制还缺乏科学性与法治化。对于上市公司而言，违法成本过低。所以，虚假信息、内幕交易、操纵市场、损害上市公司利益成了资本市场"四大顽疾"，成了一些上市公司习以为常的惯用伎俩。

对于一些上市公司的肆意妄为，由于监管尚在探索之中，加之我国的法院最初对于该类案件持谨慎受理、裁判的态度，使得中小投资者利益受损而无法得到及时保护。这助长了一些上市公司的违法行为，忽悠式重组、财务造假、虚构交易合同、并购热点概念项目、利用关联交易损害上市公司利益、信息披露严重违规，更有甚者则与一些机构合谋，以美其名曰的市值管理操纵市场、为所欲为。即便如此，中小投资者针对上市公司提起的证券诉讼出现逐年增长趋势，之前主要集中在虚假信息方面，为此，早在2002年，最高人民法院就针对上市公司虚假信息案件出台了《关于审理证券市场因虚假陈述引发的民事赔偿案件的若干规定》（下称《虚假陈述司法解释》），为中小投资者以上市公司虚假信息为由向法院提起民事赔偿诉讼提供了有力的法律支持。但是，由于该司法解释之前设置了案件受理的前提条件是必须经中国证监会做出行政处理之后，这就为股民直接提起诉讼设置了障碍。但在此之后，依然涌现了为数众多的虚假信息证券诉讼案件，也成为上市公司证券类诉讼主要案件类型。

而近年来，内幕交易、操纵市场、损害上市公司利益等证券类民事诉讼也纷纷涌现。

针对上市公司损害股民利益的情况，为了更好地支持股民维权，中国证监会还专门设立了中证中小投资者服务中心（以下简称"投服中心"），在人民法院报编辑部评选的2017年度人民法院十大民事行政案件中，投服中心提起的全国首例证券支持诉讼案入选。

【案例1】 2016年7月20日，投服中心接受九名因匹凸匹金融信息服务（上海）股份有限公司（简称"匹凸匹"，原名"多伦股份"）虚假陈述行为受损的投资者的委托，将上市公司原实际控制人鲜言作为第一被告、其他七名高管及上市公司作为共同被告，正式向上海市第一中级人民法院递交诉状，要求连带赔偿投资者经济损失合计215万元。据悉，这是投服中心首次受中小投资者委托提起证券支持诉讼，也是全国法院系统受理的第一例证券支持诉讼，标志着我国证券市场支持诉讼制度的"破冰"。2017年1月23日，匹凸匹案在上海第一中级人民法院开庭审理。2017年5月19日，上海市第一中级人民法院对刘某等14名原告诉被告匹凸匹及实际控制人鲜某等证券虚假陈述纠纷案做出宣判，一审支持原告全部诉讼请求。

（资料来源：《证券日报》）

【案例2】 2018年8月2日，投服中心就恒康医疗集团股份有限公司（简称恒康医疗）市场操纵违法违规行为正式向成都市中级人民法院提起诉讼，成都市中级人民法院于8月2日正式立案受理。这是投服中心首次针对资本市场操纵违法违规行为提起民事损害赔偿支持诉讼，该案也是我国资本市场首例市场操纵支持诉讼案。

恒康医疗，原为"独一味"，于2008年3月6日在深圳证券交易所中小板上市，2014年1月更名为恒康医疗。2017年8月11日，中国证监会对恒康医疗研究顾问机构上海蝶彩资产管理有限公司（简称"蝶彩资产"）、蝶彩资产实际控制人、恒康医疗控股股东及实际控制人合谋操纵恒康医疗股票案做出"没收蝶彩资产违法所得4858万元，处以9716万元罚款"等行政处罚措施。

2018年1月19日，中国证监会将此案列为"2017年证监稽查20起典型违法案例"，认定"该案是上市公司实际控制人与私募机构内外勾结讲故事、造热点、炒股价的一起典型案件。案件的查处为上市公司大股东、实际控制人及市场机构划定了醒目'红线'，警醒各方远离'伪市值管理'"。

本着"追首要违法之人"，维护上市公司广大中小股东权益的原则，受中小投资者委托，投服中心聘请中心公益律师团成员为原告代理人，将恒康医疗控股股东及实际控制人阙某列为被告，正式提起支持诉讼。投服中心此次支持起诉恒康医疗市场操纵违法违规行为具有重大意义。

由上述可见，随着资本市场相关法律制度的完善，监管力度的加大，针对上市公司有关的证券类民事诉讼制度越来越健全。而在此情况下，针对上市公司各类违规行为所提起的证券民事诉讼，追究上市公司证券类民事法律责任的案件越来越多，该类诉讼本身就是另外一种监督，也可以称之为证监会、交易所之外的另外一种监管，而且该类监督最为有效。因为群众（像"朝阳群众""西城大妈"这样的股票群众还很多）的眼睛是雪亮的，发动群众的力量对上市公司行为进行监督，其威慑力最大。

(资料来源：《金融日报》)

第二节
上市公司虚假陈述的民事法律责任

一、2018年虚假陈述民事诉讼概况

近年来,随着证券监管趋势从严,越来越多的上市公司及其他市场主体因信息披露违法违规被行政处罚,从而引发大批投资者提起证券虚假陈述民事赔偿诉讼。至2018年年底,最高人民法院出台的《虚假陈述司法解释》已经15年。随着虚假陈述案件数量的增加和信息披露违法情形的复杂化,司法实践中各种争议问题层出不穷。

根据2018年中国证监会行政处罚情况综述,2018年中国证监会做出行政处罚决定共计310件,同比增长38.39%。其中信息披露违法类案件处罚56起,涉及上市公司33家。一旦上市公司因信息披露违法被证券监管部门行政处罚,一些维权律师便会公开征集符合索赔区间的投资者向上市公司进行索赔,甚至在行政处罚事先告知阶段,维权律师便开始进行预征集。根据新浪股民维权平台统计,因涉嫌虚假陈述而正处于被维权律师公开征集索赔的上市公司

有 109 家，其中 2018 年新增上市公司超过 50 家。

而在中国裁判文书网，"证券虚假陈述责任纠纷"案由项下共检索到 13 829 起案件（含判决书、调解书、裁定书），其中 2018 年新增 3 878 件，一审程序 2 832 件、二审程序 999 件、再审审查程序 45 件、其他程序 2 件，涉及上市公司 52 家。

二、上市公司信息披露违规简述

信息披露违规按表现形式可分为虚假陈述与延迟披露两种形式。

虚假陈述是指上市公司对其重大事件做出违背事实真相的虚假记载、误导性陈述，或者在披露信息时发生重大遗漏、应当披露而未披露信息的行为。

延迟披露是指，上市公司信息披露没有按照规定的时间而推迟披露的行为。

虚假陈述是上市公司信息披露违规的一种情形，也是最常见、最严重的信息披露违规行为。

在过去很长一段时间内，我国上市公司都不太重视信息披露，尤其是忽略了应披露的信息及披露信息全面性两类情形，应该说，这两类信息披露违规问题是由于上市公司不重视、轻视或忽视造成的。也就是说，在既往绝大部分上市公司的观念里，信息披露不是什么大问题，从而或由于忽略，或由于过失，造成了应当披露的信息而未披露，遗漏了重大信息等。如果对该两类信息披露违规行为进行分析，属于过失型违法违规信息披露。

但更恶劣的是虚假记载、误导性陈述等两类信息披露违法违规行为。如果从性质上分析，该两类行为与前两者相比，就属于恶意或故意违法违规信息披露了。因此，它们属于恶意型或故意型违法违规信息披露。该类行为在上市公司中屡见不鲜，近年来愈演愈烈。2019 年上半年，已经立案查实蓄意造假的上市公司多达数十家，还出现了有史以来财务造假之最的两家公司。

三、虚假陈述有关法律法规

《证券法》第六十九条　发行人、上市公司公告的招股说明书、公司债券募集办法、财务会计报告、上市报告文件、年度报告、中期报告、临时报告以及其他信息披露资料，有虚假记载、误导性陈述或者重大遗漏，致使投资者在证券交易中遭受损失的，发行人、上市公司应当承担赔偿责任。

第一百九十三条　发行人、上市公司或者其他信息披露义务人虚假陈述，责令改正，给予警告，并处以三十万元以上六十万元以下的罚款。对直接负责的主管人员和其他直接责任人员给予警告，并处以三万元以上三十万元以下的罚款。其控股股东、实际控制人指使虚假陈述的，依照前款规定处罚。

《最高人民法院关于审理证券市场因虚假陈述引发的民事赔偿案件的若干规定》第十七条　证券市场虚假陈述，是指信息披露义务人违反证券法律规定，在证券发行或者交易过程中，对重大事件做出违背事实真相的虚假记载、误导性陈述，或者在披露信息时发生重大遗漏、不正当披露信息的行为。

对于重大事件，应当结合《证券法》第五十九条、第六十条、第六十一条、第六十二条、第七十二条及相关规定的内容认定。

虚假记载，是指信息披露义务人在披露信息时，将不存在的事实在信息披露文件中予以记载的行为。

误导性陈述，是指虚假陈述行为人在信息披露文件中或者通过媒体，做出使投资人对其投资行为发生错误判断并产生重大影响的陈述。

重大遗漏，是指信息披露义务人在信息披露文件中，未将应当记载的事项完全或者部分予以记载。

不正当披露，是指信息披露义务人未在适当期限内或者未以法定方式公开披露应当披露的信息。

第十八条　投资人具有以下情形的，人民法院应当认定虚假陈述与损害结果之间存在因果关系：

（一）投资人所投资的是与虚假陈述直接关联的证券；

（二）投资人在虚假陈述实施日及以后，至揭露日或者更正日之前买入该证券；

（三）投资人在虚假陈述揭露日或者更正日及以后，因卖出该证券发生亏损，或者因持续持有该证券而产生亏损。

第十九条　被告举证证明原告具有以下情形的，人民法院应当认定虚假陈述与损害结果之间不存在因果关系：

（一）在虚假陈述揭露日或者更正日之前已经卖出证券；

（二）在虚假陈述揭露日或者更正日及以后进行的投资；

（三）明知虚假陈述存在而进行的投资；

（四）损失或者部分损失是由证券市场系统风险等其他因素所导致；

（五）属于恶意投资、操纵证券价格的。

《刑法》第一百六十条　【欺诈发行股票、债券罪】　在招股说明书、认股书、公司、企业债券募集办法中隐瞒重要事实或者编造重大虚假内容，发行股票或者公司、企业债券，数额巨大、后果严重或者有其他严重情节的，处五年以下有期徒刑或者拘役，并处或者单处非法募集资金金额百分之一以上百分之五以下罚金。

单位犯前款罪的，对单位判处罚金，并对其直接负责的主管人员和其他直接责任人员，处五年以下有期徒刑或者拘役。

第一百六十一条　【违规披露、不披露重要信息罪】　依法负有信息披露义务的公司、企业向股东和社会公众提供虚假的或者隐瞒重要事实的财务会计报告，或者对依法应当披露的其他重要信息不按照规定披露，严重损害股东或者其他人利益，或者有其他严重情节的，对其直接负责的主管人员和其他直接责任人员，处三年以下有期徒刑或者拘役，并处或者单处二万元以上二十万元以下罚金。

四、虚假陈述民事法律责任若干法律问题

上市公司虚假陈述民事法律责任，是指上市公司因违反上市公司信息披露规则而应承担的民事赔偿责任。由于民事法律责任采取的是不诉不理的原则，因此，上市公司民事法律责任需要有利害关系人或法律法规授权的有关组织依法提起民事诉讼主张来索赔而得以实现。

基于此，上市公司证券虚假陈述民事索赔，是指证券市场投资人以信息披露义务人即上市公司，违反法律规定进行虚假陈述并致使其遭受损失为由向人民法院提起诉讼的民事赔偿，其中涉及诸多内容，主要包括虚假陈述行为人、虚假陈述行为、投资人、投资人损失、损失与虚假陈述行为之间的因果关系等。

如本书第一章所述，虚假陈述是上市公司违反了信息披露的有关规定，而信息披露是资本市场重要基础性制度，也是目前我国上市公司监管的重中之重。2019 年以来，资本市场出现的"两康"事件，都属于严重的信息披露违规事件。

1. 虚假陈述简述

虚假陈述是指上市公司信息披露严重违法违规行为，其主要构成及要素如下：

重大事件包括但不限于：公司的经营方针和经营范围；公司的重大投资行为和重大的购置财产的决定；公司订立重要合同，而该合同可能对公司的资产、负债、权益和经营成果产生重要影响；公司发生重大债务和未能清偿到期重大债务的违约情况；公司发生重大亏损或者遭受超过净资产百分之十以上的重大损失；公司生产经营的外部条件发生的重大变化；公司董事任职情况；持有公司百分之五以上股份的股东情况；公司减资、合并、分立、解散及申请破产的决定；已发行的股票、公司债券变动情况；涉及公司的重大诉讼事项；提交股东大会审议的重要事项等。

虚假记载指信息披露义务人在披露信息时，将不存在的事实在信息披露文件中予以记载的行为，也称之为虚假陈述。

误导性陈述指虚假陈述行为人在信息披露文件中或者通过媒体，做出使投资人对其投资行为发生错误判断并产生重大影响的陈述。

重大遗漏指信息披露义务人在信息披露文件中，未将应当记载的事项完全或者部分予以记载。

应当披露而未披露指信息披露义务人有义务披露而未披露的行为。

由上述可见，虚假陈述主要存在如下四大类情形：

（1）虚假记载；

（2）误导性陈述；

（3）披露信息有重大遗漏；

（4）应披露而未披露。

其中又以虚假记载现象最为严重。而虚假记载在实践中又常表现为：财务造假，交易或合同造假等。除虚假记载之外，误导性陈述具有主观恶意性，其行为也较为严重。因此，情节比较严重的虚假记载、误导性陈述等信息披露违法违规行为，往往违反了监管部门的行政法规，构成行政违法行为，需要承担行政法律责任，如果其行为触犯了刑法，将构成刑事犯罪，将承担刑事法律责任。但无论是承担刑事法律责任或行政法律责任，遭受损失的利益相关者（一般是中小投资者）均有权向法院提起诉讼，请求其赔偿损失。

2. 虚假陈述责任承担主体

《证券法》六十九条规定：发行人、上市公司公告的招股说明书、公司债券募集办法、财务会计报告、上市报告文件、年度报告、中期报告、临时报告以及其他信息披露资料，有虚假记载、误导性陈述或者重大遗漏，致使投资者在证券交易中遭受损失的，发行人、上市公司应当承担赔偿责任；发行人、上市公司的董事、监事、高级管理人员和其他直接责任人员以及保荐人、承销的证券公司，应当与发行人、上市公司承担连带赔偿责任，但是能够证明自己没有过错的除外；发行人、上市公司的控股股东、实际控制人有过错的，应当与发行人、上市公司承担连带赔偿责任。

按照上述规定，在虚假陈述案件中，虚假陈述责任承担主体为：发行人；上市公司；上市公司董监高和其他直接责任人员以及证券公司；发行人、上市公司控股股东、实际控制人等。

但上述承担虚假陈述责任的主体在责任归责原则上又有所不同，具体为：发行人、上市公司均应承担（无例外）；上市公司董监高和其他直接责任人员以及证券公司承担连带责任（过错推定），若能够证明自己无过错的免责；发行人、上市公司的控股股东、实际控制人有过错的，承担连带赔偿责任（过错责任）。

关于上述虚假陈述行为人（也称为责任人）的认定，可根据《信息披露违法行为行政责任认定规则》（中国证监会公告〔2011〕11号）来认定。具体的认定标准为：

对信息披露负有义务的董事、监事、高级管理人员，应当视情形认定其为直接负责的主管人员或者其他直接责任人员；董事、监事、高级管理人员之外的其他人员，确有证据证明其行为与信息披露违法行为具有直接因果关系；信息披露义务人受控股股东、实际控制人指使、直接授意、指挥的，均应认定信息披露义务人的控股股东、实际控制人为责任人，若是法人的，其负责人应当认定为直接负责的主管人员。

3. 虚假陈述民事诉讼案件受理问题

我国证券虚假陈述民事诉讼的前置程序，规定在最高人民法院于2002年1月15日发布的《关于受理证券市场因虚假陈述引发的民事侵权纠纷案件有关问题的通知》和2003年1月9日发布的《关于审理证券市场因虚假陈述引发的民事赔偿案件的若干规定》。根据上述规定，投资者以自己受到虚假陈述侵害为由提起民事诉讼时，应以行政处罚决定或刑事裁判文书为前置条件。也就是说，如果没有行政处罚或刑事裁判文书认定，该类案件则不予受理。实践中，大量上市公司虚假陈述未得到行政查处或立案后久拖不决，而该类刑事案件更属罕见。客观上使得该类案件难以立案，制约了该类案件的受理与裁判。

为此，2015年12月24日，最高人民法院在《关于当前商事审判工作中的若干具体问题》中提出，根据立案登记司法解释规定，因虚假陈述、内幕交易和市场操纵行为引发的民事赔偿案件，立案受理时不再以监管部门的行政处罚和生效的刑事裁判文书认定为前置条件。该受理程序的改变，将极大促使该类案件涌现。但在司法实践中，各地法院做法不一，急需最高法院出台明确的司法解释或修改2003年的司法解释来指导全国法院立案。

4. 虚假陈述赔偿金额

赔偿金额，是指投资人因虚假陈述而实际发生的损失，包括：（1）投资差额损失；（2）投资差额损失部分的佣金和印花税；（3）前款所涉资金利息（自买入至卖出证券日或者基准日，按银行同期活期存款利率计算）具体计算标准如下：

在基准日及以前卖出证券的，其投资差额损失，以买入证券平均价格与实际卖出证券平均价格之差，乘以投资人所持证券数量计算。

在基准日之后卖出或者仍持有证券的，其投资差额损失，以买入证券平均价格与虚假陈述揭露日或者更正日起至基准日期间，每个交易日收盘价的平均价格之差，乘以投资人所持证券数量计算。

投资差额损失计算的基准日，是指虚假陈述揭露或者更正后，为将投资人应获赔偿限定在虚假陈述所造成的损失范围内，确定损失计算的合理期间而规定的截止日期。基准日分别按下列情况确定：

（1）揭露日或者更正日起，至被虚假陈述影响的证券累计成交量达到其可流通部分100%之日。但通过大宗交易协议转让的证券成交量不予计算。

（2）按前项规定在开庭审理前尚不能确定的，则以揭露日或者更正日后第30个交易日为基准日。

（3）已经退出证券交易市场的，以摘牌日前一交易日为基准日。

（4）已经停止证券交易的，可以停牌日前一交易日为基准日；恢复交易的，可以本条第（1）项规定确定基准日。

因此，可以归纳出虚假陈述赔偿金额的计算公式为：投资差额损失=（平均买入价–平均卖出价）×揭露日至基准日期间卖出的可索赔股票的数量+（平均买入价–平均收盘价）×基准日之后卖出或仍持有的可索赔股票的数量。

应该说，虚假陈述案件的赔偿计算标准是比较清晰的。在确定了几个关键时点（节点）后，就能够计算出其赔偿的金额。

5. 虚假陈述认定的归责原则与几个关键时点

如上所述，虚假陈述责任主体参照《信息披露违法行为行政责任认定规则》来认定，归责原则根据不同责任主体采取不同的原则。对于虚假陈述赔偿，则必须存在实际的损失，且该损失与虚假陈述行为存在因果关系。具体为：投资者买入、卖出该股票与上市公司的虚假陈述存在如下因果关系：

（1）投资人买入的股票系与上市公司虚假陈述直接关联的证券。

（2）买入时间：在虚假陈述实施日及以后，虚假陈述揭露日以前买入。

（3）卖出时间：在虚假陈述揭露日或者更正日及以后卖出，或一直未卖出。

（4）发生亏损：投资人在虚假陈述揭露日或者更正日及以后，因卖出该证券发生亏损，或者因持续持有该证券而产生亏损。

即投资者必须是在虚假陈述实施日及以后买入股票，并且一直持有至虚假陈述揭露日以后。

由上述可见，在虚假陈述案件中，时间点对于案件及赔偿金额的认定至关重要。主要有如下几个时间节点：

（1）虚假陈述实施日，是指做出虚假陈述或者发生虚假陈述之日。

（2）虚假陈述揭露日，是指虚假陈述在全国范围发行或者播放的报刊、电台、电视台等媒体上，首次被公开揭露之日。

（3）虚假陈述更正日，是指虚假陈述行为人在中国证券监督管理委员会指定披露证券市场信息的媒体上，自行公告更正虚假陈述并按规定履行停牌手续之日。

五、投资者与上市公司虚假陈述赔偿纠纷案例

【案例】 C上市公司因披露的公司年报隐瞒重大关联交易，构成虚假陈述侵权行为，受到证监会行政处罚。根据最高人民法院《关于审理证券市场因虚假陈述引发的民事赔偿案件的若干规定》，投资者在C公司虚假陈述行为实施日至揭露日之间购买C公司证券，在虚假陈述行为揭露日或更正日及以后，因卖出该证券发生亏损，或者因持续持有该证券而产生亏损的，可以向C公司索赔。此后100多名投资者以C公司构成证券虚假陈述侵权行为为由向上海市第一中级人民法院提起诉讼，要求公司赔偿股价下跌给投资者造成的损失。法院立案后将案件委托给中证中小投资者服务中心进行调解。

在上海证监局的指导协调下，调解员对案情进行了深入研究，与双方当事人进行了细致沟通。调解员认为，本案争议点集中在虚假陈述侵权行为造成损失的计算方法和系统性风险的扣除上。现行规定没有对损失的具体计算方法进行明确，实践中在计算相关股票的买入均价时，有先进先出法、加权平均法、移动加权平均法等方式，调解员通过搜集整理司法判例与实务资料，对各种计算方法的优劣进行归纳比较，对双方当事人各自坚持采用的方法进行一一核算；同时，以"佛山照明案""万福生科案"等案例中系统风险比例的计算方法为参考，对本案中系统性风险因素的扣除比例进行了测算。由于投资者对虚假陈述行为法律关系较为陌生，调解员耐心解释相关法规和判例情况，使投资者充分认识到股市投资行为本身的风险和股票市场的系统风险，提醒投资者充分权衡通过诉讼方式解决纠纷的较高时间和精力成本，并综合考虑C公司的偿债能力和发展需要，形成对所获赔偿的合理期望值。在上述工作基础上，调解员提出了调解方案。最终，100多名投资者和C公司正式签署调解协议，双方对调解结果均表示满意。

第三节

上市公司涉及的操纵市场民事法律责任

操纵市场是证券市场（或资本市场）最常见的、最严重的违法违规行为之一，在我国的证券市场上，被称之为"三大顽疾"或"四大顽疾"之一。尤其是近年来，一些上市公司与第三方串通，以所谓的市值管理之名，大行操纵市场之实；还有一些证券服务机构或个人，利用媒体进行证券推荐，大行操纵市场的行为。甚至一些所谓的"金融大鳄""妖精""害人虫"也伺机携资本杀入资本市场，一路"攻城掠寨"，或者高抛低吸，或者控制上市公司，破坏了证券市场运行秩序，造成了极其严重的后果。更恶劣的是公募基金经理的"老鼠仓"。操纵市场的行为犹如韭菜收割机，"坐庄者"或庄家将中小投资者（股民）当作韭菜一样收割，给中小投资者造成巨大损失。因此，这种行为必须在法律上给出惩戒，不仅对中小投资者损失承担赔偿责任，同时，应当承担相应的行政法律责任，对于触犯刑法涉嫌犯罪的，应当依法追究其刑事法律责任。

关于操纵市场的违法违规行为，追究其行政法律责任及刑事法律责任，已有明确而清晰的法律法规，司法实践中也有大量的案件。但是涉及操纵市场的民事赔偿在过去的司法实践中，立案难、认定难、判决难。在很长一段时间内，由于缺乏明确的司法解释以及损失计算的标准，该类案件属于证券诉讼中的疑难案件。有赖于最高人民法院出台司法解释或指导意见进一步明确和指导。

针对近年来操纵市场案件频发的情况，2019年6月28日，最高人民法院、最高人民检察院联合发布了《最高人民法院　最高人民检察院关于办理操纵证券、期货市场刑事案件适用法律若干问题的解释》，对操纵市场的刑事追责给予了规范和指引，但关于操纵市场的民事赔偿司法解释仍需等待。

一、操纵市场的有关法律法规

《证券法》第七十七条　禁止任何人以下列手段操纵证券市场：

（一）单独或者通过合谋，集中资金优势、持股优势或者利用信息优势联合或者连续买卖，操纵证券交易价格或者证券交易量；

（二）与他人串通，以事先约定的时间、价格和方式相互进行证券交易，影响证券交易价格或者证券交易量；

（三）在自己实际控制的账户之间进行证券交易，影响证券交易价格或者证券交易量；

（四）以其他手段操纵证券市场。

操纵证券市场行为给投资者造成损失的，行为人应当依法承担赔偿责任。

《禁止证券欺诈行为暂行办法》第七条　禁止任何单位或者个人以获取利益或者减少损失为目的，利用其资金、信息等优势或者滥用职权操纵市场，影响证券市场价格，制造证券市场假象，诱导或者致使投资者在不了解事实真相的情况下做出证券投资决定，扰乱证券市场程序。

《刑法》第一百八十二条【操纵证券、期货市场罪】 有下列情形之一，操纵证券、期货市场，情节严重的，处五年以下有期徒刑或者拘役，并处或者单处罚金；情节特别严重的，处五年以上十年以下有期徒刑，并处罚金：

（一）单独或者合谋，集中资金优势、持股或者持仓优势或者利用信息优势联合或者连续买卖，操纵证券、期货交易价格或者证券、期货交易量的；

（二）与他人串通，以事先约定的时间、价格和方式相互进行证券、期货交易，影响证券、期货交易价格或者证券、期货交易量的；

（三）在自己实际控制的账户之间进行证券交易，或者以自己为交易对象，自买自卖期货合约，影响证券、期货交易价格或者证券、期货交易量的；

（四）以其他方法操纵证券、期货市场的。单位犯前款罪的，对单位判处罚金，并对其直接负责的主管人员和其他直接责任人员，依照前款的规定处罚。

《最高人民法院 最高人民检察院关于办理操纵证券、期货市场刑事案件适用法律若干问题的解释》第一条 行为人具有下列情形之一的，可以认定为刑法第一百八十二条第一款第四项规定的"以其他方法操纵证券、期货市场"：

（一）利用虚假或者不确定的重大信息，诱导投资者做出投资决策，影响证券、期货交易价格或者证券、期货交易量，并进行相关交易或者谋取相关利益的；

（二）通过对证券及其发行人、上市公司、期货交易标的公开做出评价、预测或者投资建议，误导投资者做出投资决策，影响证券、期货交易价格或者证券、期货交易量，并进行与其评价、预测、投资建议方向相反的证券交易或者相关期货交易的；

（三）通过策划、实施资产收购或者重组、投资新业务、股权转让、上市公司收购等虚假重大事项，误导投资者做出投资决策，影响证券交易价格或者证券交易量，并进行相关交易或者谋取相关利益的；

（四）通过控制发行人、上市公司信息的生成或者控制信息披露的内容、时点、节奏，误导投资者做出投资决策，影响证券交易价格或者证券交易量，并进行相关交易或者谋取相关利益的；

（五）不以成交为目的，频繁申报、撤单或者大额申报、撤单，误导投资者做出投资决策，影响证券、期货交易价格或者证券、期货交易量，并进行与申报相反的交易或者谋取相关利益的；

（六）通过囤积现货，影响特定期货品种市场行情，并进行相关期货交易的；

（七）以其他方法操纵证券、期货市场的。

二、操纵市场概述

1. 操纵市场的概念与特征

综合上述我国法律、法规对于操纵市场的基本规定，可以对操纵市场给出一个清晰明确的定义。

所谓操纵市场，又称操纵行情，是指操纵人利用掌握的资金、信息等优势，采用不正当手段，人为地制造证券行情，操纵或影响证券市场价格，以诱导证券投资者盲目进行证券买卖，从而为自己谋取利益或者转嫁风险的行为。操纵市场行为必然会扭曲证券的供求关系，导致市场机制失灵，并会形成垄断，妨碍竞争，同时还会诱发过度投机，损害投资者的利益。因此，《证券法》明确禁止这种行为，同时规定，操纵证券市场行为给投资者造成损失的，行为人应当依法承担赔偿责任。

根据当下证券系统设置及交易规则，投资者按照时间优先和价格优先的原则，由计算机自动撮合成交，交易的双方互不清楚对方的情况。一般情况下，投资者是根据上市公司发布的信息及证券的历史走势等来判断和做出投资决定的，当存在市场操纵行为时，其股价走势就不再是该股真正的价格反映了，加之相关信息的配合，一般的投资人是无法知晓真正的内情的，从而容易被虚假的表象误导做出违背其真实意思表示的投资决定。如此一来，就破坏了交易规则。造成躲在背后掌控信息的庄家像割韭菜一样宰杀不知内情的投资者，长此以往，投资者就会对整个市场产生怀疑，信任与信心丧失殆尽。导致证券市场难以建立。由此可见，操纵市场行为具有隐蔽性和欺骗性。

操纵市场者最终目标都是要获取不正当利益或转嫁风险，它必然要以牺牲他人的利益为前提，破坏了市场经济秩序及资本市场规则。因此，具有社会危害性和可责罚性。

2. 操纵市场的构成要件

（1）操纵市场行为的主观要件为：行为人主观上具有通过操纵市场谋取非法利益或避免自身重大损失的故意。

操纵者的动机或追求目标是为了谋取非法利益或避免自身重大损失，因此，通过人为抬高、打压、稳定证券价格，诱使他人参与买卖，从而获取暴利或转嫁风险。其主观上对于他人经济利益的损害是故意的，即操纵者对他人利益的损害是已经预见到了并积极追求损害结果的发生，或放任损害结果的发生。操纵者追求非法利益的欲望值的大小，决定其损害他人经济利益的程度，其欲望值越大，表明其主观上的恶意越大。

（2）操纵市场行为之客观要件为：客观上实施了操纵市场的行为。具体为：

a. 行为人实施了相应的违反法律规定的操纵证券交易市场行为。

b. 操纵证券交易市场行为必须已经造成损害他人财产利益的后果。仅有操纵市场行为，没有造成损害他人经济利益后果的，不是民法意义上的操纵证券交易市场行为。

c. 操纵证券交易市场行为与受害人被损害的结果之间必须具有因果关系，否则，该操纵市场行为也不能成为民法意义上的操纵证券交易市场行为。

3. 操纵证券交易市场行为的主要类型

操纵市场行为主要有：散布谣言与不实材料、实际交易操纵、虚假交易、相对委托四种类型。具体表现为如下四种情形：

（1）行为人采取做股评、荐股，在媒体上发表文章、散布谣言的方法，哄抬或打压证券价格，如北海投资公司收购苏三山案。

（2）行为人单独或与人合谋，集中资金优势、持股优势或利用信息优势联合或连续买卖，操控股价。其操作手法主要是：

第一步，筹集资金并打入在各地开设的股票账户；

第二步，暗中吸筹，在此阶段，行为人往往利用资金优势和相对的持股优势采取故意打压股价的方式吸筹，或者采取连续低进高出、高进低出的方法，频繁买卖、暗中吸纳便宜筹码；

第三步，连续拉升股价，制造涨升行情，诱使投资者跟进做多。此阶段，操纵证券交易市场行为人采取高进高出，与合谋人采取互相对倒、对敲的方法拉升股价或者单独利用自己开设的多个账户，自买自卖，进行不转移所有权的证券买卖，拉升股价和制造成交量，此时由于操纵市场者掌控了大部分的股票，具有了持股的绝对优势，其自买自卖式的交易仅发生少许的手续费和印花税，不必动用太多的资金；

第四步，当股价涨升到一定价位，操纵市场者就会恰到好处地散布利好消息，然后在暗中兑现筹码。此种操纵市场行为的代表作是亿安科技股票操纵案。

（1）与人合谋，以事先约定的时间、价格、方式相互进行证券交易或相互买卖并不持有的证券，影响交易价格和交易量。前者如中科创业（原名康达尔，代码000048）股票操纵案。

（2）稳定操作，也称安定操作，即行为人在一段较长的时间里将某只证券的价格控制在一定的水平，故意不让它上涨或下跌，使个股的走势与大盘出现背离，人为地扭曲股价。这种操纵市场的方法，其目的是要将股价维持在一定的价格幅度内，方便操纵者高卖低买做差价，或者将其持有的股票质押到银行融资，或者以股票市值参与新股配售获利，或者是为了自己在一级市场上申购到的大量的新股能在二级市场上市时获得相对较高的利润回报。

4. 操纵市场行为民事赔偿责任的归责原则

由于操纵市场行为是一种极端的逐利行为，行为人在主观上是一种积极的心理状态，操纵市场行为人为了获取暴利或转嫁风险，其对于他人利益受损从而使其获得利益的相互关系是非常清楚的，并积极追求这一目标的实现。因而，操纵市场行为是一种故意违法的侵权行为，所以，操纵市场行为民事赔偿责任的归责原则应采用过错责任原则，有操纵市场行为的人须自证无过错才能免责。相关的操纵市场行为人互负连带赔偿责任，其承担民事责任的形式是财产赔偿。

5. 操纵市场赔偿与受偿主体

操纵市场赔偿主体的确定应以有关机关行政处罚决定处罚的对象和人民法院刑事裁判文书处罚的对象为限。因为超出此范围则缺乏可操作性。受偿主体的确定，应以在操纵市场行为人操纵某只证券交易价格期间买卖此证券，并遭受了实际财产损失的人为限。超出此范围或未遭受实际损失的人，不能成为操纵市场侵权行为民事赔偿的受偿主体。

6. 赔偿的范围和计算方式

（1）操纵市场侵权行为在证券交易市场承担民事赔偿的责任范围，以投资人因操纵市场行为侵权而实际发生的损失为限，投资人的实际损失包括：

a. 投资差额损失；

b. 投资差额损失部分的佣金印花税及手续费和资金利息。

（2）赔偿损失的计算方法。

a. 为方便赔偿损失的计算，必须确定一个基准日。所谓基准日，是指操纵市场行为揭露后，为了将投资人应获赔偿限定在操纵市场行为所造成的损失范围内，确定损失计算的合理期间而规定的截止日期。

基准日直接关系到损失的计算标准，涉及损失金额多少，是操纵市场赔偿诉讼的难点。这也是司法实践中对操纵市场赔偿案件谨慎受理、谨慎审理、谨慎裁判的主要原因所在。

目前存在多种不同的关于基准日的确定方法，但比较为大家所接受的意见是：以被操纵的证券自揭发之日起累计成交量达到其可流通部分的100%之日为基准日。因为无论是正向操作还是反向操作，即无论是买入还是卖出，当成交量达到其可流通部分100%时，即表明该证券已达到100%的换手，使处于持股劣势或未持股的投资人都有机会卖出手中的证券或买入证券。

另外，在开庭审理前尚不能确定的，则以揭露日后第30个交易日为基准日；已经退出证券交易市场的，以摘牌日前一交易日为基准日；已经停止证券交易的，可以停牌日前一个交易日为基准日；恢复交易的，可以揭露日起至被操纵市场行为影响的证券累计成交量达到其可流通部分100%之日为基准日。披露日是指操纵市场行为在全国范围发行或播放的报刊、电台、电视台等媒体上，首次被公开揭露之日。

b. 投资人在基准日及以前卖出证券的，其投资损失，以买入证券平均价格与实际卖出证券平均价格之差，乘以投资人所售证券数量来计算；投资人在基准日之后卖出或仍持有证券的，其投资损失，以买入证券平均价格与操纵市场行为被揭露之日起至基准日期间，每个交易日收盘价的平均价格之差，乘以投资人所持证券数量来计算。

c. 资金利息应以同期活期利率来计算。在计算因操纵市场致投资者实际致损时，应当考虑到，操纵市场行为往往是一个连续的活动，操纵者既买又卖，因此，不可能也没有必要在每一笔交易中区分被告是买入方还是卖出方，加之股票的实际价值很难判断。因此，如从原告角度计算实际损失，该实际损失包括在股价操纵期间高买低卖的差价损失；存在连续买卖的，按先进先出法规则扣除盈利后的亏损部分损失；判决前未卖出的，以判决前一日的平均卖出价计算差价损失；该差价损失部分的利息、佣金、印花税损失等。同时，应当对原告，即侵权行为的受害者也加以明确界定，原则上只应在操纵市场期间发生买卖（包括单向和双向）的投资者才符合条件，在操纵市场期间之前已经持有证券的投资者也应当纳入其中。

三、操纵市场案例

【案例1】 8名 *ST 钛白投资者对程文水、刘延泽二人操纵 *ST 钛白赔偿纠纷案——首例操纵证券市场民事赔偿案

2009年4月16日，中国证监会对程文水、刘延泽操纵 *ST 钛白案做出行政处罚决定书。中国证监会查明：2008年9月10日至12日，程文水、刘延泽利用持股优势、资金优势以连续买卖和在自己实际控制的账户组中买卖中核钛白股票的方式，操纵和影响中核钛白交易价格和交易数量，认定：程文水和刘延泽二人的行为符合《证券法》规定的"操纵证券市场"行为，并依法对程文水罚款300万元，对刘延泽罚款200万元。

在程文水、刘延泽的操纵下，中核钛白股票价格从操纵行为实施前一交易日，即2008年9月9日的收盘价7.52元，一直跌到操纵行为结束后第一交易日，即2008年9月16日的开盘价6.46元，每股幅高达14.096%；而同期深证成指 [0.20%] 从7 022.19跌到6 908.55，跌幅仅有1.618%。程文水、刘延泽操纵中核钛白的行为结束后，在操纵行为影响下，中核钛白股价连续3个交易日跌停，投资者损失惨重。

2009年7月至2011年3月，18名 *ST 钛白投资者向北京第二中级人民法院递交了民事起诉书及相关证据材料，对程文水、刘延泽二人操纵 *ST 钛白赔偿纠纷案提起了民事诉讼。2011年12月，北京市第二中级人民法院做出一审判决：驳回原告诉讼请求。

收到一审判决后，有 7 名原告不服，在法定期限内向北京市高级人民法院提出上诉，请求撤销一审判决，改判程文水、刘延泽共同赔偿因其操纵行为导致投资者的损失。上诉理由主要为：现行法律法规司法解释无明文规定不能作为法院驳回原告诉讼请求的理由；程文水、刘延泽实施的操纵证券市场行为已经被中国证监会行政处罚决定书认定，法院不能无视这些事实；在程文水、刘延泽的操纵下，中核钛白股价跌幅远远大于同期股市大盘跌幅，应当认定超跌部分与二人操纵行为存在因果关系；在上述两人操纵下，中核钛白股价和成交量没有正常反映上市公司财务经营状况，致使投资者在不明真相的情况下做出投资决定，或丧失了投资机会，所造成的损失应当由操纵行为人承担；操纵证券市场责任纠纷与证券虚假陈述责任纠纷同属证券欺诈责任纠纷，具有一定共性。在最高法院没有出台操纵证券责任纠纷司法解释的情况下，法院应参照虚假陈述引发的民事赔偿案件司法解释审理等。

2012 年 5 月 11 日，北京市高级人民法院送达的该案二审判决结果：驳回上诉、维持原判。

（资料来源：新浪财经）

【案例 2】 股民诉汪建中民事赔偿案

2011 年 12 月 16 日，股民王某向汪建中提起民事赔偿案，在北京市第二中级人民法院进行一审宣判。王某要求赔偿未获支持。此案被称为国内首例操纵证券市场民事索赔案。法院在判决中同时指出，操纵证券市场行为人承担赔偿责任数额的范围及损失的计算方法等，现行法律法规、司法解释均无明文规定。

股民称听信"掘金报告"致其亏损 10 万元

王某起诉称：首放公司是一家具备证券投资咨询业务资格的证券投资咨询机构，汪建中是该公司控股股东，并任执行董事、经理。2007 年 1 月 1 日至 2008 年 5 月 29 日期间，首放公司向社会公众发布名为"掘金报告"的咨询报告。在每次发布咨询报告前，汪建中即利用其实际控制的账户买入咨询报告推荐的证券，并在咨询报告向社会公众发布后卖出该种证券，实施操纵证券市场的违法行为，从而为自己获取非法利益。

王某称，他在看到首放公司发布的对中信银行等银行股大力推荐的"实战掘金报告"之后，买入中信银行的股票，累计亏损 641 元。在看到首放公司对中国石化进行推荐后，分两次买入中国石化共 4 500 股，累计亏损 2 万余元。

2008 年 2 月 14 日后，他由于听信首放公司发布的"掘金报告"所说的"地产股年报业绩大幅增加，对深万科等龙头公司战略性建仓"，以及"房地产关注龙头长期持有"的投资建议之后，开始买入万科 A，并听信首放公司"从万科的长下影线，放量的走势来看，指标股权重股不再具有向下的空间"等说法，一直持有万科 A，累计亏损达 7.6 万元。

王某称，他因误信首放公司的证券投资咨询报告，造成亏损额共计 10 万余元。他认为，首放公司、汪建中操纵证券市场的行为，给自己造成了巨大的投资损失，对方应当对此承担赔偿责任，请求法院判令对方向其赔偿 10 万余元。

被告称王某损失是其短线投机交易等造成

被告方辩称，王某与首放公司及汪建中之间不具有任何民事法律关系。首放公司面向社会公众发布掘金报告，并非针对特定个体。王某与首放公司及汪建中之间并无合同关系，因此王某与首放公司及汪建中之间不具有任何民事法律关系，其无权要求首放公司及汪建中赔偿损失。首放公司发布掘金报告系公司行为，汪建中买卖股票系个人行为，两者之间无任何关联，王某起诉两者共同侵权根本不成立。

被告方还称，首放公司发布咨询报告的行为，与王某的损失无因果关系。王某的损失完全是由其短线投机交易、证券市场系统性风险及我国国家政策调控等所导致，王某要求汪建中及首放公司承担赔偿责任，无任何事实依据及法律依据。

另外，王某未向首放公司支付任何费用，两者之间不存在权利义务对等关系，根据民法的公平原则，王某应自行承担由此产生的一切损失。王某亦未能举证证明首放公司及汪建中操纵中信银行、中国石化、万科A三只股票造成其损失，其诉请应依法被驳回。

法院判决指出现行法律存在"空白区"

法院认为：本案为操纵证券交易市场赔偿纠纷，王某起诉主张首放公司、汪建中操纵证券市场的行为给其造成投资损失，要求赔偿。《证券法》第七十七条第二款规定，操纵证券市场行为给投资者造成损失的，行为人应当依法承担赔偿责任。但对于操纵证券市场与损害结果之间因果关系的确定，以及行为人承担赔偿责任数额的范围、损失的计算方法，现行法律法规、司法解释均无明文规定。

王某要求参照《最高人民法院关于审理证券市场因虚假陈述引发的民事赔偿案件的若干规定》计算其损失。但法院认为，虚假陈述与操纵证券市场是两种不同的违法行为，两者在违法主体、行为表现、持续时间、影响范围方面均不相同，参照关于虚假陈述的规定认定操纵证券市场的民事赔偿责任，缺乏依据。

王某未能证明损失与汪建中有直接关联

法院查明，在2007年1月1日至2008年5月，同期还有其他证券公司在互联网上推荐"中信银行""中国石化""万科A"股票。王某自1998年即从事股票投资活动，股票交易频繁。自2007年5月到2008年4月间，其对涉案的"中信银行""中国石化""万科A"三只股票进行多次短线交易，其中亦有盈利情况。现王某没有证据证明其是受到首放公司发布的"掘金报告"影响而进行上述股票交易。

法院认为，买卖股票系投资行为，投资本身即存在盈亏风险，股票的涨跌受社会经济环境以及大盘指数等因素影响。且2007年10月开始，我国股市进入下行通道，王某投资"中信银行""中国石化""万科A"股票产生的损失，现无证据认定与首放公司、汪建中操纵行为具有直接的关联性。

综上，法院一审驳回王某的诉讼请求。宣判后，王某表示将提起上诉。

（资料来源：《京华日报》）

四、操纵市场民事赔偿案审理难点

从以上两个案例可知，截至目前，法院受理并审结的虚假陈述案件数量众多，但对于操纵市场和内幕交易类案件受理少、审理难、判决难，大部分案件久拖不决，已经审理的案件基本没有支持原告的诉讼请求。原因在于该类案件在损失认定、因果关系认定上存在众多疑难。

那么，目前证券民事赔偿的审判难，主要难在什么地方？问题的核心和焦点在哪里？

从统计梳理的案例看，证券民事赔偿案件审判难的首要难点就是因果关系问题，即投资者的投资决策和他蒙受的损失之间究竟是什么关系？这也是一个非常复杂的机制。另外，就是怎么界定投资者的损失，在他的损失里哪些是属于正常的投资风险，哪些是属于应该由虚假陈述的上市公司来承担责任的损失，这个很难找出一个界限来判定。

由于最高人民法院早已出台了司法解释，审理虚假陈述案件相对容易一些，而操纵市场、内幕交易案件，在司法实践中，很难认定。而近年来，该类案件大量涌现，急需最高法院出台具有可操作性的司法解释。

第四节
上市公司涉及的内幕交易民事法律责任

内幕交易是指内幕人员根据内幕消息买卖证券或者帮助他人,违反了证券市场"公开、公平、公正"的原则,严重影响证券市场功能的发挥。同时,内幕交易使证券价格和指数的形成过程失去了时效性和客观性,它使证券价格和指数成为少数人利用内幕消息炒作的结果,而不是投资大众对公司业绩综合评价的结果,最终会使证券市场丧失优化资源配置及作为国民经济晴雨表的作用。内幕交易行为必然会损害证券市场的秩序,因此,《证券法》明文规定禁止这种行为。

和虚假陈述、操纵市场一样,内幕交易也是我国资本市场顽疾之一。与前二者并称中国资本市场的"三大顽疾""违规三剑客"。据公开资料报道,在被查处的涉嫌贪腐的高官中,曾出现了数起涉及内幕交易犯罪的案件。与操纵市场一样,内幕交易民事赔偿同样存在审理难,缺乏司法解释可参考。截至目前,内幕交易案件被法院受理并做出判决的案件很少。但内幕交易是对资本市场危害最大的违法行为之一。

一、现行法律法规关于内幕交易的规定

《证券法》第七十三条　禁止证券交易内幕信息的知情人和非法获取内幕信息的人利用内幕信息从事证券交易活动。

第七十五条　证券交易活动中，涉及公司的经营、财务或者对该公司证券的市场价格有重大影响的尚未公开的信息，为内幕信息。下列信息皆属内幕信息：

（一）本法第六十七条第二款所列重大事件；

（二）公司分配股利或者增资的计划；

（三）公司股权结构的重大变化；

（四）公司债务担保的重大变更；

（五）公司营业用主要资产的抵押、出售或者报废一次超过该资产的百分之三十；

（六）公司的董事、监事、高级管理人员的行为可能依法承担重大损害赔偿责任；

（七）上市公司收购的有关方案；

（八）国务院证券监督管理机构认定的对证券交易价格有显著影响的其他重要信息。

第七十六条　证券交易内幕信息的知情人和非法获取内幕信息的人，在内幕信息公开前，不得买卖该公司的证券，或者泄露该信息，或者建议他人买卖该证券。持有或者通过协议、其他安排与他人共同持有公司百分之五以上股份的自然人、法人、其他组织收购上市公司的股份，本法另有规定的，适用其规定。内幕交易行为给投资者造成损失的，行为人应当依法承担赔偿责任。

《禁止证券欺诈行为暂行办法》第三条　禁止任何单位或者个人以获取利益或者减少损失为目的，利用内幕信息进行证券发行、交易活动。

第四条　本办法所称内幕交易包括下列行为：

（一）内幕人员利用内幕信息买卖证券或者根据内幕信息建议他人买卖证券；

（二）内幕人员向他人泄露内幕信息，使他人利用该信息进行内幕交易；

（三）非内幕人员通过不正当的手段或者其他途径获得内幕信息，并根据该信息买卖证券或者建议他人买卖证券；

（四）其他内幕交易行为。

第五条　本办法所称内幕信息是指为内幕人员所知悉的、尚未公开的和可能影响证券市场价格的重大信息。前款所称重大信息包括：

（一）证券发行人（以下简称"发行人"）订立重要合同，该合同可能对公司的资产、负债、权益和经营成果中的一项或者多项产生显著影响；

（二）发行人的经营政策或者经营范围发生重大变化；

（三）发行人发生重大的投资行为或者购置金额较大的长期资产的行为；

（四）发行人发生重大债务；

（五）发行人未能归还到期重大债务的违约情况；

（六）发行人发生重大经营性或者非经营性亏损；

（七）发行人资产遭受重大损失；

（八）发行人的生产经营环境发生重大变化；

（九）可能对证券市场价格有显著影响的国家政策变化；

（十）发行人的董事长、三分之一以上的董事或者总经理发生变动；

（十一）持有发行人百分之五以上的发行在外的普通股的股东，其持有该种股票的增减变化每达到该种股票发行在外总额的百分之二以上的事实；

（十二）发行人的分红派息、增资扩股计划；

（十三）涉及发行人的重大诉讼事项；

（十四）发行人进入破产、清算状态；

（十五）发行人章程、注册资本和注册地址的变更；

（十六）因发行人无支付能力而发生相当于被退票人流动资金的百分之五以上的大额银行退票；

（十七）发行人更换为其审计的会计师事务所；

（十八）发行人债务担保的重大变更；

（十九）股票的二次发行；

（二十）发行人营业用主要资产的抵押、出售或者报废一次超过该资产的百分之三十；

（二十一）发行人的董事、监事或者高级管理人员的行为可能依法负有重大损害赔偿责任；

（二十二）发行人的股东大会、董事会或者监事会的决定被依法撤销；

（二十三）证券监管部门做出禁止发行人有控股权的大股东转让其股份的决定；

（二十四）发行人的收购或者兼并；

（二十五）发行人的合并或者分立；

（二十六）其他重大信息。

内幕信息不包括运用公开的信息和资料，对证券市场做出的预测和分析。

《刑法》第一百八十条 【内幕交易、泄露内幕信息罪】 证券、期货交易内幕信息的知情人员或者非法获取证券、期货交易内幕信息的人员，在涉及证券的发行，证券、期货交易或者其他对证券、期货交易价格有重大影响的信息尚未公开前，买入或者卖出该证券，或者从事与该内幕信息有关的期货交易，或者泄露该信息，或者明示、暗示他人从事上述交易活动，情节严重的，处五年以下有期徒刑或者拘役，并处或者单处违法所得一倍以上五倍以下罚金；情节特别严重的，处五年以上十年以下有期徒刑，并处违法所得一倍以上五倍以下罚金。单位犯前款罪的，对单位判处罚金，并对其直接负责的主管人员和其他直接责任人员，处五年以下有期徒刑或者拘役。

内幕信息、知情人员的范围，依照法律、行政法规的规定确定。证券交易所、期货交易所、证券公司、期货经纪公司、基金管理公司、商业银行、保险公司等金融机构的从业人员以及有关监管部门或者行业协会的工作人员，利用因职务便利获取的内幕信息以外的其他未公开的信息，违反规定，从事与该信息相关的证券、期货交易活动，或者明示、暗示他人从事相关交易活动，情节严重的，依照第一款的规定处罚。

《最高人民法院、最高人民检察院关于办理内幕交易、泄露内幕信息刑事案件具体应用法律若干问题的解释》第三条　本解释第二条第二项、第三项规定的"相关交易行为明显异常"，要综合以下情形，从时间吻合程度、交易背离程度和利益关联程度等方面予以认定：

（一）开户、销户、激活资金账户或者指定交易（托管）、撤销指定交易（转托管）的时间与该内幕信息形成、变化、公开时间基本一致的；

（二）资金变化与该内幕信息形成、变化、公开时间基本一致的；

（三）买入或者卖出与内幕信息有关的证券、期货合约时间与内幕信息的形成、变化和公开时间基本一致的；

（四）买入或者卖出与内幕信息有关的证券、期货合约时间与获悉内幕信息的时间基本一致的；

（五）买入或者卖出证券、期货合约行为明显与平时交易习惯不同的；

（六）买入或者卖出证券、期货合约行为，或者集中持有证券、期货合约行为与该证券、期货公开信息反映的基本面明显背离的；

（七）账户交易资金进出与该内幕信息知情人员或者非法获取人员有关联或者利害关系的；

（八）其他交易行为明显异常情形。

第四条　具有下列情形之一的，不属于刑法第一百八十条第一款规定的从事与内幕信息有关的证券、期货交易：

（一）持有或者通过协议、其他安排与他人共同持有上市公司百分之五以上股份的自然人、法人或者其他组织收购该上市公司股份的；

（二）按照事先订立的书面合同、指令、计划从事相关证券、期货交易的；

（三）依据已被他人披露的信息而交易的；

（四）交易具有其他正当理由或者正当信息来源的。

二、内幕交易若干法律问题

1. 内幕交易民事赔偿原告（权利人）

如何界定"因行为人的内幕交易而受到直接损失的投资者"，从内幕交易民事赔偿诉讼角度看，也就是如何确定适格的内幕交易赔偿原告（权利人）。

内幕交易是一种民事侵权行为，应当按照投资者的损失与内幕交易行为是否存在因果关系的原则来确定。根据内幕信息种类的不同，可分为如下两种情况：

（1）一般情况下内幕交易的原告。如果根据信息影响股票的涨跌对内幕信息进行分类，内幕信息可以分为利好和利空两种。内幕信息知情人员进行内幕交易，一种情况是在掌握利好信息时买入股票以获取股票上涨的利益，在此种情况下，其剥夺了卖出者获利的机会。另一种情况是在掌握利空信息时卖出股票以避免股票下跌的损失，此种情况下，其将损失转嫁给了买入者。

因此，内幕信息的受害人需要具备下列两个条件：一是与内幕信息行为人进行反向操作的投资者，二是在内幕信息公开后，遭受损失的投资者。只有符合上述条件的投资者才有资格作为原告提起诉讼。

（2）特殊情况下内幕交易的原告。在我国，凡是涉及上市公司并购重组、新股发行、定向增发等事项的，需要向中国证监会或其他部门提出申请并经其核准或批准。这些事项在未公开披露前，均属于内幕信息。如果这些内幕信息的知情人员利用掌握的内幕信息实施内幕交易，该行为一旦被监管部门发现，其所申请的事项是不会被核准或批准的。一般情况下，这类信息属于利好的内幕信息，在公告后，会吸引大量的投资者买入，但是如果因为内幕交易行为导致所申请事项不被有关部门核准、批准或相关当事人不得不终止、放弃所申请事项，那些受公告事项影响而购买股票的投资者所遭受的损失，就是由内幕交易行为造成的，符合侵权行为因果关系的构成要件，遭受损失的投资者有权向内幕交易行为人主张权利。

2. 内幕交易民事赔偿的被告（义务人）

禁止证券内幕交易的立法宗旨在于禁止内幕人员利用其特殊身份所取得资讯的便利，以损害他人经济利益之手段获得利益或将损失转嫁给他人。因此，内幕交易民事赔偿责任的义务人应为利用内幕信息进行交易的人员。

《证券法》第七十四条　证券交易内幕信息的知情人包括：

（一）发行人的董事、监事、高级管理人员；

（二）持有公司百分之五以上股份的股东及其董事、监事、高级管理人员，公司的实际控制人及其董事、监事、高级管理人员；

（三）发行人控股的公司及其董事、监事、高级管理人员；

（四）由于所任公司职务可以获取公司有关内幕信息的人员；

（五）证券监督管理机构工作人员以及由于法定职责对证券的发行、交易进行管理的其他人员；

（六）保荐人、承销的证券公司、证券交易所、证券登记结算机构、证券服务机构的有关人员；

（七）国务院证券监督管理机构规定的其他人。

《禁止证券欺诈行为暂行办法》第六条　本办法所称内幕人员是指由于持有发行人的证券，或者在发行人或者与发行人有密切联系的公司中担任董事、监事、高级管理人员，或者由于其会员地位、管理地位、监督地位和职业地位，或者作为雇员、专业顾问履行职务，能够接触或者获得内幕信息的人员，包括：

（一）发行人的董事、监事、高级管理人员、秘书、打字员，以及其他可以通过履行职务接触或者获得内幕信息的职员；

（二）发行人聘请的律师、会计师、资产评估人员、投资顾问等专业人员，证券经营机构的管理人员、业务人员，以及其他因其业务可能接触或者获得内幕信息的人员；

（三）根据法律、法规的规定对发行人可以行使一定管理权或者监督权的人员，包括证券监管部门和证券交易场所的工作人员，发行人的主管部门和审批机关的工作人员，以及工商、税务等有关经济管理机关的工作人员等；

（四）由于本人的职业地位、与发行人的合同关系或者工作联系，有可能接触或者获得内幕信息的人员，包括新闻记者、报刊编辑、电台主持人以及编排印刷人员等；

（五）其他可能通过合法途径接触到内幕信息的人员。

《最高人民法院、最高人民检察院关于办理内幕交易、泄露内幕信息刑事案件具体应用法律若干问题的解释》第一条 下列人员应当认定为刑法第一百八十条第一款规定的"证券、期货交易内幕信息的知情人员"：

（一）证券法第七十四条规定的人员；

（二）期货交易管理条例第八十五条第十二项规定的人员。

第二条 具有下列行为的人员应当认定为刑法第一百八十条第一款规定的"非法获取证券、期货交易内幕信息的人员"：

（一）利用窃取、骗取、套取、窃听、利诱、刺探或者私下交易等手段获取内幕信息的；

（二）内幕信息知情人员的近亲属或者其他与内幕信息知情人员关系密切的人员，在内幕信息敏感期内，从事或者明示、暗示他人从事，或者泄露内幕信息导致他人从事与该内幕信息有关的证券、期货交易，相关交易行为明显异常，且无正当理由或者正当信息来源的；

（三）在内幕信息敏感期内，与内幕信息知情人员联络、接触，从事或者明示、暗示他人从事，或者泄露内幕信息导致他人从事与该内幕信息有关的证券、期货交易，相关交易行为明显异常，且无正当理由或者正当信息来源的。

根据上述法律、法规的有关规定，内幕信息人员包括的范围很广，主要包括如下两大类：

一类是发行人的董事、监事、经理及高级管理人员，证券公司、证券监管机构、中介机构、证券交易结算机构和证券服务机构的有关人员；

另一类是非法获得内幕信息的其他人员，主要是指内幕信息的受领人或者是以其他非法途径获取内幕信息的人员,包括"非法获取内幕信息的其他人员"。

而根据上述规定及司法实践,对内幕交易损失应当承担赔偿责任的主体,即被告有两大类。一类是利用内幕信息从事交易的人,包括上述的两类,即:掌握内幕信息并利用内幕信息从事交易行为的人,以及非法获取内幕信息并从事交易的人;另一类是泄露内幕信息给他人而使得他人利用内幕信息从事交易的人。

3. 投资者的损失如何计算

股票的交易损益,通常是由卖出价格或当前持有价格与买入价格进行比较来确定。但是,由于内幕信息分为利好和利空,这两种信息对卖出价格或持有价格的影响是不同的。如果内幕信息行为人利用所掌握的利空信息卖出股票,一旦该信息被披露,股票就会下跌,此时与内幕交易行为人反方向操作的投资者无论是持有股票还是卖出股票,都会遭受损失。但是,如果内幕信息行为人利用利好消息买入股票,与其进行相反操作的投资者却未必感受到损失。其实,内幕交易给投资者造成的损失,既包括实际损失,也包括可期待利益损失。行为人利用利好消息进行内幕交易,就是剥夺了投资者的可期待利益。之所以出现行为人利用利好消息进行内幕交易,投资者"没有损失"的情况,是由于投资损益计算仍然采用卖出价与买入价进行比较这一通常做法。

在内幕交易案件中,由于其损害的对象是同时进行交易的对方,因此,内幕交易诉讼所涉及的受害人群体十分庞大,如果每一个受害人都能就其所受的损失得到全额赔偿,那么内幕交易人所实际承担的赔偿总额将是十分惊人的。因此，世界各国和地区对内幕交易损失赔偿额的支付均规定了一定的原则，即在确定内幕交易行为的损害赔偿额时，既要考虑被告因从事内幕交易所获得的利益或避免的损失，又要考虑原告因此而受到的实际损失。

（1）内幕信息公开日是确定投资者是否存在损失的分水岭。

内幕信息一旦披露，变成公开信息，必然会导致股票上涨或下跌。内幕交易行为人正是利用这一点达到获利或规避损失的目的，也就是说，内幕交易行为人的利益是在这一时点实现的，而投资者的损失也是在这一时点产生的。因此内幕信息公开披露这一时点，就是确定投资者损失的分水岭。由于内幕交易是秘密进行的，不会对市场造成波动，即便投资者与内幕交易行为人同时进行了反向操作，但在此时点之前的交易损失，不属于因内幕交易造成的损失。只有在此时点或此时点以后的损失才与内幕交易行为存在因果关系。因此，确定投资者的损失，应当用此时点或以后的股票价格与内幕交易时的价格进行比较。具体如何比较，需要根据是利用利好的内幕信息进行内幕交易还是利用利空的内幕信息进行内幕交易来确定。

（2）进行内幕交易投资者损失的确定。

a. 利用利空内幕信息进行内幕交易的损失确定。内幕交易行为人利用利空内幕信息进行内幕交易，是在内幕信息公开之前将股票卖出，将损失转嫁给投资者。参与比较的时点就是信息披露日、股票卖出日、内幕交易日。具体损失的计算方法是：如果投资者在信息披露日及以后卖出股票，则用卖出价与买入价（即内幕交易时的价格）比较。如果投资者在信息披露日后仍然持有，则用信息披露日的价格或日后一段时间的平均价格与买入价格（即内幕交易时的价格）进行比较。

b. 利用利好内幕信息进行内幕交易的损失确定。内幕交易行为人利用利好的内幕信息进行内幕交易，是在内幕信息公开之前买入股票以谋求股票上涨收益。此种情况下，损失的计算方法就是信息披露日的价格或日后一段时间的平均价格与内幕交易时的价格（投资者卖出的价格）进行比较的差值。

c. 特殊情况下内幕交易的投资者损失的计算。特殊情况是指内幕信息公告后，投资者受公告信息的影响购入股票，但由于内幕交易行为败露导致有关事项不被有关部门核准或批准，或相关方因内幕交易行为败露而放弃、终止相关事项而给投资者造成损失的。确定这类投资者的损失，需要确定如下两个时点：一是信息公告后股票买入日，是指投资者在公告后买入股票的时点，以确定其交易价格；二是事项终止公告日，即相关当事人宣告终止有关原公告事项。

此种情况投资者的损失计算方法为：若投资者在"事项终止公告日"后卖出股票，其损失为卖出价与买入价的差值，若投资者继续持有，则为"事项终止公告日"后连续若干个交易日的均价与买入价的差额。

三、内幕交易民事赔偿案例

【案例】 "光大乌龙指"索赔案

1. 案件背景概述

误操作自摆"乌龙"

2013年8月16日，上证指数以2 075点低开。直到上午11时，大盘一直处于低位徘徊的状态。

11时05分，大批权重股瞬间被一两个大单拉升之后，又跟着出现大批巨额买单，继而带动了整个股指和其他股票的上涨，涨逾5%，以致多达50多只权重股瞬间集体触及涨停。

11时15分起，上证指数开始产生第二波拉升，这一次最高到达2 198点，在中午11点30分收盘时，上证指数为2 149点。

这样"诡异"的股指走势一时让所有人摸不着头脑。这其中，甚至也包含了经常与证券市场打交道、见惯了股市起起伏伏的光大证券高管及众多工作人员。

据界面新闻报道，时任光大证券总裁的徐浩明最初在关注到沪指被直线暴力拉升时，曾思索着是不是有什么重大利好，又觉得即便是重大利好也不会有这么强的市场反应。他最终得出一个结论，"今天的市场很特别"。

彼时，徐浩明还没有意识到这样的"反常"与自己的公司有关。

在得知可能源于光大证券自身的程序错误，从而引发上证综指异常波动后，当天不晚于11时40分，徐浩明火速召集了时任光大证券助理总裁杨赤忠、时任光大证券计划财务部总经理兼办公室主任沈诗光和时任光大证券策略投资部总经理杨剑波开会，达成了通过做空股指期货、卖出ETF对冲风险的意见，并决定由杨剑波负责实施。

11时59分左右，时任光大证券董事会秘书的梅键在不知情的状况下，在与记者高某的通话中否认了市场上流传的关于"光大证券自营盘70亿元乌龙指"的传闻。随后，高某发布了《光大证券就自营盘70亿乌龙传闻回应：子虚乌有》一文。12时13分，梅键向高某表示需进一步核查情况，要求删除文章。但此时该文已无法撤回，而且文章发布后又被其他不少门户网站转载。

13时，光大证券公告称因重要事项未公告，临时停牌。

当天13时午后一开市，光大证券策略投资部几乎全员出动，通过卖空股指期货、卖出ETF对冲风险。至14时22分，共卖出股指期货空头合约

IF1309、IF1312 共计 6 240 张，合约价值 43.8 亿元，获利 7 414 万元；卖出价值 1.35 亿元和 12.8 亿元的 180ETF、50ETF，又规避损失 1 307 万元。获利合计 8 721 万元。

在光大证券紧锣密鼓地弥补损失之时，许多尚未了解真相的投资者却做出了与市场涨跌方向相反的操作，进而造成了损失。

14 时 22 分左右，光大证券终于发布公告，称"公司策略投资部自营业务在使用其独立套利系统时出现问题"。14 时 55 分，光大证券官网一度无法登录，或因短时间内浏览量过大以致崩溃。

当天股市上的惊涛骇浪终于在 15:00 收盘后暂停了下来。而现实中却依然波诡云谲。

16 时 27 分左右，中国证监会在通气会上表示，上证综指瞬间上涨 5.96%，主要原因是光大证券自营账户大额买入。目前上交所和上海证监局正抓紧对光大证券异常交易的原因展开调查。

后据媒体披露，此次"乌龙指事件"主要出自光大证券策略交易系统的订单"重下"新功能。当天 11 时 02 分左右，在第三次 180ETF 套利下单时，交易员发现有 24 个个股申报不成功，就想使用"重下"的新功能，于是程序员在旁边指导着操作了一番。然而这个新功能尚未实盘验证过，程序把买入 24 个成份股，误写成了买入 24 组 180ETF 成份股，结果生成巨量订单。实际报单规模达 686 亿元，到达交易所的申报是 234 亿元，最终成交 72.7 亿元。

股民跟风"买单"

2013 年 11 月，中国证监会正式做出〔2013〕59 号《行政处罚决定书》，认定光大证券公司在异常交易行为发生后，掌握了内幕信息。光大证券公司为挽回损失，在 2013 年 8 月 16 日 13 时开市后至 14 时 22 分之间（简称"内幕交易时间段"),将所持股票转换为 ETF 卖出和卖空股指期货合约对冲风险,该行为构成《中华人民共和国证券法》第二百零二条和《期货交易管理条例》第七十条所述内幕交易行为。

中国证监会最终决定,没收光大证券非法所得 8 721 万元,并处以 5 倍罚款;对 4 位相关决策责任人徐浩明、杨赤忠、沈诗光、杨剑波分别予以警告、罚款 60 万元,并宣布上述 4 人为期货市场禁止进入者,对其采取终身的证券市场禁入措施。

此外,作为光大证券董事会秘书,梅键在对具体事实不知情的情况下,明知对方为新闻记者,轻率地对未经核实的信息予以否认,构成信息误导。中国证监会决定,"责令梅键改正,并处以 20 万元罚款"。

虽然中国证监会对由此次"乌龙指"引发的内幕交易行为做出了处罚,但是对于众多投资者、特别是中小投资者跟进买入所造成的损失问题尚未明确。

2. 本案起诉与判决

2013 年 11 月 15 日,最高人民法院专门下发通知,明确起诉人以中国证监会对光大证券公司做出的行政处罚决定为依据,以行政处罚决定确认的违法行为侵害其合法权益、导致其损失为由,采取单独诉讼或者共同诉讼方式向法院提起民事诉讼的,人民法院应当受理。该通知同时明确,应由中级人民法院作为一审法院管辖。

由于光大证券公司住所地为上海市静安区,属上海市第二中级人民法院的管辖范围,因此,上海市第二中级人民法院顺理成章地成为该内幕交易民事赔偿系列案件的主要受理法院。

2013年12月2日，上海市第二中级人民法院受理了第一件"8·16光大证券乌龙指"引发的内幕交易赔偿案件，此后又陆续受理了其他系列案件，合计为507件。

在证监会对光大证券内幕交易做出行政处罚之后，光大证券策略投资部原总经理杨剑波不服行政处罚，提出了行政诉讼，该案先后历经一审、二审。

由于这一行政诉讼涉及内幕交易的认定问题，因此其结果将影响到内幕交易赔偿系列案的审理推进。

2015年5月4日，北京市高级人民法院做出二审判决，驳回了杨剑波的上诉请求，维持证监会对杨剑波的行政处罚决定及市场禁入决定。

2015年9月30日，上海市第二中级人民法院对第一批光大证券内幕交易案件进行了宣判。

第一批的8起案子是经过合议庭的审慎挑选而产生的，其中既基本涵盖了系列案中的主要交易类型，同时又基于"先易后难"的原则，避开了涉及沪深300成份股索赔及高频交易索赔这些更为错综复杂、疑难的案件。

据审理该案的合议庭介绍，"第一批案件具有一定的代表性：案件的原告均是个人投资者；案件涉及的交易品种涵盖了50ETF、180ETF成份股和IF1309股指合约；案件涉及的交易时间既有2013年8月16日上午，也有当日下午光大证券内幕交易期间"。

在这8起案件中，其中4件案件法院判决支持了原告诉讼请求，2件判决部分支持原告诉讼请求，2件判决驳回原告诉讼请求。秦某等6名投资者的全部或部分诉讼请求获法院支持，分别获得2 220元到200 980元不等的民事赔偿。同时，法院驳回了王某等2名投资者的诉讼请求。从比例而言，支持投资者的诉讼请求居多，开创了中国内幕交易民事赔偿之先例。

在此之前，我国类似的内幕交易民事索赔案例屈指可数。其中比较受关注的当属陈祖灵诉潘海深证券内幕交易赔偿纠纷案。对此，合议庭认真阅读了相关裁判文书，分析投资者在上述两案中未获得支持的理由。

在我国相关法律规定不甚明确、国内司法实践尚无成熟经验可供借鉴的情况下，合议庭查找了大量美国、欧洲及我国台湾地区关于内幕交易的法律规定和司法实践做法，阅读了大量外文资料，同时根据我国证券、期货市场的特色，思考探索如何在本案中有针对性、有特色地适用相关规则来解决本土问题。

与此同时，上海市第二中级人民法院充分借助"外脑"的力量，于2015年3月16日召开研讨会，邀请了多位专家学者及具有丰富审判经验的法官针对本案中出现的各种法律难题进行研讨。

除了面临棘手的法律问题之外，本案还涉及复杂的证券市场知识，比如高频交易的监管问题等。合议庭查阅了大量的证券市场文献，了解不同市场套利的原理、条件，并深入研究了期货与现货市场的价格引导机制实证分析报告，为解决赔偿范围的问题提供了思路。

在此系列案件中，涉及全国各地的投资者，而每个投资者涉及的交易品种、交易时间、交易方向、计算方式等又均有差异，如果进行排列组合，可达十余种情况。

为了更好地明晰案情，框定争议要点，合议庭提前制作了多达100页的案情幻灯片，包括案件相关视频、诉讼相关数据、相关证券期货背景知识、本案争议焦点及相关国内外法律规定、司法规则。事实证明，幻灯片这一形式的使用在案件分析、请示汇报、庭审准备等方面起到了事半功倍的效果。

（资料来源：《北京青年报》）

四、案件胜诉难点：因果关系、具体损失如何认定

在此系列案中进行了多方面的创新性认定。具体为：

关于侵权行为与损害后果的因果关系认定。合议庭认为，由于证券、期货市场的特殊性，由被侵害的投资者提供证据证明内幕交易的因果关系几乎不可能。对此，可参照《最高人民法院关于审理证券市场因虚假陈述引发的民事赔偿案件的若干规定》，推定因果关系。即在光大证券公司实施内幕交易行为期间，如果投资者从事了与内幕交易行为主要交易方向相反的证券交易行为，而且投资者买卖的是与内幕信息直接关联的证券、证券衍生产品或期货合约，最终遭受损失，则应认定内幕交易与投资者的损失之间具有因果关系。至于内幕交易人进行内幕交易的数量多少和时间长短，内幕交易人是否因内幕交易获得实际利益，其内幕交易行为是否对相关证券、期货品种的交易价格产生实质性影响，都不影响对内幕交易侵权因果关系的认定。

另外，基于交易品种的不同，因果关系亦有所不同。如果原告投资者进行 50ETF、180ETF、IF1309、IF1312 交易，可推定存在因果关系；如果原告投资者进行 50ETF、180ETF 的成份股交易，因光大证券公司在内幕交易期间 50ETF、180ETF 的成交量与市场同期成交量相比巨大，足以通过套利机制等因素影响 50ETF、180ETF 成份股的价格，故也可推定 50ETF、180ETF 成份股损失与光大证券公司内幕交易行为存在因果关系。至于上述品种之外的交易品种，与光大证券公司内幕交易品种的价格关联性极为微弱，无法认定存在法律上认可的因果关系。

除了因果关系之外，对于交易方向的认定、损失的计算，合议庭也进行了有益的探索。比如，针对交易方向而言，50ETF、180ETF 以及相应的成份股交易规则为 T+1（一种股票交易制度，即当日买进的股票，要到下一个

交易日才能卖出），可根据买卖方向判断交易方向。对于股指期货IF1309、IF1312而言，基于股指期货摊低成本、规避风险的策略，投资者会存在反复买卖行为，这种情况下可根据内幕交易时间段内投资者买入的总手数与卖出总手数进行比较来认定交易方向。

这是我国内幕交易民事赔偿案判决赔偿的第一案，以前也有过类似案例，但驳回了原告的诉讼请求。此类案件难以胜诉和我国目前法律法规不完善有关。投资者经济损失与内幕交易是否存在因果关系，以及原告经济损失的认定是此类案件判决的关键所在，但目前我国的法律法规并未就此做出明确规定。

欺诈发行、虚假披露、内幕交易、操纵市场、老鼠仓，被舆论并称为证券市场"五宗罪"。近年来，伴随我国证券市场规模快速扩张，监管部门联手执法、司法机关屡出重拳，在依法治市方面取得了显著的成效。

与欺诈发行、虚假陈述等相比，内幕交易中的维权显得相对艰难。早在2005年修订的《证券法》中，就明确了投资者就内幕交易有要求赔偿的权利。但在此后的十年中，投资者诉至法院的内幕交易赔偿案皆被法院驳回。

本次"光大乌龙指"民事索赔案中部分投资者胜诉，也因实现内幕交易民事赔偿"零的突破"而受到高度关注。对于中国资本市场而言，内幕交易、市场操纵等违法行为需持续打击，对投资者权益的保护仍任重而道远。

第五节
上市公司欺诈发行民事法律责任

上市公司欺诈发行又称造假上市，是指证券发行阶段中【上市（IPO）】信息披露义务人没有依法履行信息披露义务、向市场与投资者提供虚假发行信息的行为。一般表现为：通过隐瞒重要事实或编造重大虚假内容，从而获得主管机构或登记机构的许可或备案，进而获得上市与公开发行股票机会。欺诈发行一般发生在证券发行阶段。当然，在持续信息披露阶段仍可能发生欺诈发行，如在配股、转配股时。

该行为在我国资本市场屡见不鲜，只不过欺诈的轻重情节不同而已。欺诈发行是严重的扰乱证券市场的行为，其造成的不良影响巨大，属于严厉打击的违法违规行为。

根据我国《证券法》，若欺诈发行被发现在上市前，通常采取撤销核准、停止发行或返还本息的办法予以救济，如立立电子案、胜景山河案。当然也有少数采取换股上市的，如通海高科案；若欺诈发行被发现在上市后，只能采取中国证监会行政处罚、交易所公开谴责、法院刑事诉讼和投资者民事索赔的方法加以救济，如绿大地案、山东巨力等案。

一、欺诈发行的有关法律法规

《刑法》第一百六十条　【欺诈发行股票、债券罪】　在招股说明书、认股书、公司、企业债券募集办法中隐瞒重要事实或者编造重大虚假内容，发行股票或者公司、企业债券，数额巨大、后果严重或者有其他严重情节的，处五年以下有期徒刑或者拘役，并处或者单处非法募集资金金额百分之一以上百分之五以下罚金。

单位犯前款罪的，对单位判处罚金，并对其直接负责的主管人员和其他直接责任人员，处五年以下有期徒刑或者拘役。

最高人民检察院　公安部《关于公安机关管辖的刑事案件立案追诉标准的规定（二）》第五条　在招股说明书、认股书、公司、企业债券募集办法中隐瞒重要事实或者编造重大虚假内容，发行股票或者公司、企业债券，涉嫌下列情形之一的，应予立案追诉：

（一）发行数额在五百万元以上的；

（二）伪造、变造国家机关公文、有效证明文件或者相关凭证、单据的；

（三）利用募集的资金进行违法活动的；

（四）转移或者隐瞒所募集资金的；

（五）其他后果严重或者有其他严重情节的情形。

《证券法》第一百八十八条　未经法定机关核准，擅自公开或者变相公开发行证券的，责令停止发行，退还所募资金并加算银行同期存款利息，处以非法所募资金金额百分之一以上百分之五以下的罚款；对擅自公开或者变相公开发行证券设立的公司，由依法履行监督管理职责的机构或者部门会同县级以上地方人民政府予以取缔。对直接负责的主管人员和其他直接责任人员给予警告,并处以三万元以上三十万元以下的罚款。

第二百三十一条　违反本法规定,构成犯罪的,依法追究刑事责任。

《股票发行与交易管理暂行条例》第七十条　股份有限公司违反本条例规定,有下列行为之一的,根据不同情况,单处或者并处警告、责令退还非法所筹股款、没收非法所得、罚款;情节严重的,停止其发行股票资格:

(一)未经批准发行或者变相发行股票的;

(二)以欺骗或者其他不正当手段获准发行股票或者获准其股票在证券交易场所交易的;

(三)未按照规定方式、范围发行股票,或者在招股说明书失效后销售股票的;

(四)未经批准购回其发行在外的股票的。

对前款所列行为负有直接责任的股份有限公司的董事、监事和高级管理人员,给予警告或者处以三万元以上三十万元以下的罚款。

第七十八条　违反本条例规定,构成犯罪的,依法追究刑事责任。

《最高人民法院关于审理证券市场因虚假陈述引发的民事赔偿案件的若干规定》第二十一条　发起人、发行人或者上市公司对其虚假陈述给投资人造成的损失承担民事赔偿责任。

发行人、上市公司负有责任的董事、监事和经理等高级管理人员对前款的损失承担连带赔偿责任。但有证据证明无过错的,应予免责。

二、欺诈发行的法律责任

如上所述,欺诈发行一般发生在证券发行阶段,也就是IPO阶段。当然,在持续信息披露阶段仍可能发生欺诈发行，如在配股、转配股时。也有个别的发生在采取换股上市中，也就是俗称的借壳上市中。

从另一个角度讲，欺诈发行实质也属于虚假陈述的一种，从虚假陈述角度看，欺诈发行表现为：故意编造有利于其上市发行的重大虚假内容，或者故意隐瞒不利于其上市发行的重要事实。在实践中，表现为包装上市，本不具备IPO的条件或借壳上市条件，采取造假、作假，虚构营业收入、利润等方式以满足IPO条件。或者故意隐瞒公司治理违规、债务或巨额债务、关联交易、同业竞争等不符合IPO条件的重要事实，以获得主管部门上市发行许可或备案机构的备案登记。

欺诈发行也会表现为不同的情节，有极其严重的欺诈，也有一般行为的欺诈。对于其欺诈行为，有的发现早，有的发现晚，根据发现的不同阶段，只能做出不同的处理。

欺诈发行损害了投资者的利益，需要承担民事赔偿法律责任。同时，欺诈发行违反了证券发行有关的行政法规，应承担行政法律责任，情节严重的欺诈发行，可能触犯刑法，涉嫌欺诈发行股票犯罪。在司法实践中，证券监督主管机关对欺诈发行上市公司做出的行政处罚决定书或者法院做出的欺诈发行刑事判决书，是投资者向法院、向欺诈者及其相关者提起民事赔偿之诉的重要证据，也是法院受理案件及审理的重要依据。

由于欺诈发行或在证券发行阶段或在配股阶段，一般表现为在招股说明书、认股书，或持续信息披露的报告中隐瞒重要事实或者编造重大虚假内容，具体以虚假记载形式实施，其具有虚假陈述的行为特征，因此，在欺诈发行的民事赔偿追责中，仍可参照最高人民法院关于虚假陈述的司法解释来处理。

下面对欺诈发行的法律责任进行分类梳理。

1. 发行人的法律责任

（1）刑事法律责任。《刑法》第一百六十条 【欺诈发行股票、债券罪】在招股说明书、认股书、公司、企业债券募集办法中隐瞒重要事实或者编造重大虚假内容，发行股票或者公司、企业债券，数额巨大、后果严重或者有其他严重情节的，处五年以下有期徒刑或者拘役，并处或者单处非法募集资金金额百分之一以上百分之五以下罚金。

单位犯前款罪的，对单位判处罚金，并对其直接负责的主管人员和其他直接责任人员，处五年以下有期徒刑或者拘役。

《刑法》第一百六十一条 【提供虚假财会报告罪】公司向股东和社会公众提供虚假的或者隐瞒重要事实的财务会计报告，严重损害股东或者其他人利益的，对其直接负责的主管人员和其他直接责任人员，处三年以下有期徒刑或者拘役，并处或者单处二万元以上二十万元以下罚金。

（2）行政法律责任。《证券法》第一百八十九条 【骗取发行核准的责任】发行人不符合发行条件，以欺骗手段骗取发行核准，尚未发行证券的，处以三十万元以上六十万元以下的罚款；已经发行证券的，处以非法所募资金金额百分之一以上百分之五以下的罚款。对直接负责的主管人员和其他直接责任人员处以三万元以上三十万元以下的罚款。

发行人的控股股东、实际控制人指使从事前款违法行为的，依照前款的规定处罚。

《证券法》第一百九十三条 【违反披露义务的处罚】发行人、上市公司或者其他信息披露义务人未按照规定披露信息，或者所披露的信息有虚假记载、误导性陈述或者重大遗漏的，责令改正，给予警告，并处以三十万元以上六十万元以下的罚款。对直接负责的主管人员和其他直接责任人员给予警告，并处以三万元以上三十万元以下的罚款。

发行人、上市公司或者其他信息披露义务人未按照规定报送有关报告，或者报送的报告有虚假记载、误导性陈述或者重大遗漏的，责令改正，给予警告，并处以三十万元以上六十万元以下的罚款。对直接负责的主管人员和其他直接责任人员给予警告，并处以三万元以上三十万元以下的罚款。

发行人、上市公司或者其他信息披露义务人的控股股东、实际控制人指使从事前两款违法行为的，依照前两款的规定处罚。

（3）民事法律责任。《证券法》第六十九条 【违反信息披露义务的法律责任】发行人、上市公司公告的招股说明书、公司债券募集办法、财务会计报告、上市报告文件、年度报告、中期报告、临时报告以及其他信息披露资料，有虚假记载、误导性陈述或者重大遗漏，致使投资者在证券交易中遭受损失的，发行人、上市公司应当承担赔偿责任；发行人、上市公司的董事、监事、高级管理人员和其他直接责任人员以及保荐人、承销的证券公司，应当与发行人、上市公司承担连带赔偿责任，但是能够证明自己没有过错的除外；发行人、上市公司的控股股东、实际控制人有过错的，应当与发行人、上市公司承担连带赔偿责任。

《最高人民法院关于审理证券市场因虚假陈述引发的民事赔偿案件的若干规定》第二十一条 发起人、发行人或者上市公司对其虚假陈述给投资人造成的损失承担民事赔偿责任。

发行人、上市公司负有责任的董事、监事和经理等高级管理人员对前款的损失承担连带赔偿责任。但有证据证明无过错的，应予免责。

2. 保荐人的法律责任

（1）刑事法律责任。如果保荐人参与了发行人在发行时的虚假陈述或者隐瞒重要事实或者编造重大虚假内容的行为，可能以共同犯罪被追究刑事责任。

（2）行政法律责任。《证券法》第一百九十二条　【保荐人责任】保荐人出具有虚假记载、误导性陈述或者重大遗漏的保荐书，或者不履行其他法定职责的，责令改正，给予警告，没收业务收入，并处以业务收入一倍以上五倍以下的罚款；情节严重的，暂停或者撤销相关业务许可。对直接负责的主管人员和其他直接责任人员给予警告，并处以三万元以上三十万元以下的罚款；情节严重的，撤销任职资格或者证券从业资格。

《首次公开发行股票并在创业板上市管理暂行办法》第五十四条　保荐人出具有虚假记载、误导性陈述或者重大遗漏的发行保荐书的，保荐人以不正当手段干扰中国证监会及其发行审核委员会审核工作的，保荐人或其相关签名人员的签名、盖章系伪造或变造的，或者不履行其他法定职责的，依照《证券法》和保荐制度的有关规定处理。

《证券发行上市保荐业务管理办法（2009年修订）》第六十七条　保荐机构出现下列情形之一的，中国证监会自确认之日起暂停其保荐机构资格3个月；情节严重的，暂停其保荐机构资格6个月，并可以责令保荐机构更换保荐业务负责人、内核负责人；情节特别严重的，撤销其保荐机构资格：

（一）向中国证监会、证券交易所提交的与保荐工作相关的文件存在虚假记载、误导性陈述或者重大遗漏；

……

（四）保荐工作底稿存在虚假记载、误导性陈述或者重大遗漏；

（五）唆使、协助或者参与发行人及证券服务机构提供存在虚假记载、误导性陈述或者重大遗漏的文件；

……

（3）民事法律责任。《证券法》第六十九条　同发行人。

《最高人民法院关于审理证券市场因虚假陈述引发的民事赔偿案件的若干规定》第二十三条　证券承销商、证券上市推荐人对虚假陈述给投资人造成的损失承担赔偿责任。但有证据证明无过错的，应予免责。

负有责任的董事、监事和经理等高级管理人员对证券承销商、证券上市推荐人承担的赔偿责任负连带责任。其免责事由同前款规定。

3. 承销机构的法律责任

（1）刑事法律责任。同保荐人。

（2）行政法律责任。《证券发行与承销管理办法（2010年修订）》第六十二条　证券公司有下列行为之一的，除承担《证券法》规定的法律责任外，自中国证监会确认之日起36个月内不得参与证券承销：

（一）承销未经核准的证券；

（二）在承销过程中，进行虚假或误导投资者的广告或者其他宣传推介活动，以不正当手段诱使他人申购股票；

（三）在承销过程中披露的信息有虚假记载、误导性陈述或者重大遗漏。

（3）民事法律责任。《证券法》第六十九条、《最高人民法院关于审理证券市场因虚假陈述引发的民事赔偿案件的若干规定》第二十三条　同保荐人。

4. 中介组织的法律责任

（1）刑事法律责任。《刑法》第二百二十九条　【中介组织人员提供虚假证明文件罪；中介组织人员出具证明文件重大失实罪】承担资产评估、验资、验证、会计、审计、法律服务等职责的中介组织的人员故意提供虚假证明文件，情节严重的，处五年以下有期徒刑或者拘役，并处罚金。

前款规定的人员，索取他人财物或者非法收受他人财物，犯前款罪的，处五年以上十年以下有期徒刑，并处罚金。

第一款规定的人员，严重不负责任，出具的证明文件有重大失实，造成严重后果的，处三年以下有期徒刑或者拘役，并处或者单处罚金。

（2）行政法律责任。《证券法》第二百二十三条 【证券服务机构的失职责任】证券服务机构未勤勉尽责，所制作、出具的文件有虚假记载、误导性陈述或者重大遗漏的，责令改正，没收业务收入，暂停或者撤销证券服务业务许可，并处以业务收入一倍以上五倍以下的罚款。对直接负责的主管人员和其他直接责任人员给予警告，撤销证券从业资格，并处以三万元以上十万元以下的罚款。

《首次公开发行股票并在创业板上市管理暂行办法》第五十五条 证券服务机构未勤勉尽责，所制作、出具的文件有虚假记载、误导性陈述或者重大遗漏的，中国证监会将采取十二个月内不接受相关机构出具的证券发行专项文件，三十六个月内不接受相关签名人员出具的证券发行专项文件的监管措施，并依照《证券法》及其他相关法律、行政法规和规章的规定进行处罚。

（3）民事法律责任。《证券法》第一百七十三条 【文件出具义务】证券服务机构为证券的发行、上市、交易等证券业务活动制作、出具审计报告、资产评估报告、财务顾问报告、资信评级报告或者法律意见书等文件，应当勤勉尽责，对所依据的文件资料内容的真实性、准确性、完整性进行核查和验证。其制作、出具的文件有虚假记载、误导性陈述或者重大遗漏，给他人造成损失的，应当与发行人、上市公司承担连带赔偿责任，但是能够证明自己没有过错的除外。

《最高人民法院关于审理证券市场因虚假陈述引发的民事赔偿案件的若干规定》第二十四条 专业中介服务机构及其直接责任人违反证券法第一百六十一条和第二百零二条的规定虚假陈述，给投资人造成损失的，就其负有责任的部分承担赔偿责任。但有证据证明无过错的，应予免责。

三、欺诈发行的案例

【案例1】 大庆联谊欺诈上市及民事赔偿案

中国证监会认定大庆联谊存在如下违规事实。其一，欺诈上市。1996年，大庆联谊石化总厂申报组建大庆联谊股份有限公司上市，1997年1月，大庆市原工商管理局出具签有1993年12月20日的工商营业执照，1997年3月，黑龙江省体改委批文批复，落款时间为1993年10月8日，黑龙江证券登记有限公司为大庆联谊提供1994年1月的虚假股权托管证明，大庆联谊编制了1994年、1995年、1996年的会计记录，并将三年利润虚增16 176万元。其二，虚假陈述。1997年年报虚假，利润虚增2 848.89万元，募集资金未按上市公告书说明的投向使用。因此，2000年3月，中国证监会对大庆联谊、承销商、证券登记公司、会计师事务所、律师事务所及直接责任人员做出了处罚。

2002年1月24日，大庆联谊虚假陈述民事赔偿案被哈尔滨中级人民法院受理，其后有679名投资者起诉，总标的为2 000多万元。2004年8月20日，哈尔滨中级人民法院对该案做出一审判决。2004年12月21日，黑龙江高级人民法院二审判决大庆联谊案中适格原告464名人获赔883.60万元，承销商申银万国证券公司部分承担连带责任608.60万元。2007年2月1日，历时五年的大庆联谊案执行完毕，投资者全额获得赔款。

【案例2】 红光实业欺诈上市、刑事诉讼及民事赔偿案

经查实,红光实业存在下述虚假陈述行为:编造虚假利润,骗取上市资格;少报亏损,欺骗投资者;隐瞒重大事项;未履行重大事件的披露义务。1998年10月26日,中国证监会对红光实业、承销商、上市推荐人、会计师事务所、资产评估事务所、财务顾问公司、律师事务所及直接责任人员做出了处罚。

2000年1月4日,成都市人民检察院对红光实业、何行毅等人提起公诉,12月14日,成都市中级人民法院一审判决,红光实业犯"欺诈发行股票罪"罪名成立,对何行毅等四人分别判处有期徒刑三年、有期徒刑两年缓刑三年、有期徒刑一年零六个月缓刑两年的刑罚,同时,对红光实业判处罚金100万元。这一判决,成就中国证券市场的三个第一:证券市场适用欺诈发行股票罪的第一起案件,上市公司被刑事处罚的第一起案件,上市公司被适用法人犯罪的第一起案件。

2002年中,红光实业虚假陈述民事赔偿案为成都市中级人民法院受理,共11件,起诉金额近25万元。2002年11月25日,这些案件以调解方式结案,投资者获得诉讼标的的90%款项。

(资料来源:中国新闻网)

【案例3】 上市公司欺诈发行引发涉众纠纷案例

2016年5月,创业板上市公司××股份有限公司由于IPO申请文件中相关财务数据存在虚假记载、上市后披露的定期报告中存在虚假记载和重大遗漏,收到中国证监会《行政处罚和市场禁入事先告知书》。2017年8月,××公司正式摘牌退市。其为创业板第一家退市的公司,也是中国资本市场

第一家因欺诈发行而退市的公司。众多投资者因××公司退市出现损失，如不能依法获得赔偿将引发涉众纠纷，出现大量索赔诉讼和投诉，影响退市工作顺利进行和资本市场稳定。

为了化解欺诈发行责任人与投资者的群体性纠纷，作为××公司上市保荐机构的XY证券股份有限公司（以下简称"XY证券"），决定出资设立规模为5.5亿元人民币的"××公司欺诈发行先行赔付专项基金"，用于赔付适格投资者遭受的投资损失。中国证券业协会与中国证券投资者保护基金有限责任公司、深圳证券交易所、中国证券登记结算有限责任公司、XY证券共同组成××公司投资者先行赔付工作协调小组，推进先行赔付方案的制定完善和各项工作的实施。XY证券先后组织多场专家论证会、投资者座谈会，广泛听取投资者、监管部门、协调小组成员单位、法律专家和金融工程专家意见，并征求了最高人民法院的指导意见，对先行赔付方案进行了全面论证。

从2017年6月开始，经过两个阶段的赔付申报过程，至2017年10月完成第二次赔付申报的资金划转，接受赔付并与XY证券达成有效和解的适格投资者共计11 727人，占适格投资者总人数的95.16%；实际赔付金额为241 981 273元，占应赔付总金额的99.46%。本案先行赔付方案也得到了法院的认可，福建省高级人民法院、辽宁省高级人民法院、福州市中级人民法院、沈阳市中级人民法院等在审理XY证券因××公司欺诈发行涉及索赔案件时，法律适用与先行赔付方案保持一致。

（资料来源：中国证券网）

第六节
上市公司涉及的业绩承诺民事法律责任

"业绩承诺"指的是在重大并购重组交易中交易双方为促成本次并购重组交易的成功运作而达成的一种约定，即被投资公司的原股东就标的公司未来一段期限内（承诺期）的经营业绩向投资人（上市公司并购方）做出承诺，若承诺期满，标的公司实际经营业绩未达到承诺业绩标准，则由承诺股东向收购方进行补偿，以期通过业绩承诺与业绩补偿"证明"估值的合理性、标的公司的持续盈利能力，以及实现对中小投资者的保护。

2013 年，附业绩承诺条款的并购作为一种新型的并购方式，出现在资本市场上，并且成为我国上市公司并购的基本配置。然而，随着业绩承诺兑现期的到来，被并购方承诺业绩不达标，并购方资产受损，甚至并购双方因补偿承诺履行情况不能达成协议而诉诸法律。业绩承诺并购的不利后果不断涌现，且已造成 2018 年上市公司商誉减值大量涌现。附业绩承诺并购对于被并购标的的估值调整有一定的灵活性，对上市公司控股股东、实际控制人利用关联交易并购起到了很好的约束作用,但我们也注意到,大量的业绩承诺无法兑现,仅仅以一纸道歉信就画上句号。虽然这一现象已引起监管部门的高度重视,成为监管部门重点关注与监管的焦点,但是,如何从民事责任方面进行规制,以有效地解决这个问题?

在实践中,业绩承诺也基本以业绩补偿方式来体现。业绩补偿,是指在上市公司并购重组过程中,被收购方的股东对未来一段时间内(承诺期)的经营业绩做出预测,并承诺若标的资产在承诺期满后实际经营业绩无法达到预测目标时,将由承诺股东承担补偿责任;若实际经营业绩达到或超过预测目标时,可约定由收购方向特定股东或员工给予一定奖励的制度安排。

查阅案例可知,在上市公司并购重组中,业绩补偿存在如下两类具体方案:

方案一:单向业绩补偿

被收购方的股东对未来一段时间内(承诺期)的经营业绩做出预测,并承诺若标的资产在承诺期满后实际经营业绩无法达到预测目标时,将由承诺股东承担补偿责任。也就是说,该补偿是单向的,若经营业绩不能达到预期目标,则承诺股东须承担补偿责任。其实质是,对原有的收购标的评估价格(收购价格)进行估值调整。

如果上述业绩补偿采用了由承诺股东按照约定进行回购,则该模式有些类似于非上市公司融资过程中与VC/PE投资者签署的回购协议。

方案二:双向业绩补偿

被收购方的股东对未来一段时间内(承诺期)的经营业绩做出预测,并承诺若标的资产在承诺期满后实际经营业绩无法达到预测目标时,将由承诺股东承担补偿责任。若实际经营业绩达到或超过预测目标时，可约定由收购方向特定股东或员工给予一定奖励的制度安排。

由上述可见，该补偿方式是双向的，若经营业绩不能达到预期目标，则承诺股东须承担补偿责任。反之，则由收购方给予奖励。这属于有奖有罚。从估值调整机制角度看，属于双向估值调整模式，比较客观公平，易于被收购方的股东所接受。该模式有些类似于非上市公司融资过程中与 VC/PE 投资者签署的对赌协议。

一、有关业绩承诺的法律法规

《上市公司重大资产重组管理办法》第三十五条　采取收益现值法、假设开发法等基于未来收益预期的方法对拟购买资产进行评估或者估值并作为定价参考依据的，上市公司应当在重大资产重组实施完毕后三年内的年度报告中单独披露相关资产的实际盈利数与利润预测数的差异情况，并由会计师事务所对此出具专项审核意见；交易对方应当与上市公司就相关资产实际盈利数不足利润预测数的情况签订明确可行的补偿协议。

《上市公司重大资产重组管理办法》第三十四条　上市公司在实施重大资产重组的过程中，发生法律、法规要求披露的重大事项的，应当及时做出公告；该事项导致本次交易发生实质性变动的，须重新提交股东大会审议，属于本办法第十三条规定的交易情形的，还须重新报经中国证监会核准。

《上市公司监管指引第 4 号——上市公司实际控制人、股东、关联方、收购人以及上市公司承诺及履行》第五条　因相关法律法规、政策变化、自然灾害等自身无法控制的客观原因导致承诺无法履行或无法按期履行的，承诺相关方应及时披露相关信息；除因法律法规、政策变化、自然灾害等自身无法控制的客观原因外，承诺确已无法履行或者履行承诺不利于维护上市公司权益的，承诺相关方应充分披露原因，并向上市公司或其他投资者提出用新承诺替代原有承诺或者提出豁免履行承诺义务；上述变更方案应提交股东大会审议，上市公司应向股东提供网络投票方式，承诺相关方及关联方应回避表决；独立董事、监事会应就承诺相关方提出的变更方案是否合法合规、是否有利于保护上市公司或其他投资者的利益发表意见；变更方案未经股东大会审议通过且承诺到期的，视同超期未履行承诺。

根据上述规定，变更盈利补偿方案应有合理原因，应有利于维护上市公司及其他股东的合法权益，并需履行内部决策、监督、信息披露等相关程序，包括上市公司股东大会审议通过、承诺相关方及关联方回避表决等。

二、监管部门——中国证监会的监管意见

中国证监会对业绩补偿条款的监管态度是：某些特定的并购重组事项适用强制性业绩补偿制度，除此之外可自主选择适用业绩补偿制度。我国《上市公司重大资产重组管理办法（2014年）》三十五条规定，采取收益现值法、假设开发法等基于未来收益预期的方法对拟购买资产进行评估或者估值并作为定价参考依据的，交易对方应当签订明确可行的补偿协议。而对上市公司向控股股东、实际控制人或者其控制的关联人之外的特定对象购买资产且未导致控制权发生变更的，可以按照市场化原则，由交易双方自主决定是否签订补偿协议。监管部门设置强制性业绩补偿制度的初衷是为了维护重组并购交易中定价的公允性和公平性，防止恶意炒壳及上市后的业绩变脸，保护上市公司及其广大投资者的利益。

此外，中国证监会的态度与意见或窗口指导意见，也是实际操作中需要

遵守的具体意见。总结如下：

（1）交易对方为上市公司控股股东、实际控制人或者其控制的关联人，应当以其获得的股份和现金进行业绩补偿。如构成借壳上市的，应当以拟购买资产的价格进行业绩补偿的计算，且股份补偿不低于本次交易发行股份数量的 90%。业绩补偿应先以股份补偿，不足部分以现金补偿。

（2）业绩补偿的常见表现形式。

① 业绩承诺现金补偿。即被并购标的的股东承诺向收购方（上市公司）以现金进行补偿的方式。

② 业绩承诺股份补偿。即被并购标的的股东承诺向收购方（上市公司）以股份进行补偿的方式。

③ 业绩承诺现金、股份同时补偿，即混合模式，以部分现金和部分股份的方式进行补偿。

④ 业绩承诺股份及现金，优先以股份补偿。

⑤ 业绩承诺股份及现金，优先以现金补偿。

（3）中国证监会对业绩承诺重点关注如下几个方面：

① 业绩承诺额较当前业绩大幅跃升背后的兑现和补偿风险。

② 做出业绩承诺的依据和合理性。

③ 业绩承诺的可实现性。

三、当前上市公司业绩承诺的基本情况

业绩承诺是一种交换，也是一种对赌。以 2015 年度为业绩承诺大限的并购事项看，近四成项目的业绩承诺无法兑现。从近几年并购标的的市净率估值看，明显高于 A 股上市公司的市净率。

截至 2016 年 7 月 31 日，共有 485 家上市公司的 712 个并购项目处于业绩承诺期。其中 426 个项目业绩承诺完成比例在 100%～120%，166 个项目未能如期兑现业绩，净利润为负值的项目 28 个，未完成业绩承诺的上市公司 140 家。而 2017 年、2018 年这种情况更为突出，并直接引发了上市公司一大波商誉减值潮。

在上市公司业绩承诺兑现上，也大都是空头空票，即便有监管部门的监管督促，也基本难以兑现。而上市公司抑或是其他股东（包括中小投资者）也鲜有维权。

在实践中，业绩承诺未兑现的企业如何兑付承诺呢？一般有如下五类情形：

（1）中途变相修改业绩承诺条款——更改业绩补偿方案。实践中变更业绩补偿方案的方式多种多样，主要包括：将逐年补偿变更为累计补偿、将赔偿义务变更为送股、将股份补偿变更为现金补偿、变更现金补偿乘数、变更业绩承诺期及承诺数、通过转让股权提前终止业绩承诺等。

（2）减轻或规避补偿义务。当实际经营业绩走低，业绩补偿义务触发或将要被触发时，为达到业绩承诺的标准或尽可能降低履行补偿义务的实际损失，有时承诺人会采取各种方法规避或变相规避补偿义务。常见的措施或方法有：①配发高额股利；②账务处理；③减持套现；④扣除不可抗力因素等。

（3）承诺人不履行偿付义务。随着承诺兑现期的到来，有部分案例中的承诺股东面对巨大的补偿款遭遇了偿债危机，直接或间接导致了"赖账"现象的出现，其中的原因既包括主观方面的，也有客观方面因素的影响。常见的有：①资金不足；②股权质押、冻结；③承诺人不配合等。

（4）口头或者公告表示履行业绩承诺，但并不实际履行（拖延战术）。

（5）如约履行未兑现业绩承诺补偿条款。

由上可见，唯有第五类属于兑现了承诺的义务。而前四者都是违反承诺义务的约定，不予兑现承诺的违约及违规行为。且根据统计，未兑现的占绝大多数，足见这一问题的严重性。

四、上市公司业绩承诺兑现难的原因

从大量上市公司并购及重组案例可以看到，与上市公司大股东有关联关系（或者是直接有关联关系的资产，或者是有关联关系的基金投资的标的资产）或者其他利益关系的居多，也有少数部分系出于市值管理、保壳、借壳等目的。在并购重组时，为了通过股东大会决议及监管层的审批，则对原本高估值的收购或重组方案被迫在形式上做出了业绩承诺，但在实际履行中则想尽一切办法拒绝实际兑现承诺，使得大部分承诺成为一纸空文。

而并购或重组的高估值包括三个维度的内容，分别为评估结果与过往经济行为的比较是否过高而无合理定量解释（纵向）、评估结果与同行业或类似案例的比较是否过高而无合理定量解释（横向）、评估结果与标的自身基准日经营状态比较是否过高而无合理定量解释（轴心）。高估值往往呈现出短期内标的公司评估溢价大幅提高、标的公司评估结果较大偏离证券市场估值水平、标的公司评估结果较大偏离近期可比交易案例定价水平、标的公司评估结果较基准日标的公司净资产账面价值出现超高溢价等。

从规定来看，由于在上市公司收购大股东或实控人的关联方时，更容易出现大股东或者实控人影响估值的情况，监管层强制要求大股东进行业绩承诺，但是对于其他情况，因为是市场博弈的后果，所以并不强制要求进行业绩承诺。

五、业绩承诺的法律属性

从法律性质看，业绩承诺因其由股东做出、经股东大会同意且影响至公众股东，所以普遍认为其兼具单方、双方、多方法律行为的特点，这也就使得其在法律定性方面显得有些模糊不清。也有论者认为其和对赌协议相类似（均为股东与公司签订的协议且有估值调整的作用），进而质疑其合法性。但事实上，业绩承诺在签订时点（在上市后重组时）、补偿内容（股东补偿上市公司）等方面均与对赌协议有着较大的不同。

我们认为，上市公司并购重组中的有关业绩承诺既有监管部门颁布的监管法规所约束，在民商事法律上也具有其法律属性。因此，违反业绩承诺的行为不仅违反了监管部门的监管规定，涉嫌行政违法，同时，也违反了民商事法律关系的承诺义务，涉嫌民商事违约。故此，对于违反业绩承诺义务拒不履行者，除了监管部门进行处罚查处外，收购方及其股东还有权提起民事诉讼，要求被做出业绩承诺的股东或义务人履行业绩承诺义务。

六、业绩承诺有关案例

【案例】 不履行业绩补偿承诺，斯太尔将控股股东送上法庭

1. 案件概述

2013 年斯太尔向股东英达钢构等 6 名特定对象发行股票，共募集资金 15 亿元，部分资金用于购买斯太尔动力（江苏）投资有限公司（原武汉梧桐硅谷天堂投资有限公司）100% 股权，这中间伴随着一份业绩补偿协议，即英达

钢构承诺标的资产2014年、2015年、2016年每年实现的经审计扣除非经常损益后的净利润分别不低于2.3亿元、3.4亿元和6.1亿元,共计11.8亿元。不过2016年的标的资产仅实现了1.23亿元,距离承诺数差额4.87亿元。

2017年5月12日,斯太尔向英达钢构发出《关于触发控股股东业绩补偿事宜的通知》,要求对方收到通知后30日内交付补偿款。

2017年5月22日,不放心的斯太尔再次向英达钢构发出《关于询问2016年度业绩承诺履行安排的函》,强调了时限。

2017年5月25日,英达钢构发出《关于变更业绩补偿支付方式暨提请召开董事会及股东大会的函》,表示将不惜采用借款的方式,继续履行业绩补偿承诺。

2017年6月14日,证监会湖北监管局向英达钢构下达了《关于对山东英达钢结构有限公司采取责令改正措施的决定》,进行过一次督促。

2017年6月27日,等待了一阵子的斯太尔又发出了一份《关于询问未支付2016年度业绩补偿款的函》,这次得到的回复是因资金筹措原因,才未能履行计划,并再次承诺会负责。

2017年8月9日,斯太尔指派人员奔赴承诺方处进行访谈,被告知在积极寻找资金方。

2017年12月6日,斯太尔收到湖北证监局监管关注函,当中显示监管层持续关注上述事件,并采取约见谈话、现场检查等方式不断传导监管压力。

但英达钢构未履行业绩补偿承诺。监管层建议上市公司和管理层应立即采取起诉英达钢构、冻结其持有股权等司法手段,督促英达钢构履行业绩补偿承诺,并承担违约赔偿等法律责任,保障上市公司权益。

2017年12月16日,斯太尔终走上了司法途径。据公告,斯太尔于2017年12月15日就公司控股股东英达钢构未履行2016年度业绩补偿承诺事宜向山东省高级人民法院提起诉讼，并递交了《民事起诉状》，斯太尔请求让英达钢构支付2016年度利润补偿款共计4.87亿元，以及相对应的违约金。山东省高级人民法院于2017年12月15日向公司发出案件受理通知书。

2. 法院一审判决

2018年5月16日，公司收到山东省高级人民法院送达的《民事判决书》（〔2017〕鲁民初130号）。具体判决结果如下：

（1）被告山东英达钢结构有限公司于本判决生效后十日内向原告斯太尔动力股份有限公司支付利润补偿款486 756 055.03元及利息（以486 756 055.03元为基数，自2017年6月11日起按0.3‰/日标准计算至实际给付之日止）；

（2）被告山东英达钢结构有限公司于本判决生效后十日内向原告斯太尔动力股份有限公司支付律师代理费500 000元；

（3）被告冯文杰对上述债务承担连带清偿责任。被告冯文杰承担清偿责任后，有权向被告山东英达钢结构有限公司追偿。

如果被告未按本判决指定的期间履行给付金钱义务，应当依照《中华人民共和国民事诉讼法》第二百五十三条规定，加倍支付迟延履行期间的债务利息。

案件受理费2 609 924元、保全费5 000元，由被告山东英达钢结构有限公司、冯文杰承担。

（资料来源：新浪财经）

第七节
控股股东、实控人、董监高损害公司利益

上市公司作为公众公司，拥有数以万计、甚至几十万乃至百万的股东（购买了股票的中小投资者，根据当下交易规则，只要购买最低要求的一手股票，100股，即可成为上市公司股东，享有上市公司股东权益）。高度公众化、分散化是我国大多数上市公司的现状。而上市公司的发展历史，也决定了上市公司的控股股东、实际控制人及董监高实际掌控、管理、运营、经营公司。很多民营上市公司是在家族企业、夫妻店、兄弟兵等基础上发展起来的，还没有彻底摆脱过去的观念。由于股东众多、股份极其分散，散户化严重的资本市场上，由于炒作心重，轻视甚至根本不过问上市公司的实际运营情况，股东大会成了控股股东、实际控制人、公司董监高任意操控上市公司任何决策的摆设。

在此情况下，上市公司控股股东、实际控制人及公司董监高或明目张胆，或利用合法合理的规则（公司章程及各种决策机制、议事规则）损害中小股东利益，强取豪夺，掏空上市公司。

在实践中，常见的损害中小股东的方法有：直接侵占上市公司资产、资金；利用关联交易损害上市公司利益，包括贸易、采购、并购、重组等多种形式；违背同业竞争与竞业禁止规定肆意妄为；违规设定担保等掏空上市公司的违法违规行为。这些行为直接损害了上市公司的利益，间接损害了众多上市公司其他中小股东的利益。

因此，上市公司控股股东、实际控制人及公司董事、监事、高级管理人员（若控制公司，被称之为内部人控制）损害上市公司利益的行为属于严重违法违规行为，与之前讲述的内幕信息、虚假陈述、操纵市场等顽疾一样，是我国证券市场长期存在的且难以根治的问题。该行为不仅要承担民事法律责任，而且违反了监管部门的行政法规，应承担行政法律责任，严重的损害行为甚至还会触犯刑法，需要依法追究其刑事法律责任。

一、关于上市公司控股股东、实际控制人及公司董监高损害上市公司利益的主要法律法规

1. 关于董监高

《公司法》第一百四十七条　董事、监事、高级管理人员应当遵守法律、行政法规和公司章程，对公司负有忠实义务和勤勉义务。董事、监事、高级管理人员不得利用职权收受贿赂或者其他非法收入，不得侵占公司的财产。

第一百四十八条　【董事、高管人员的禁止行为】董事、高级管理人员不得有下列行为：

（一）挪用公司资金；

（二）将公司资金以其个人名义或者以其他个人名义开立账户存储；

（三）违反公司章程的规定，未经股东会、股东大会或者董事会同意，

将公司资金借贷给他人或者以公司财产为他人提供担保；

（四）违反公司章程的规定或者未经股东会、股东大会同意，与本公司订立合同或者进行交易；

（五）未经股东会或者股东大会同意，利用职务便利为自己或者他人谋取属于公司的商业机会，自营或者为他人经营与所任职公司同类的业务；

（六）接受他人与公司交易的佣金归为己有；

（七）擅自披露公司秘密；

（八）违反对公司忠实义务的其他行为。董事、高级管理人员违反前款规定所得的收入应当归公司所有。

第一百四十九条 【董事、监事、高管人员的损害赔偿责任】 董事、监事、高级管理人员执行公司职务时违反法律、行政法规或者公司章程的规定，给公司造成损失的，应当承担赔偿责任。

最高人民法院关于适用《中华人民共和国公司法》若干问题的规定（四）第十二条 公司董事、高级管理人员等未依法履行职责，导致公司未依法制作或者保存公司法第三十三条、第九十七条规定的公司文件材料，给股东造成损失，股东依法请求负有相应责任的公司董事、高级管理人员承担民事赔偿责任的，人民法院应当予以支持。

最高人民法院关于适用《中华人民共和国公司法》若干问题的规定（五）第一条 关联交易损害公司利益，原告公司依据公司法第二十一条规定请求控股股东、实际控制人、董事、监事、高级管理人员赔偿所造成的损失，被告仅以该交易已经履行了信息披露、经股东会或者股东大会同意等法律、行政法规或者公司章程规定的程序为由抗辩的，人民法院不予支持。

公司没有提起诉讼的，符合公司法第一百五十一条第一款规定条件的股东，可以依据公司法第一百五十一条第二款、第三款规定向人民法院提起诉讼。

第二条　关联交易合同存在无效或者可撤销情形，公司没有起诉合同相对方的，符合公司法第一百五十一条第一款规定条件的股东，可以依据公司法第一百五十一条第二款、第三款规定向人民法院提起诉讼。

2. 关于控股股东、实际控制人

《公司法》第二十条　【股东禁止行为】　公司股东应当遵守法律、行政法规和公司章程，依法行使股东权利，不得滥用股东权利损害公司或者其他股东的利益；不得滥用公司法人独立地位和股东有限责任损害公司债权人的利益。公司股东滥用股东权利给公司或者其他股东造成损失的，应当依法承担赔偿责任。公司股东滥用公司法人独立地位和股东有限责任，逃避债务，严重损害公司债权人利益的，应当对公司债务承担连带责任。

第二十一条　【禁止关联交易】　公司的控股股东、实际控制人、董事、监事、高级管理人员不得利用其关联关系损害公司利益。违反前款规定，给公司造成损失的，应当承担赔偿责任。

二、常见损害公司利益行为

1. 直接侵占公司资产

直接侵占公司资产是指上市公司控股股东、实际控制人及公司董监高等采取挪用公司资金（资产）、侵占公司资金（资产）等损害公司的侵权行为。

该行为直接损害了上市公司的利益，从而间接损害了其他股东的利益。属于我国资本市场严厉打击的对象。不仅违反了关于上市公司监管的行政法规，情节严重的，触犯刑法，构成刑事犯罪。对于其造成的损失，还应承担民事赔偿责任。具体法律意见详见上述。

2. 利用关联交易损害公司利益

利用关联交易损害公司利益是指，上市公司股东、董监高等违反公司章程的规定或者未经股东会、股东大会同意，与本公司订立合同或者进行交易。具体表现为两种形式：直接以本人名义与本公司订立合同或进行交易；以与上述主体的关联公司的名义与本公司订立合同或进行交易。

【案例】关联交易损害上市公司利益

2015年7月，上海市徐汇区人民法院已下发受理通知书称，决定立案审理兰州鸿祥、上海开南等诉*ST新梅（600732）董事及高管张静静、曾志锋、何婧三位被告在职期间利用关联关系损害公司利益，要求判决被告承担第三人（*ST新梅）2013年与2014年亏损金额10%的赔偿责任，共同赔偿给上市公司*ST新梅612.42万元。

原告于2015年5月4日向*ST新梅监事会提交了上述诉讼函，但监事会未在三十日内提起诉讼。因此根据《公司法》规定，原告作为*ST新梅的股东直接对此提起了诉讼。

（资料来源：证券时报网）

3. 同业竞争损害公司利益

同业竞争损害公司利益是指，上市公司股东、董监高等未经股东会或者股东大会同意，利用职务便利为自己或者他人谋取属于公司的商业机会，自营或者为他人经营与所任职公司同类的业务。

在实践中该类行为也表现为四种主要形式：利用职务便利为自己谋取属于公司的商业机会；利用职务便利为他人谋取属于公司的商业机会，自营与所任职公司同类的业务；为他人经营与所任职公司同类的业务。

4. 违规担保损害上市公司利益

《公司法》第十六条【公司担保】 公司向其他企业投资或者为他人提供担保，依照公司章程的规定，由董事会或者股东会、股东大会决议；公司章程对投资或者担保的总额及单项投资或者担保的数额有限额规定的，不得超过规定的限额。公司为公司股东或者实际控制人提供担保的，必须经股东会或者股东大会决议。前款规定的股东或者受前款规定的实际控制人支配的股东，不得参加前款规定事项的表决。该项表决由出席会议的其他股东所持表决权的过半数通过。

根据上述规定，违规担保损害公司利益是指，违反公司章程的规定，未经股东会、股东大会或者董事会同意，将公司资金借贷给他人或者以公司财产为他人提供担保的行为。

【案例】 因为深圳证券交易所的一纸问询，冠福股份董事会在核查中发现了公司控股股东违规担保、借款等问题。先是三名独立董事齐发声反对控股股东违规对外借款和担保的行为，之后冠福股份的监事会也站了出来。

2018年9月20日，冠福股份公告称，公司监事会对近期发现的控股股东隐瞒公司监事会、擅自以公司及子公司名义对外借款和担保等违规行为发表意见，要求公司控股股东向公司监事会汇报违规借款、担保等的全部事实经过，提议公司通过诉讼追偿。

（资料来源：《新京报》）

第八节
上市公司控制权之争民事法律风险

实际控制权是指企业不同的利益参与者实际对企业运行和企业重大决策产生的影响。实际控制权是实际做出决策的权力，实际控制权来源于对信息的掌握。上市公司控制权是指能够对上市公司的运行、重大决策产生实际影响的权力。该控制权获得可能基于拥有超过50%的股份，或基于一致行动协议，或基于表决权代理，或基于特殊条款安排等。

上市公司控制权是一项最为重要的权力，失去了控制权也就失去了对上市公司运行及重大决策产生影响的权力。正因为控制权如此重要，围绕上市公司控制权之争成为我国资本市场的热点。收购与反收购演绎成精彩万分的公司控制权争夺战，比如万宝之争等。

由于我国公司法、证券法及相关法律法规对上市公司反并购条款及相应的措施持否定态度，所以，在当下资本市场，恶意收购由于缺乏反并购防御策略而容易实施。自2017年以来，多家上市公司控制权易主，其中不乏恶意收购。

在上市公司并购重组过程中，或善意或恶意并购导致的控制权变更，围绕上市公司控制权之争中，除了角力的双方，一般发生在上市公司原控制股东与新控股股东之间，但是，上市公司往往会卷入其中，成为双方角力的目标。而股东会决议、董事会决议效力之诉、损害上市公司利益之诉等成为主要的民事诉讼类型。

【案例1】 遭大股东起诉 中超控股内斗升级

由于未及时支付股权转让尾款，中超控股的前后两任控股股东江苏中超投资集团有限公司（以下简称"中超集团"）、深圳市鑫腾华资产管理有限公司（以下简称"鑫腾华"）在2018年8月开始反目。如今，随着鑫腾华方面任职人员"被踢"下台，鑫腾华开始反击，将上市公司告上法庭，要求撤销人事罢免议案。

鑫腾华状告中超控股

围绕在中超控股前后两任控股股东之间的内斗纷争愈演愈烈，此次鑫腾华将"炮轰"的目标直接对准了上市公司。其中要求撤销上市公司于2018年10月17日做出的多项人事罢免议案。

深陷股东内斗旋涡的中超控股，2018年8月以来过得并不平静。2018年12月25日，中超控股发布了一则重大诉讼公告，其中原告为持股公司20%股份的大股东鑫腾华，被告则为上市公司。而此次诉讼的缘由则要追溯至上市公司在10月召开的2018年第四次临时股东大会。在上述股东大会上，上市公司通过了《关于罢免黄锦光先生董事长的议案》《关于罢免黄润明先生董事的议案》《关于解聘董事会秘书黄润楷先生的议案》等多项议案。

据了解，此次遭罢免的黄锦光为鑫腾华的实控人，持有鑫腾华99.9%的股份，黄彬（系黄锦光儿子）持有鑫腾华 0.1% 的股份。另外，黄润楷、黄润明均与黄锦光为叔侄关系。不难看出，上述被罢免人事均代表鑫腾华方面利益，该举动遭到了鑫腾华的不满，公司开始反击。

公告中披露，鑫腾华认为上市公司 2018 年第四次临时股东大会的召集程序错误，投票计票错误，该次决议应当被撤销。据悉，上述案件已由江苏省无锡市中级人民法院受理，于 2019 年 1 月 10 日开庭。

实际上，在此次状告上市公司之前，对于上述人事任免议案鑫腾华就曾投出反对票来表示公司的不满，不过，由于中超集团与鑫腾华的股权纠纷，鑫腾华所持有的全部股份不能行使股东权利，鑫腾华投出的反对票无效。

截至中超控股发布本次重大诉讼公告之时，鑫腾华持有中超控股 20% 的股份，中超集团持有中超控股 17.08% 的股份，分别位列中超控股第一、二大股东。根据深圳证券交易所发函询问的上市公司控制权归属问题，中超控股在回函时称，就公司目前情况，中超集团为公司控股股东，杨飞为公司实际控制人。另外，因中超集团与鑫腾华的股权纠纷尚在仲裁中，若鑫腾华持有的公司股份被司法处置，可能导致公司实际控制权再次发生变更。

针对相关问题，《北京商报》记者分别致电中超控股以及鑫腾华方面进行采访，不过双方电话始终无人接听。

股权纠纷引发的内斗始末

股权转让尾款未能如期支付成为此次内斗的"导火索"，通过股权转让，鑫腾华 2017 年年底成功上位中超控股"大当家"，中超集团则退居二股东之位，黄锦光替代杨飞成为中超控股实控人。然而让中超集团始料未及的是，鑫腾华的第一笔股权转让尾款却迟迟未能到账。

时间回到 2017 年 10 月 11 日，中超控股披露了关于控股股东协议转让公司部分股份暨公司控制权拟变更的提示性公告，中超集团通过协议转让方式转让给鑫腾华无限售流通股约 3.68 亿股，占中超控股总股本的 29%，转让价款合计为 19.08 亿元。中超集团彼时表示，公司将标的股份分二次交割给鑫腾华，第一次交割上市公司 20% 的股份，第二次交割上市公司 9% 的股份。

由于上述控股权转让罕见地存在业绩承诺，由此被市场称为 A 股首例"对赌式卖壳"，该事件的进展也一直受到广泛关注。之后，中超集团第一次股权交割，即 20% 股份的转让事件在 2017 年 12 月 11 日顺利过户完成，中超控股的控股股东、实控人正式变更。

根据中超控股公告，在鑫腾华成为"大当家"后，拥有鑫腾华以及黄锦光背景的相关人士开始上任中超控股董事长、总经理、副总经理、董事会秘书等职位，鑫腾华的"大当家"地位开始慢慢稳固。

在第一次股权交割完成后，本应于 2018 年中旬完成的第二次股权交割事件却迟迟没有动作，在 2018 年 8 月对于该事项深圳证券交易所还曾发函询问上述股权交割的进展情况。而由此也牵出了鑫腾华的第一笔股权转让尾款迟迟未能支付，这成为中超控股股东内斗的"导火索"。

2018 年 8 月 28 日，中超控股的一纸"收到股东《告知函》"公告将中超集团与鑫腾华反目一事暴露在公众面前。中超集团称，因鑫腾华未按期支付第一次交割标的股份的股份转让款，鑫腾华已构成了实质性违约。根据约定公司选择终止协议，第二次标的股份不再继续交割。第一次交割标的股份的股份转让款将通过双方协商或诉讼方式解决。

之后随着中超控股的内斗，鑫腾华方面部分在中超控股任职人员开始出现相继离职的现象，中超集团也因股权纠纷申请仲裁，鑫腾华持有的全部股份被保全裁定，不能行使股东权利。之后，中超集团顺势继续狙击，将黄锦光、黄润楷、黄润明等"踢出"董事会。

由此，中超集团上述行为最终引来鑫腾华的诉讼反击。

上市公司经营受波及

在公司股东内斗的情形下，中超控股的经营情况也受到了影响。

随着内斗的升级，中超控股曾披露称，2018年9月14日公司董事会办公室收到中超集团发给公司各位董事的函，具体内容为，根据9月11日中超控股监事肖润华通过微信发给中超控股各合作银行客户经理的《告知函》，黄锦光已明确表示，暂停为中超控股任何借款、贷款签署连带担保文件，从即日起暂停对中超控股新增或到期续做的借款、贷款承担任何连带担保责任。而上述将对中超控股的生产经营造成重大影响，甚至导致中超控股资金链断裂。

此外，根据中超控股在回复深交所的问询函中所介绍的，黄锦光、黄润明等对中超集团与鑫腾华之间因股权转让协议履行而发生分歧、纠纷保持关注，中超集团历次来函称鑫腾华未按约支付股权转让款构成实质违约，但鑫腾华认为中超集团未按协议履行控制权和印章、证照等公司控制权实质要件移交等约定义务，致使董事长无法履行对公司的经营管理职责，黄锦光的实际控制人地位形同虚设，也损害了鑫腾华的合法权益。

鑫腾华同时指出，现任总经理张乃明受控于杨飞等人，对非法停止公司高管职务、停发扣发高管工资等扰乱公司独立规范运营的行为无法及时制止并纠正，已无任何实际履职能力，无法公正、勤勉地履行职责。由于公司Ekey被非法抢夺，董事会已无法正常履行信息披露义务，董事会运行机制受到严重破坏。

另外，对于中超控股2018年9月28日披露的"收到股东《告知函》"公告显示，上述《告知函》早于2018年8月就发至上市公司，但彼时公司董事会秘书黄润楷在收到《告知函》后，还发布了鑫腾华与中超集团还在磋商中的公告。中超集团曾公开表示，黄润楷的行为违反了信息披露真实、准确、完整的原则，危害了上市公司及上市公司投资者的利益。

（资料来源：东方财富网）

【案例2】 第一大股东诉讼上市公司 成都路桥控制权争夺继续

中迪禾邦集团董事长李勤举牌入主成都路桥成为第一大股东后，上市公司与李勤的股权争夺战已逾一年。针对被多次限制股东权利事宜，李勤在2017年1月份将上市公司告上法庭后，再次提起诉讼，迫使公司2017年第一次临时股东大会决议暂缓执行。

成都路桥发布重大诉讼进展公告，公司于2017年2月21日收到成都市武侯区人民法院送达的《民事裁定书》（〔2017〕川0107民初858号之一），武侯区人民法院认为李勤的行为保全申请符合法律规定，暂缓公司执行2017年第一次临时股东会决议事项；如需执行上述决议中的部分事项，须经武侯区法院许可。

成都路桥与李勤的"股权宫斗剧"始于后者的举牌闯入。回溯公告，作为中迪禾邦集团董事长，李勤以其个人身份自2015年8月开始买入成都路桥，李勤四次举牌后坐上第一大股东交椅。但由于超比例增持，2016年3月，李勤接到四川证监局警示及下发行政监管措施决定书。而因"举牌瑕疵"，在被成都路桥限制股东大会表决权、驳回提案等多次限制股东权利事宜后，李勤于2017年年初将成都路桥诉至法院。

（资料来源：《上海证券报》）

第三章
上市公司常见证券类行政法律责任

03

如前文所述，证券类民事法律责任是上市公司证券法律责任的基础，而证券类行政法律责任则是证券监管机构对证券市场依法监督最有力的武器。基于证券市场的专业技术性，法院在受理有关证券类民事纠纷案件时，一般需要将证券监管机构对行为人的证券行政法律责任认定结论作为重要审理依据，而证券类刑事责任的追究基本都是证券监督机构立案查处后，认定行为人的证券类违法行为已经涉嫌刑事犯罪而移送给司法机关启动刑事程序。由此可见，证券监管机构在三大证券法律责任追究中起着至关重要的作用。证券监管机构的重拳出击，对上市公司证券类违法违规行为起着重要威慑作用。

对于一个成熟的证券市场而言，上市公司的融资功能（IPO，定增、配股）与市场价值发现功能（交易活跃度，交易定价等）十分重要。而加大投资者保护更为重要。如果一个融资功能强、交易活跃的资本市场，沦为毫无规则可言的、肆意妄为的"虚假陈述、操纵市场、内幕信息"以及各种欺诈、造假的赌场或天堂，广大的中小投资者的利益就会被践踏。

因此，一个健康的证券场既需要一个交易活跃、融资能力强的资本市场，同时也需要一个公平交易的市场。而完善的信息披露与投资者保护则是证券监督机构行政监管两大重要方向。

近年来，在全面从严监管政策下，中国证监会对证券市场各类违法违规行为保持高压监管态势，要求上市公司及大股东必须讲真话，做真账，及时讲话，不披露虚假信息，不从事内幕交易，不操纵股票价格，不损害上市公司利益。对上市公司信息披露违法行为依法严惩，努力提升上市公司质量，净化市场生态，培育形成优胜劣汰的市场机制，维护资本市场长期健康稳定发展。

证监会及证券交易所亦不断深化退市制度改革，坚持严把退市执行关和零容忍的监管态度，对触及退市条件的公司坚决予以退市，形成常态化的退市制度安排和操作实践。2019年1月，深圳证券交易所对 *ST长生违法违规生产疫苗做出重大违法强制退市的决定，*ST长生成为《深圳证券交易所上市公司重大违法强制退市实施办法》颁布以来首家被做出强制退市决定的公司。在此之前，深圳证券交易所依法依规顺利完成欣泰电气、*ST烯碳、中弘股份等公司的退市工作。2018年5月22日，上海证券交易所根据上市委员会的审核意见，决定吉林吉恩镍业股份有限公司和沈机集团昆明机床股份有限公司（600806）股票终止上市。

近期，证券市场的数宗上市公司监管实践案例，主要涉及信息披露不合规、财务造假、内部交易等违法违规行为，引起社会各界人士的极大关注。典型案件为：康得新因虚增利润总额达119亿元等违法违规行为；康美药业300亿元财务造假案；抚顺特钢连续八年信披虚假记载案；鹏起科技实际控制人兼董事长张朋起涉嫌内幕交易、泄露内幕信息案。

2020年3月1日起施行的新《证券法》加大了证券监管机构的监管查处力度，并进一步强化了上市公司的信息披露义务。同时，针对我国上市公司上市地境内外多元化的情况，新《证券法》第二条第四款首次规定了：长臂管辖原则。同时，中国证监会也加强了证券监督的国际合作。

本章主要介绍、归纳和分析近年来有关上市公司及相关责任人员，被中国证监会立案调查、采取行政处罚、实施监管措施及证券交易所自律监管措施和纪律处分的概述、种类、案例等相关情况，以及对上市公司、实际控制人、控股股东、持股5%以上股东、董事、监事、高级管理人员的法律影响，以期有助于上市公司及相关责任人员，吸取教训、反思和借鉴，本着"有责改过，无则加勉"的原则和态度，希望能够提醒和警示上市公司及相关责任人员，服从监管，敬畏市场，遵守规则，强化诚信契约精神，时刻遵纪守法，保证从事资本活动的合法合规性。

第一节
上市公司被立案调查

一、上市公司被立案调查概况

上市公司是资本市场发展的基石，提高上市公司质量是提高资本市场投资价值的源泉，对于增强资本市场的吸引力和活力，充分发挥资本市场优化资源配置功能，保护投资者特别是中小投资者的合法权益，促进资本市场健康稳定发展，具有十分重要的意义。证券监管部门要强化对上市公司的监管，及时查处违法违规行为，对负有责任的人员，视情节轻重，责成上市公司予以撤换或实行市场禁入，涉嫌犯罪的，及时移交司法机关。在日常监管工作中，要密切关注市场动向，熟悉监管对象，注意收集各种信息，若出现异常情况，要及时核查了解。一旦发现违法违规线索，应以稽查提前介入的方式，进行非正式调查。在非正式调查过程中，如果发现违法违规行为，要综合分析判断，按规定程序及时、准确立案，进行立案稽查。

近年来，中国证监会立案调查数量维持高位，稽查执法高压态势常态化。

2014—2016年分别新增立案调查205起、345起、302起；继2016年小幅下降，2017年新增立案调查数量进一步增长，全年新增立案调查312起。2016年、2017年和2018年这三年中，分别有28家、40家和43家的A股上市公司被证监会立案调查。而2019年上半年，被立案调查上市公司数量就已经超过了2018年的总和，创下新高。监管趋严是国内证券市场治理的发展方向，逐渐提升证券市场的违法违规成本，将会是可预见的趋势。

在2016年度证监会稽查执法情况通报中显示，证监会系统2016年共受理违法违规有效线索603件，启动调查551件；新增立案案件302件，比前三年平均数量增长23%；新增涉外案件178件，同比增长24%；办结立案案件233件，累计对393名涉案当事人采取限制出境措施，冻结涉案资金20.64亿元；55起案件移送公安机关追究刑事责任，公安机关已对其中45起立案侦查，移送成案率创历史新高。其中传统类型案件的信息披露违法、内幕交易、操纵市场立案案件共计182件，占案件总量的63%。继续以专项执法行动形式，分批次部署推进，严厉打击IPO欺诈发行及信息披露违法、中介机构不勤勉尽责、操纵市场等典型违法违规行为，共计涉及30起案件。

2017年证监会监管执法情况综述显示，中国证监会近年来稽查执法保持高压态势，年度新增立案调查数量总体保持高位，2017年全年虚假陈述、操纵市场、内幕交易三大类传统违法案件合计立案203件，占全部立案案件的65%。与近年来对传统违法案件的打击力度保持一致，2015年、2016年这三大类传统违法案件立案数量占比分别为64%、63%。

为配合立案调查工作，依法对当事人涉嫌转移或隐匿违法资金、证券等涉案财产及时采取冻结措施，2017年全年制发冻结决定书10份，累计冻结涉案资金1.55亿元。另外，2017年全年累计对491名涉案人员申请采取限制出境措施，协同执法工作态势进一步强化和巩固。在严厉打击传统违法案件的同时，新三板、中介机构执业等领域出现的问题，也加强稽查执法力度。2017年，新三板领域立案19件，同比增长14%；针对中介机构执业问题，新增立案15件。

2018年中国证监会稽查部门，针对市场形势和热点，梳理确定了10起性质恶劣、影响重大、社会反映强烈的在办案件予以重点督办，确保及时有效查处。10起案件主要涉及实际控制人以上市公司名义为他人提供担保，利用关联企业长期占用上市公司资金，涉嫌背信损害上市公司利益；上市公司通过虚构客户、虚构业务、资金循环等方式虚增收入及利润，连续数年实施财务造假，涉嫌信息披露违法；个别实施违法违规行为的人员被行政处罚后，不收敛、不收手，屡罚屡犯，继续利用他人账户，通过连续交易、自买自卖等方式操纵多只股票价格，违法收益巨大；实际控制人操控上市公司信息披露节奏，使用他人账户连续买卖本公司股票，涉嫌内幕交易、操纵市场等多项违法。2018年，中国证监会查办债券市场违法违规案件6起，涉及欺诈发行、虚假陈述、操纵市场等行为，主要为债券发行人粉饰业绩，制作虚假申报材料，骗取发行核准；债券发行人未按规定披露定期报告，隐瞒重大担保事项或者擅自改变募集资金用途；出于非法目的，人为制造虚假交易，干扰债券市场正常交易秩序。

2019年5月11日，在中国上市公司协会2019年年会中，中国证监会主席易会满作《聚焦提高上市公司质量 夯实有活力、有韧性资本市场的基础》的报告，首次在公开场合详谈上市公司监管工作，并指出证监会已对上市公司及相关主体立案28家次，其中涉及资金占用13家次、违规担保12家次。其中资金占用、违规担保、财务造假等违法违规行为较为集中，且经常交织出现。对于问题严重、拒不整改或整改不力的，中国证监会将综合运用监管措施、行政处罚、市场禁入、刑事移送等手段，追究公司特别是大股东、上市公司董事、监事、高级管理人员、实际控制人的责任。

据不完全统计，截至 2019 年 6 月，2019 年以来共有近 50 家上市公司或上市公司的董事、监事、高级管理人员因违法违规行为被立案调查，而信息披露违法违规、业绩变脸、未能及时披露年度报告是主要原因。随着康得新、康美药业等事件的曝光，违规担保、财务造假、资金占用等违法违规情形在数量和金额上均大幅提升。而 2016 年、2017 年和 2018 年这三年中，分别有 28 家、40 家和 43 家的 A 股上市公司被证监会立案调查。2018 年上市公司或其股东、实际控制人、董监高等因违法违规行为被立案调查约 58 家次。而在 2019 年不到半年的时间里，被立案调查的上市公司数量就已经超过了 2018 年的总和，创下新高。

究其原因，主要是公司治理不规范和内控不健全，部分上市公司董事、监事、高级管理人员道德风险突出，未恪尽职守，纵容控股股东资金占用和违规担保，甚至伪造财务报表，且上市公司及大股东违法成本低。在当前经济面临下行压力和环境发生变化情形下，部分上市公司经营、资金出现困难，前期造业绩的手段难以为继，往往以财务造假行为进行掩盖。中小企业融资难问题突出，上市公司控股股东融资需求迫切和股票质押风险突出，铤而走险将手伸向上市公司。中国证监会持续加大对各类信息披露违法行为的打击力度。

在这近 50 家上市公司中，包括了 *ST 赫美、*ST 秋林、聚力文化、深大通、乐视网、ST 天润、南都电源、熊猫金控、*ST 康得、太平鸟、四环生物等多家知名上市公司。其中 25 家上市公司均因信息披露违法违规而被查，占被调查总数的大半。信息披露违规案件主要表现形式和特征为手法隐蔽复杂的财务造假，信息披露违法违规背后隐藏的不法关联交易、违规资金占用、恶性利益输送等多种违法行为交织，已有不少案件违法手段恶劣，有的持续多年实施财务造假且金额巨大，有的还涉嫌背信损害上市公司利益等多项违法犯罪行为，涉案领域有些为公司债等业务。

2019年年初以来被立案调查的上市公司中，有25家上市公司均已"戴帽"，其中18家上市公司被进行退市风险警示，另外有1家上市公司目前已经进入退市整理期。

二、对上市公司立案调查的措施与程序

中国证监会及稽核部门，根据《证券法》《股票发行和交易管理暂行条例》《期货交易管理暂行条例》《中国证券监督管理委员会调查处理证券期货违法违规案件基本准则》《中国证券监督管理委员会证券期货案件调查规则》《关于上市公司立案稽查及信息披露有关事项的通知》（证监发〔2007〕111号）、《行政和解试点实施办法》（中国证券监督管理委员会令第114号）、《关于进一步加强债券市场执法工作的意见》（中国人民银行，中国证券监督管理委员会，国家发展和改革委员会银发〔2018〕296号）等有关法律、法规、规章、规范性文件的规定，对证券期货违法违规案件进行立案和调查。

根据《中国证券监督管理委员会调查处理证券期货违法违规案件基本准则》的相关规定，证券监管机构办理证券期货案件时，必须按照规定的程序和要求实施调查，并由符合条件的调查人员承担。证券监管机构调查终结，应当真实反映调查结果，并就调查事项提供充分的证据，依照有关规定做出准确的定性、适当的处理建议和行政处罚决定。

1. 立案

证券监管机构的有关部门在日常监督检查和办理信访批件的过程中，对

发现并初步查证的证券期货违法违规事项提出立案调查时，应当填写立案建议表，并附相关材料（初查报告、主诉违法违规事项的相关证据等），经与稽查部门及有关部门会签后，向证券监管机构领导呈送立案签报，经批准后立案。

在日常监管中，一旦发生违法违规线索，应以稽查提前介入的方式，进行非正式调查。在非正式调查阶段，执法人员核实情况，收集材料，固化证据，正常行使调查权力，但不使用强制措施。在非正式调查阶段，上市公司原则上可不对外披露。调查人员严格保密，未经允许，不得向他人泄露调查情况。

在非正式调查过程中，如果发现违法违规行为，要综合分析判断，按规定程序及时、准确立案，进行立案稽查。在接到立案稽查通知书时，上市公司应按规定披露，但如果案情特殊，上市公司申请并经监管、执法部门同意，可延期披露。移送司法机关的案件，上市公司在接到司法调查通知书时，应立即披露。

2. 调查

（1）组成调查组。

稽查部门应当对已批准立案调查的材料进行认真研究，根据案件调查的实际需要，商议提出立案建议的部门和会计、法律等有关监管部门派人共同组成调查组，并指定调查组组长，组织实施调查。调查组应当认真研究案情和现有证据，编制调查方案，确定调查重点与方法。

调查组由两名以上工作人员参加，也可以聘请有证券从业资格的中介机构的工作人员对专门问题进行鉴定。调查人员进行调查时，应出具案件稽查专用介绍公函，出示有效工作（执法）证件，并讲明调查的性质、调查人员的职权和纪律，以及被调查人的法定义务。

（2）调查组实施调查时，依法可采取的措施。

进入违法违规行为发生场所调查取证；询问当事人和与被调查事件有关的单位和个人，要求其对与被调查事件有关的事项做出说明；查阅、复制当事人和与被调查事件有关的单位和个人的证券期货交易记录、登记过户记录、财务会计资料及其他相关文件的资料；对可能被转移或者隐瞒的文件和资料，可以予以封存；查询当事人和与被调查事件有关的单位和个人的资金账户、证券期货账户，对有证据证明有转移或者隐匿违法违规资金、证券迹象的，可以申请司法机关予以冻结。

实施调查时，应当对调查工作进行记录，编制证券期货案件调查工作底稿。

3. 形成调查报告与内部审理意见、处理处罚商议

调查组应当在调查结束后7日内或经批准的可以适当延长的期限内，提出调查报告。调查报告、工作底稿及相关证据提交领导及案件审理部门进行审理。案件审理终结后，案件审理部门应当将审理意见书、调查报告及相关材料报经部门主管领导审核后，交给案件调查组长提交证券期货案件处理处罚商议小组商议。

调查报告经商议小组商议后，由稽查部门报送分管领导审定；对重大证券期货案件调查报告，应当由证券监管机构办公会议审定。

调查报告经审定后，由稽查部门拟定处理处罚决定稿，呈报证券监管机构分管稽查工作的领导审定。

4. 行政和解

中国证监会在对公民、法人或者其他组织涉嫌违反证券期货法律、行政法规和相关监管规定行为进行调查执法过程中，根据行政相对人的申请，与其就改正涉嫌违法行为，消除涉嫌违法行为不良后果，交纳行政和解金补偿投资者损失等进行协商达成行政和解协议，并据此终止调查执法程序。

2019年4月，中国证监会与高盛（亚洲）有限责任公司及高华证券的相关工作人员等9名行政和解申请人达成行政和解协议，该起源自2015年股市异常波动期间的案件，最终以收取1.5亿元行政和解金告终。

5. 处理处罚

证券监管机构对证券期货案件调查结果进行审查后，应当根据被调查当事人的不同情况，分别做出如下处理：不存在或未被发现有违法违规行为的，做出撤案处理；存在证券期货违法违规行为，但情节轻微，依法可以不予行政处罚的，应当责令其改正或者对其做出通报批评；存在证券期货违法违规行为，依法应当由证券监管机构予以行政处罚的，应当依法对其进行处罚；存在违法违规行为，依法应当由其他主管机关进行处理的，应当提出处理建议，并按规定移送。即在调查中发现非中国证监会监管和处理处罚的违法违规事项，向有权机关或部门移送。在调查中发现的涉嫌犯罪的行为，向公安、检察等政法机关移送案件。

立案稽查的上市公司，证券交易所、当地证监局及上市公司监管部门，应根据案件的特点和公司的实际情况，制订应对计划，采取防范措施，予以特别关注，必要时及时采取停牌措施，公开说明或澄清事实，防止内幕交易，确保公平披露。

同时充分发挥综合监管体系的作用，协调相关各方，形成监管合力。上市公司被立案稽查后，应及时通报地方政府，说明主要原因，报告注意事项。调查处理结束后，应及时将调查结论和处理结果向地方政府报告，请地方政府协调有关部门，积极消除非正常的重大不良影响。查处过程中一旦出现突发、重大事件，如生产经营受到严重影响，上市公司面临退市、破产、关闭等，各证监局应立即报告地方政府，妥善处置突发事件，避免事态恶化，维护正常秩序，确保社会稳定。各证监局应与其他金融监管部门、国有资产管理部门加强协调配合，相互通报信息，共同维护上市公司的正常经营环境。在立案、调查、处罚过程中，如果上市公司的债权银行、关联公司等相关方面出现过激反应，应及时沟通，说明情况，避免造成不必要的损失。

中国证监会于 2014 年 12 月 8 日印发《中国证监会委托沪深交易所实施案件调查试点工作规定》，并于此后印发配套的《关于委托上海深圳证券交易所实施案件调查试点工作指导意见》的规则，本着严厉打击证券期货违法犯罪行为的精神，解决证券期货执法任务不断加重与执法力量相对不足的突出矛盾，发挥沪深交易所的优势，整合系统资源，强化事中事后监管，调查取证的针对性，采取有效措施提升执法效能，立足业务指导和业务规范角度，对受托执法工作提出要求，理顺证券交易所和相关部门的工作机制，细化工作程序。主要内容包括明确委托调查案件的范围，涉及欺诈发行、内幕交易、虚假陈述、债券市场案件、跨境执法案件；明确交易所设置相对独立的执法部门，委托执法部门要与其他部门相隔离；明确案件交办方式、审理管辖等委托处罚全部案件的处罚机制。

三、上市公司被立案调查的常见情形

在上市公司或董事、监事、高级管理人员等因违法违规行为被立案调查案件中，主要涉及欺诈发行、违法信息披露、内幕交易、操纵市场、财务造假、资金占用、违规担保、违规交易等违法违规行为，且该等违法违规情形在数量、金额上均不断出现较大增长。监管部门表示，接下来信息披露真实性仍将是监管的中心，对上述违法违规行为的查处将保持高压态势。

近年来，有上市公司出于不法目的，通过各种造假手段在信息披露文件中虚假记载，掩盖业绩真相，情节恶劣，或重大遗漏，未按规定披露相关关联交易、股份质押、对外担保等重大事项，虚假陈述欺诈投资者；上市公司内幕知情人或相关人利用与知情人的特殊关系或联络接触，非法获取内幕信息，滥用信息优势蓄意侵害投资者合法权益；股东超比例增减持股票未披露及限制期内交易，实际控制人、持股5%以上股东及部分上市公司董事、监事、高级管理人员合规意识缺失，违反短线交易禁令交易自家股票，谋求不正当利益等资本市场违法违规行为。具体如慧球科技1001项议案违法系列，九好集团与鞍重股份忽悠式重组，雅百特财务造假等市场影响大、社会关注度高的案件，罗平锌电、上峰水泥、山西三维等上市公司隐瞒重大环境污染被处罚或刑事立案事项，汉鼎宇佑、长盈精密、士兰微等股票的系列内幕交易窝案。诸如此类上市公司资本市场违法违规行为，中国证监会不断强化监管执法工作，依法予以严厉打击、查处和惩处，如证监会公布的2018年典型违法案例中，金亚科技通过虚构客户和业务、伪造合同等方式虚增收入和利润，欺诈发行、财务造假，骗取上市核准。

股东违规占用资金也是近年来上市公司治理中的突出问题，上市公司实际控制人、控股股东利用既是董事会成员又是上市公司管理层的便利条件，通过银行资金划转、直接支付各种款项、资金拆借和代偿债务、支付虚构的交易款项、虚构上市公司名义借款担保等，占用上市公司资金和违规担保；或上市公司董事、监事、高级管理人员未恪尽职守，甚至伪造财务报表，纵容股东违规占用资金。上市公司治理不健全是根本原因，控股股东的控制权缺乏有效监督，为违法行为提供可乘之机。比如，*ST龙力的9亿元巨额违规担保，未履行内部审议程序，另有27亿元资金用途不明，且未及时披露，导致上市公司存在因重大违法违规可能被要求退市的风险。案件暴露后，相关公司董事不仅不替公司依法维权，还支持将相关违规债务纳入报表确认。

ST新光在未履行董事会和股东大会审批程序的情况下，于2017年11月至2018年8月，发生向新光控股集团有限公司及其关联方提供对外担保（涉及金额20.55亿元）的交易事项，并于2018年5月，发生向新光控股集团有限公司非经营性提供资金（涉及金额14.35亿元）的关联交易事项。上述事项发生后，公司未按照规定进行信息披露。

绝大部分立案调查案件都是涉嫌信息披露违法，包括实际控制人、控股股东及上市公司信息披露违法，股东违规增持上市公司股票及短线交易、涉嫌内幕交易等事项。具体被证监会立案调查的违法违规行为情形，可详见下述行政处罚、非行政处罚性监管措施、自律监管措施和纪律处分及附带影响的章节部分，有关信息披露、财务造假、违规担保、操纵市场、实际控制人与控股股东、持股5%以上股东、上市公司董事、监事、高级管理人等证券发行、重大资产重组、上市公司收购中的违法违规相关案例和归纳分析的内容。

第二节
上市公司被立案调查附带影响

一、对上市公司自身的影响

上市公司被立案调查，根据调查结果不同，对上市公司及相关人员存在不同性质的影响。一旦被认定为欺诈发行和重大信息披露违规的将移送司法机关，最严重的后果将导致公司被强制退市。若被顶格处罚加相关人员市场禁入，对于上市公司董事、监事、高级管理人员及其他责任人员来说，终身或一定期限内不能再在公司任职。

1. 对上市公司董事、监事和高级管理候选人的影响

根据深圳证券交易所主板、中小板、创业板的《上市公司规范运作指引（2015年修订）》之3.2.3规定，若董事、监事和高级管理人员候选人存在"因涉嫌犯罪被司法机关立案侦查或者涉嫌违法违规被中国证监会立案调查，尚

未有明确结论意见"情形的,则公司应当披露该候选人具体情形、拟聘请该候选人的原因以及是否影响公司规范运作,并提示相关风险。上述期间,以公司董事会、股东大会等有权机构审议董事、监事和高级管理人员候选人聘任议案的日期为截止日。

2. 影响上市公司再融资

(1)对公开发行证券影响。根据《上市公司证券发行管理办法》第十一条及《创业板上市公司证券发行管理暂行办法》(中国证监会令〔2014〕第100号)第十条规定,上市公司或其现任董事、高级管理人员因涉嫌犯罪被司法机关立案侦查或涉嫌违法违规被中国证监会立案调查,上市公司不得公开发行证券。

(2)对非公开发行股票影响。根据《上市公司证券发行管理办法》第三十九条规定,上市公司或其现任董事、高级管理人员因涉嫌犯罪正被司法机关立案侦查或涉嫌违法违规正被中国证监会立案调查,不得非公开发行股票。

(3)对发行公司债券影响。根据《公司债券发行与交易管理办法》第十七条规定,如上市公司最近三十六个月内存在其他重大违法行为,则不得公开发行公司债券。被中国证监会立案调查通常意味存在重大违法行为,虽暂时未有明确结论意见,然亦会一定程度上对公开发行公司债券构成影响。

(4)对发行优先股影响。根据《优先股试点管理办法》第二十五条规定,如上市公司因涉嫌犯罪正被司法机关立案侦查或涉嫌违法违规正被证监会立案调查,则不得公开发行优先股。

(5)对以其新增股票为基础证券在境外发行存托凭证的影响。《关于上海证券交易所与伦敦证券交易所互联互通存托凭证业务的监管规定（试行）》（中国证券监督管理委员会公告〔2018〕30号），上市公司或者其现任董事、高级管理人员因涉嫌犯罪正被司法机关立案侦查或者涉嫌违法违规正被中国证监会立案调查，不得以其新增股票为基础证券在境外发行存托凭证。

（6）证券交易所在调查期间视情况决定公司股票及其衍生品种的停牌和复牌。根据上海证券交易所、深圳证券交易所主板《股票上市规则（2018年修订）》第12.10条、第12.7条的规定，上市公司在公司运作和信息披露方面涉嫌违反法律、行政法规、部门规章、其他规范性文件、本规则或本所其他有关规定，情节严重而被有关部门调查的，证券交易所在调查期间视情况决定公司股票及其衍生品种的停牌和复牌。

根据上海证券交易所科创板《股票上市规则》第5.2.10条的规定，在上市公司运作和信息披露方面涉嫌违反法律法规、本规则或者本所其他规定，情节严重而被有关部门调查时，证券交易所可以视情况决定公司股票的停牌和复牌。

3. 影响重大资产重组

根据《上市公司重大资产重组管理办法》第四十三条的规定，上市公司发行股份购买资产的条件之一，是上市公司及其现任董事、高级管理人员不存在因涉嫌犯罪正被司法机关立案侦查或涉嫌违法违规正被证监会立案调查的情形；但是，涉嫌犯罪或违法违规的行为已经终止满三年，交易方案有助于消除该行为可能造成的不良后果，且不影响对相关行为人追究责任的除外。

另外，《中国证券监督管理委员会关于加强与上市公司重大资产重组相关股票异常交易监管的暂行规定》第六条规定，上市公司向中国证监会提出重大资产重组行政许可申请，如该重大资产重组事项涉嫌内幕交易被中国证监会立案调查或者被司法机关立案侦查，尚未受理的，中国证监会不予受理；已经受理的，证监会暂停审核。

4. 上市公司对信息披露工作评级结果的影响

《上海证券交易所上市公司信息披露工作评价办法（2017修订）》规定，上市公司或其董事、监事、高级管理人员、控股股东、实际控制人违反相关证券法律法规，或因涉嫌违反相关证券法律法规被有权机关立案调查，在评价期间其评价结果不得为 A。

二、对上市公司控股股东、实际控制人的影响

（1）《上市公司股东、董监高减持股份的若干规定》（中国证券监督管理委员会公告〔2017〕9 号）第六条规定，在上市公司或者大股东因涉嫌证券期货违法犯罪，在被中国证监会立案调查或者被司法机关立案侦查期间，大股东（上市公司控股股东和持股 5% 以上股东）不得减持股份。

（2）《限制证券买卖实施办法》（中国证券监督管理委员会令第 45 号）第二条规定，中国证监会在调查操纵证券市场、内幕交易等重大证券违法行为时，可对被调查事件当事人受限账户的证券买卖行为采取限制措施。

根据上海证券交易所、深圳证券交易所主板《股票上市规则(2018 年修订)》第 11.12.2 条、第 11.11.12 条的规定，如上市公司因首次公开发行股票、发行新股或构成借壳上市的重大资产重组的申请或者相关披露文件存在虚假记载、误导性陈述或者重大遗漏被证监会立案稽查的，上市公司董事、监事、高级

管理人员、控股股东、实际控制人、持有上市公司首次公开发行股票前已发行股份的股东、重组方及其一致行动人、上市公司购买资产对应经营实体的股份或者股权持有人,以及其他持有法律、行政法规、部门规章、规范性文件和本所规定的限售股的股东或者其他自愿承诺股份限售的股东,应当遵守其在公开募集及上市文件、信息披露文件或者其他文件中做出暂停转让其拥有权益的公司股份。

相关承诺主体在上市公司收到中国证监会立案稽查通知后即不得再行转让其拥有权益的股份,并应当及时向登记结算机构申请办理暂停股份转让手续。

三、对最近三年内控股股东、实际控制人的影响

根据《上市公司重大资产重组管理办法》第十三条规定,上市公司实施"借壳上市"式的重大资产重组的条件之一是:上市公司及其最近三年内的控股股东、实际控制人不存在因涉嫌犯罪正被司法机关立案侦查或涉嫌违法违规正被证监会立案调查的情形。但是,涉嫌犯罪或违法违规的行为已经终止满三年,交易方案能够消除该行为可能造成的不良后果,且不影响对相关行为人追究责任的除外。

因此,若上市公司最近三年内的控股股东、实际控制人存在因涉嫌犯罪正被司法机关立案侦查或涉嫌违法违规正被中国证监会立案调查,则无法开展借壳实施重组上市。

四、对上市公司持股 5% 以上股东的影响

《上市公司股东、董监高减持股份的若干规定》(中国证券监督管理委

员会公告〔2017〕9号）第六条规定，上市公司或者大股东因涉嫌证券期货违法犯罪，在被中国证监会立案调查或者被司法机关立案侦查期间，大股东（上市公司控股股东和持股5%以上股东）不得减持股份。

五、对上市公司董监高的影响

根据深圳证券交易所主板、中小板、创业板的《上市公司规范运作指引（2015年修订）》之3.2.3条规定，若董事、监事和高级管理人员候选人存在"涉嫌犯罪被司法机关立案侦查或者涉嫌违法违规被中国证监会立案调查，尚未有明确结论意见"情形的，则公司应当披露该候选人具体情形、拟聘请该候选人的原因以及是否影响公司规范运作，并提示相关风险。上述期间，以公司董事会、股东大会等有权机构审议董事、监事和高级管理人员候选人聘任议案的日期为截止日。

根据《上市公司股东、董监高减持股份的若干规定》第七条规定，上市公司董事、监事和高级管理人员因涉嫌证券期货违法犯罪，在被证监会立案调查或者被司法机关立案侦查期间，上市公司董事、监事和高级管理人员不得减持股份。

六、对独立董事的影响

根据深圳证券交易所《独立董事备案办法》第八条规定，独立董事候选人应无因涉嫌证券期货违法犯罪被证监会立案调查或者被司法机关立案侦查且尚未有明确结论意见的不良记录。

七、对董事会秘书的影响

参照深圳证券交易所主板、中小板、创业板的《上市公司规范运作指引（2015年修订）》之3.2.3条规定，若董事会秘书（作为董事或高级管理人员）候选人存在"涉嫌犯罪被司法机关立案侦查或者涉嫌违法违规被中国证监会立案调查，尚未有明确结论意见"情形的，则公司应当披露该候选人具体情形、拟聘请该候选人的原因以及是否影响公司规范运作，并提示相关风险。上述期间，以公司董事会、股东大会等有权机构审议董事、监事和高级管理人员候选人聘任议案的日期为截止日。

第三节
上市公司常见证券类行政处罚

一、上市公司证券类行政处罚概况

上市公司为经济的重要载体和资本市场的核心，是价值创造的主体和源泉。截至 2019 年 4 月末，境内上市公司数量超过了 3 600 家，总市值约 60 万亿元。因此，上市公司在资本市场的地位和作用甚为重要。从监管部门来看，上市公司是其最为主要的监管对象。

根据资本市场法律法规的规定及政策、制度的安排，监管部门一方面服务于上市公司，保障上市公司在资本市场顺利进行融资、并购，解决和消除上市公司在资本市场发展过程中所遇到的各种障碍和困难。同时，监管部门若发现上市公司出现诸如信息披露文件中虚假记载、内幕交易、股价操纵、资金挪用等违法违规行为，必定强化监管执法，予以及时阻止与纠正。监管部门通过提供服务和监管的并举措施，确保上市公司专注于自身发展，在资本市场上规范运行。

中国证监会不断强化监管执法工作，依法予以严厉打击、查处和惩处，依法全面从严实施行政处罚。中国证监会通过实施全面从严的监管与执法，保持对各类证券期货市场违法违规行为的严厉处理，惩治市场乱象，警示不法行为主体，引导包括上市公司在内的市场主体敬畏市场、有底线，维护公平公正公开的市场秩序，有效保护投资者合法权益，促进资本市场和环境的市场化、法治化、持续健康发展，防范系统金融性风险。

2016年、2017年、2018年有关中国证监会（包括证监会及其派出机构，下同）所做出的行政处罚决定，其数量、罚没款金额、市场禁入人数不断创历史新高。2016年全年共对183起案件做出行政处罚，做出的行政处罚决定书218份，较去年增长21%，罚没款共计42.83亿元，较去年增长288%，对38人实施市场禁入，较去年增长81%。2017年全年做出的行政处罚决定共224件，罚没款金额74.79亿元，同比增长74.74%，市场禁入44人，同比增长18.91%。2018年全年做出的行政处罚决定共310件，同比增长38.39%，罚没款金额106.41亿元，同比增长42.28%，市场禁入50人，同比增长13.64%。

二、近几年上市公司行政违法处罚情况

为维护资本市场运行秩序和"三公"原则，有效保护投资者合法权益，为新时代资本市场的健康发展提供强有力保障，2016年、2017年、2018年有关中国证监会（包括证监会及其派出机构，下同）所做出行政处罚决定，其数量、罚没款金额、市场禁入人数不断创历史新高。相关行政处罚决定及涉及上市公司的违法行政处罚具体情况如下：

1. 2016 年度

2016年度全年共对183起案件做出处罚，做出的行政处罚决定书218份。

（1）信息披露违法类案件。欣泰电气因欺诈发行及信息披露违法被处以832万元罚款；振隆特产因首发上市申报材料虚假记载被处以顶格罚款；大智慧公司案、安硕信息案等多起案件相关主体均被顶格处罚。

（2）操纵市场类案件。中鑫富盈、吴峻乐操纵"特力A"等股票案罚没金额超过10亿元；黄信铭操纵"首旅酒店"等股票案罚没金额超过5亿元；任良成操纵"龙洲股份"等股票案、瞿明淑操纵"恒源煤电"等股票案、唐隆操纵"渤海活塞"股票案罚没金额超过1亿元；创势翔操纵"汉缆股份"等股票案、肖海东操纵"通光线缆"等股票案、穗富投资操纵"万福生科"等股票案、陈赟操纵"美欣达"等股票案罚没金额均在千万元以上。

（3）内幕交易类案件。苏嘉鸿内幕交易"威华股份"案罚没金额超1亿元；颜玲明内幕交易"利欧股份"案、马祥峰内幕交易"宝莫股份"案、周继和内幕交易"江泉实业"案等多起案件罚没金额均超过千万元。

（4）场外配资违法类案件。恒生网络、同花顺公司、铭创公司非法经营证券业务，分别被处以约43 946万元、870万元、3 797万元罚没款处罚；广发证券、海通证券、华泰证券、方正证券未按规定对客户身份信息进行审查了解，分别被处以约2 721万元、11 460万元、7 293万元、2 358万元罚没款处罚；福诚澜海、南京致臻达、浙江丰范、臣乾金融、黄辰爽、杭州米云非法经营证券业务，分别被处以约656万元、60万元、4 849万元、1 185万元、86万元、6 197万元罚没款处罚。

（5）私募基金领域违法案件。穗富投资违背承诺非法减持股票，相关责任主体均被处以相应的行政处罚。

（6）中介机构违法类案件。中介机构违法案件中，兴业证券、信达证券、中德证券、中投证券、北京兴华会计师事务所、立信会计师事务所、原国富浩华会计师事务所、利安达会计师事务所、北京中同华资产评估有限公司、开元资产评估有限公司、北京市中银律师事务所等多家机构因在保荐、承销、财务顾问、审计、资产评估、法律服务等业务中未勤勉尽责依法受到相应处罚。

（7）编造、传播虚假信息违法案件。中融汇智实际运营的"弥达斯"微信公众号传播《国家队：招商银行副行长喊你还钱了》误导性信息，每日经济新闻传播"注册制实施"虚假信息，时任五矿证券首席分析师王先春通过微博传播"注册制实施"虚假信息，重庆云锦传媒传播"中国电信与中国联通合并，中国移动与广电网合并"虚假信息，赢商网传播"万达院线停牌将收购金逸影院及艺恩网"误导性信息，上述案件相关责任主体基本上被处以顶格罚款处罚。

（8）股转系统挂牌公司违法案件。现代农装年度报告和半年度报告存在虚假记载、重大遗漏被处以 40 万元罚款处罚；时空客在年度报告及临时报告中未披露与其实际控制人的关联交易被处以 40 万元罚款处罚；参仙源通过隐瞒人参采购、销售时少计成本以及通过不公允的关联交易虚增收入的方式虚增利润，被处以 60 万元顶格罚款；海格物流因未及时披露关联交易信息被处以 30 万元罚款。

（9）其他案件。此外，全年还处罚了期货市场操纵、从业人员违法买卖股票、利用未公开信息交易、违法减持股票、法人利用他人账户买卖证券、从业人员私下接受客户委托买卖证券等类型案件若干起。

2. 2017 年度

2017 年度全年做出的行政处罚决定共 224 件。

（1）信息披露违法类案件。信息披露违法类案件处罚60起。其中涉及上市公司的有：慧球科技"1001项议案"违法系列案、九好集团与鞍重股份"忽悠式重组"案、雅百特财务造假案等市场影响大、社会关注度高，被依法严肃处理；方正证券等信息披露违法系列案涉案主体多、手法隐蔽、持续时间久，市场影响恶劣，依法予以严惩；山东墨龙虚假陈述欺诈投资者，其实际控制人借机违法减持，内幕交易，依法予以严惩；对新疆成农违法减持"金新农"、郑明略违法减持"巨轮智能"等超比例增减持股票未披露及限制期内交易案件从严处罚；对江苏文峰、益盛药业未如实披露其股东股权代持情况、游久游戏大股东未披露一致行动关系等案件依法严处。

（2）操纵市场类案件。操纵市场类案件处罚21起。其中涉及上市公司利益相关方与操纵方合谋操纵的有蝶彩资产实际控制人谢风华与恒康医疗实际控制人阙文彬合谋，以"市值管理"为名行操纵牟利之实。

（3）内幕交易类案件。内幕交易类案件处罚60起。其中有44起案件的内幕信息涉及资产并购重组事项，占比为73.33%。有行为人试图借用"马甲"账户进行内幕交易以逃避制裁，如徐玉锁（远望谷实际控制人）内幕交易"远望谷"案。有些案件内幕信息传递链条长、涉案主体多，如吴福利泄露唐山港内幕信息案、王文平泄露江苏索普内幕信息案、冯玉露泄露中科英华内幕信息案、张江泄露"*ST新材"内幕信息案等。

（4）新三板市场违法案件。新三板市场违法案件处罚5起。其中中泰证券与易所试公司合谋操纵该公司股票，哥仑步未及时披露公司董事长兼总经理的辞职信息，晨龙锯床未及时、准确、完整披露与关联方资金往来情况，鸿铭科技未及时报送、披露重大资产重组事项，枫盛阳未按规定及时披露对外担保、资金占用事项，均依法受到行政处罚。

（5）其他案件。期货市场违法案件处罚3起，私募基金领域违法案件处罚 8 起，中介机构违法类案件处罚 17 起。此外，还依法处理了短线交易、证券从业人员买卖股票、法人利用他人账户买卖股票、基金经理"老鼠仓"交易等案件 25 起。

3. 2018 年度

2018 年度全年做出的行政处罚决定共 310 件。

（1）信息披露违法类案件。信息披露违法类案件处罚 56 起。其中涉及上市公司的有：

① 金亚科技通过虚构客户、伪造合同等方式虚增利润总额 8 000 余万元，并虚增银行存款约 2.18 亿元，虚列预付工程款 3.1 亿元，导致其 2014 年年度报告存在虚假记载；上海普天为弥补利润缺口、完成利润指标，与多家公司进行虚假交易，虚增利润总额近 1 000 万元，导致其 2014 年年度报告存在虚假记载；圣莱达通过虚构影视版权转让业务和虚构财政补助的手段，虚增净利润 1 500 万元，导致其 2015 年年度报告存在虚假记载。上述上市公司出于不法目的，通过各种造假手段在信息披露文件中虚假记载，掩盖业绩真相，情节恶劣，被依法予以严厉查处。

② 罗平锌电、上峰水泥、山西三维等上市公司隐瞒重大环境污染被处罚或刑事立案。

③ 华泽钴镍、长生生物、庞大集团、三房巷股份、界龙实业、万家文化、勤上股份、龙宝参茸、新疆浩源、金洋新材、ST 仰帆等主体因未按规定披露相关关联交易、股份质押、对外担保等重大事项，均被依法处罚。

（2）操纵市场类案件。操纵市场类案件处罚 38 起。其中上市公司实际控制人何思模通过发布"高送转"预案提案实施"信息型"操纵案等典型案件依法被严惩。

（3）内幕交易类案件。内幕交易类案件处罚87起，其中有57起所涉内幕信息与资产并购重组事项相关。涉及"汉鼎宇佑""长盈精密""士兰微"等股票的系列内幕交易案均呈现出"窝案"特征，围绕同一资产并购重组事项信息，部分内幕知情人滥用信息优势蓄意侵害投资者合法权益，部分相关人利用与知情人的特殊关系或联络接触，非法获取内幕信息，妄图牟取不法利益，均被依法严惩。此外，翁惠萍、黄炳文、许海霞、吕兴平等人因泄露内幕信息的违法行为也被严厉处罚。

（4）短线交易案件。短线交易案件行政处罚13起。其中吴光明作为鱼跃医疗和万东医疗的董事长，控制他人证券账户短线交易了"鱼跃医疗"和"万东医疗"；王清在担任摩恩电气董事期间，短线交易了"摩恩电气"；陆卫忠在担任吉鑫科技副总经理期间，短线交易了"吉鑫科技"；柯荣卿作为持有融捷股份5%以上股份的股东，短线交易了"融捷股份"，均被依法追究法律责任，受到法律严惩。

（5）私募基金领域违法案件。私募基金领域违法案件处罚10起。其中富立财富在其发行私募基金持有上市公司股份比例达到5%时未依法进行披露和报告被依法查处。

（6）其他案件。从业人员违法违规案件处罚24起，中介机构违法类案件处罚13起。此外，对编造传播虚假信息、超比例持股未披露、法人非法利用他人账户、期货市场违法等50余起其他类型案件依法做出行政处罚。

2019年1月至4月，中国证监会做出的内幕交易行政处罚决定28件，信息披露违规行政处罚决定5件，市场操纵行政处罚决定6件，超比例持股行政处罚决定5件，中介机构违法违规、证券从业人员违规炒股、私募机构违规经营、期货公司违规经营、证券咨询机构违规经营行政处罚各1件。

三、上市公司行政违法行为处罚种类

按照《行政处罚法》第八条规定，行政处罚的种类包括警告、罚款、没收违法所得、没收非法财物、责令停产停业、暂扣或者吊销许可证、暂扣或者吊销执照、行政拘留，以及法律、行政法规规定的其他行政处罚。

《证券法》和《股票发行与交易管理暂行条例》等证券法律法规中，行政处罚种类或形式主要为：单处或者并处警告；责令改正；罚款；没收违法所得、没收业务收入，责令依法处理非法持有的股票；未按照规定履行义务的，在改正前限制股东行使表决权；责令退还非法所筹股款、没收非法获取的股票和其他非法所得、停止其发行股票资格，责令停止发行、退还所募资金并加算银行同期存款利息，处以非法所募资金金额百分之一以上百分之五以下的罚款；限制、暂停其从事证券业务、证券经营业务或者撤销其证券经营业务许可、从事证券业务许可，撤销任职资格或者证券从业资格，责令停止承销或者代理买卖；责令关闭；予以取缔；对有关责任人员采取证券市场禁入的措施。

针对上市公司及实际控制人、控股股东、持股5%以上股东、董事、监事、高级管理人员、独立董事等违法行为，中国证监会通常会根据该等违法行为的事实、性质、情节与社会危害程度，依法做出的证券类行政处罚种类主要为：责令停止发行证券；责令改正；警告；对个人、单位没收业务收入、没收违法所得、罚款；责令依法处理非法持有的股票；未按照规定履行义务的，在改正前限制股东行使表决权等。

在中国证监会网站公开公示的文件中，通常存在着行政处罚决定、市场禁入决定的不同类别，一般来说将市场禁入作为非行政处罚性监管措施。我们理解，在实践操作中，判断市场禁入是否为行政处罚，关键看该决定书具体为何种形式。若不是以行政处罚决定书形式做出的，则为或仅为非行政处罚性监管措施，不属于行政处罚。

四、上市公司信息披露违法行为的行政处罚

（1）发行人、上市公司或者其他信息披露义务人未按照规定披露信息，或者所披露的信息有虚假记载、误导性陈述或者重大遗漏的违法行为，上市公司及相关责任人被责令改正，给予警告，处以罚款。

在中国证监会《行政处罚决定书》（〔2018〕117号）中，由于长生生物科技股份有限公司未按规定披露百白破疫苗抽验不合格、全面停产及召回的信息，有关生产品情况的公告存在误导性陈述和重大遗漏，未披露被原吉林省食药监局调查的信息，违规披露狂犬疫苗问题的情况，2015年至2017年年度报告及内部控制自我评价报告存在虚假记载（包括疫苗问题查处情况），对长生生物责令改正，给予警告，并处以60万元罚款；对高俊芳、张晶等18名直接负责、其他直接责任人员，给予警告，并分别处以30万元、20万元、5万元罚款。

（2）重大资产重组交易财务造假及信息披露违法，上市公司及相关责任人被责令改正，给予警告，处以罚款。

在中国证监会《行政处罚决定书〔2017〕32号》中，浙江九好办公服务集团有限公司与鞍山重型矿山机器股份有限公司的重大资产重组交易，九好集团的财务造假行为导致九好集团、鞍重股份所披露的信息虚假记载、重大遗漏；导致郭丛军、杜晓芳及其一致行动人九贵投资、九卓投资公开披露的《鞍山重型矿山机器股份有限公司收购报告书摘要》虚假记载、重大遗漏，中国证监会及派出机构对九好集团处以责令改正，给予警告，并处以60万元罚款；

对郭丛军、宋荣生、陈恒文三位九好集团信息披露违法行为直接负责的主管人员，给予警告，并分别处以 30 万元罚款。

在中国证监会《行政处罚决定书〔2017〕34 号》中，作为郭丛军、杜晓芳一致行动人的嘉兴九贵股权投资合伙企业（有限合伙）、嘉兴九卓投资管理有限公司，被监管部门给予警告，并分别处以 10 万元罚款。

在中国证监会《行政处罚决定书〔2017〕34 号》中，由于重大资产重组交易的信息披露违法，中国证监会及派出机构对鞍重股份做出给予警告，并处以 60 万元罚款；对直接负责的主管人员杨永柱、张宝田给予警告，并处以 30 万元、20 万元罚款；对其他直接责任人员温萍、高永春、梁晓东、黄涛、白璐、戴国富、程国彬、王君、韩秀冰、蒋辉、冯微微、杨永伟、封海霞给予警告，并分别处以 3 万元罚款。

（3）欺诈发行及信息披露违法，上市公司及相关责任人被责令改正，给予警告，处以罚款。

欺诈发行及信息披露违法案件中，典型案例如欣泰电气因欺诈发行及信息披露违法被处以 832 万元罚款；振隆特产因首发上市申报材料虚假记载被处以顶格罚款。

在中国证监会《行政处罚决定书》（〔2016〕84 号）中，由于丹东欣泰电气股份有限公司首次公开发行股票并在创业板上市申请文件中相关财务数据存在虚假记载及《2013 年年度报告》《2014 年半年度报告》和《2014 年年度报告》中存在虚假记载，监管部门对欣泰电气以非法所募资金的 3% 即 772 万元罚款及 60 万元罚款，责令改正，给予警告；对于温德乙、刘明胜等 18 名直接负责人员、其他直接责任人员，给予警告，并分别处以 892 万元、20 万元、8 万元、6 万元、5 万元、3 万元罚款。

2017 年、2018 年信息披露违法类案件处罚分别为 60 起和 56 起，除上述之外，尚有典型案例，如：罗平锌电、上峰水泥、山西三维等上市公司隐瞒重大环境污染被处罚或刑事立案；江苏文峰、益盛药业未如实披露其股东股权代持情况、游久游戏大股东未披露一致行动关系等案件依法严处；华泽钴镍、长生生物、庞大集团、三房巷股份、界龙实业、万家文化、勤上股份、龙宝参茸、新疆浩源、金洋新材、ST仰帆等主体因未按规定披露相关关联交易、股份质押、对外担保等重大事项；山东墨龙虚假陈述欺诈投资者；方正证券等信息披露违法系列案涉案主体多、手法隐蔽、持续时间久，市场影响恶劣，安硕信息披露的互联网金融相关业务信息与安硕信息现实状况不符，对前景的描绘和设想，缺乏相应的事实基础，未来可实现性极小，存在不准确、不完整情形，具有较大误导性；等等。

五、涉及上市公司内幕交易违法行为的行政处罚

内幕交易和信息披露违规一直以来是完善资本市场建设的顽疾。在退市常态化和证监会继续保持强有力的监管执法背景下，据不完全统计和梳理，2019年上半年证监会网站发布了70张行政处罚决定书。其中涉及内幕交易的罚单有36件，占全部罚单的51%；涉及信息披露违规的罚单有20件，占比为29%。内幕交易和信息披露违规是重灾区。

2018年内幕交易类案件处罚约87起，其中有57起所涉及并购重组事项。涉及"汉鼎宇佑""长盈精密""士兰微"等股票的内幕交易案均系"窝案"，围绕同一资产并购重组事项信息，部分内幕知情人，滥用信息优势蓄意侵害投资者合法权益，部分相关人利用与知情人的特殊关系或联络接触，非法获取内幕信息，妄图牟取不法利益，被依法严惩。在中国证监会《行政处罚决定书》（〔2018〕55号、〔2018〕57号、〔2018〕58号）中，就内幕

交易"汉鼎宇佑",对王麒诚、杨涛、王智斌分别被处以 40 万元、20 万元、30 万元的罚款;对于缪路漫责令依法处理非法持有的证券,没收违法所得 28 523.81 元,并处以 10 万元罚款。在中国证监会四川证监局《行政处罚决定书》(〔2018〕1 号、〔2018〕2 号、〔2018〕3 号、〔2018〕4 号、〔2018〕5 号)中,就内幕交易和短线交易杭州士兰微电子股份有限公司股票事项,对胡铁刚(职工监事)、潘敏智(交易对手实际控制人)、陈燕(董事会秘书袁某之妻)、余永祥(常年法律顾问)、马鹃(潘敏智之妻),分别处以没收违法所得、罚款、给予警告等行政处罚。

另外,在中国证监会《行政处罚决定书》(〔2018〕18 号)中,由于徐康军内幕交易杉杉股份股票,时任上市公司董事、副总经理、财务总监,翁惠萍泄露内幕信息,被处以 3 万元罚款;在中国证监会《行政处罚决定书》(〔2018〕68 号)中,时任并购标的北京快友董事的许海霞,由于泄露内幕信息及内幕交易神州数码集团股份有限公司股票,被处以 15 万元罚款,其中内幕交易行为罚款 5 万元,泄露内幕信息行为罚款 10 万元;亦尚有黄炳文、吕兴平等人泄露内幕信息违法行为被严厉处罚。

2017 年内幕交易类案件处罚约 60 起。其中有 44 起案件涉及资产并购重组。如徐玉锁(远望谷实际控制人)内幕交易远望谷案;另外尚有如吴福利泄露唐山港内幕信息案、王文平泄露江苏索普内幕信息案、冯玉露泄露中科英华内幕信息案、张江泄露 *ST 新材内幕信息案等,内幕信息泄露人追责,予以行政处罚。

2016 年内幕交易类案件处罚和查处的内幕交易案件数量数十起,无论案件数量、涉案人员规模,还是罚金数额、查处及时性等各项指标都处于截至 2016 年的史上峰值水平。其中苏嘉鸿内幕交易"威华股份"案罚没金额超 1 亿元;颜玲明内幕交易"利欧股份"案、马祥峰内幕交易"宝莫股份"案、周继和内幕交易"江泉实业"案等多起案件罚没金额均超过千万元。

根据公开披露信息，北京市高级人民法院于 2018 年 7 月 17 日，依法公开宣判苏嘉鸿诉中国证监会对其做出的行政处罚和行政复议决定上诉案，以事实不清、程序违法为由终审判决撤销被诉行政处罚决定和行政复议决定，一并撤销此前驳回苏嘉鸿诉讼请求的一审判决。证监会连续三年在行政处罚诉讼案中保持"零败诉"的纪录被打破，亦是近年来证监会首例被法院撤销处罚的内幕交易案件。

相比其他证券市场违法违规行为，对于内幕交易违法行为的认定和行政处罚，通常存在一定的难度，尤其是如何准确判定内幕消息的传递及知悉。如何"推断"出有传递行为，交易方通过传递而"知悉"内幕信息？美国法庭在 SEC v. Adler（1998）和 SEC v. Ginsburg（2004）两个判决中认为，只要有证据证明当事人之间有"接触"，接触后有了"交易"，可推断出有内幕信息的传递。而在 SEC v. Warde、SEC v.Sargent、SEC v. Euro Security Fund 民事诉讼和 U.S. v. Zarrabee 刑事诉讼中，判定要有充足的"附加因素"证明内幕信息的传递。即有"接触"并"交易"的事实是不够的，证明内幕信息的传递，还必须有更加细致的、足够的"附加因素"。否则内幕信息传递的认定，仅是"怀疑"或者"推测"，而非构成认定内幕交易所需要的"推断"。因此，当事人"知悉"的证据，既可以是直接证据，也可以是环境证据（在餐馆会面、通过电话、当事人之间的关系、交易模式等，然后从这些事件发生的时点与周边环境合理地推断出买卖证券是得益于不正当获知的内幕信息），凡是可以取得的、能够支持内幕信息传递证明的证据，都可以纳入"附加因素"的范围。案情不同，"附加因素"的内容也会有所区别，可对所有已经收集在案的"附加因素"证据进行甄别、比较、分析、印证，综合评价、衡量之后，做出这些因素是否足以支持存在内幕信息传递的推断。"附加因素规则"

更符合打击传递型内幕交易的实际，也更能获得投资者对政府部门执法水平和执法公信力的认同。

六、上市公司财务造假型信息披露违法行为的行政处罚

（1）财务造假型信息披露违法行为，上市公司及相关责任人被责令改正，给予警告，处于罚款。

在中国证监会《行政处罚决定书〔2018〕9号》中，由于沈机集团昆明机床股份有限公司2013年至2015年通过跨期确认收入、虚计收入和虚增合同价格三种方式虚增收入483 080 163.99元，2013年至2015年通过少计提辞退福利和高管薪酬的方式虚增利润29 608 616.03元，2013年至2015年年度报告中披露的存货数据存在虚假记载。通过上述财务造假行为虚增收入483 080 163.99元，少计管理费用29 608 616.03元，少计存货505 985 325.86元，多计成本235 272 252.56元，虚增利润228 101 078.73元，中国证监会对昆明机床做出责令改正，给予警告，并处以60万元罚款；王兴、常宝强等23名责任人员直接负责人员、其他直接责任人员，给予警告，并分别处以30万元、10万元、7万元、5万元、3万元罚款。

另外，尚有金亚科技通过虚构客户、伪造合同等方式虚增利润总额8 000余万元，并虚增银行存款约2.18亿元，虚列预付工程款3.1亿元，导致其2014年年度报告存在虚假记载；上海普天为弥补利润缺口、完成利润指标，与多家公司进行虚假交易，虚增利润总额近1 000万元，导致其2014年年度报告存在虚假记载；圣莱达通过虚构影视版权转让业务和虚构财政补助的手段，虚增净利润1 500万元，导致其2015年年度报告存在虚假记载，诸如以上等情况被中国证监会及派出机构责令改正，给予警告，处以罚款。

(2) 虚构收入及信息披露违法（定期报告虚假记载），上市公司及相关责任人被责令改正，给予警告，处以罚款。

在中国证监会《行政处罚决定书〔2017〕102号》中，由于江苏雅百特科技股份有限公司2015年以虚构海外工程项目的方式虚增收入20 182.50万元、以虚构建材出口贸易的方式虚增收入1 852.94万元，2015年至2016年9月以虚构国内建材贸易的方式虚增收入36 277.48万元，中国证监会对雅百特做出责令改正，给予警告，并处以60万元罚款；对于陆永、顾彤莉等21名直接负责人员、其他直接责任人员，给予警告，并分别处以30万元、20万元、5万元、4万元、3万元罚款。

另外有浙江九好、登云股份、佳木斯电机、山东墨龙、ST烯碳、江苏保千里、嘉寓股份等二十余家上市公司涉及财务造假行为被中国证监会及派出机构予以行政处罚。

(3) 会计处理不当及信息披露违法行为，上市公司及相关责任人被责令改正，给予警告，处以罚款。

在中国证监会《行政处罚决定书〔2016〕12号》中，由于海南亚太实业发展股份有限公司投资持股企业济南固锝电子器件有限公司对质量索赔款会计处理不当，未计提所持济南固锝长期股权投资减值准备，导致亚太实业2012年虚减净利润、2013年虚增净利润；控股子公司兰州同创嘉业房地产开发有限公司未按披露的会计政策和《企业会计准则》确认收入，导致亚太实业2010年、2011年、2012年、2014年虚增营业收入，2013年虚减营业收入，中国证监会及派出机构对亚太实业给予警告，并处以60万元罚款；对龚成辉、张芳霞、陈罡、王金玉、马世虎、安双荣、刘鹤年、张文生、李继彬、刘世诚、贾宏林、李志勇、梁德根、刘钊、殷广智、蔡文浩、郑金铸给予警告，并处以30万元、10万元、5万元、3万元罚款；对冯建辉、常琰、李淑蓉、郑莉、王长征、兰秀金给予警告。

除上述之外，尚有 *ST 舜船连续 4 年违规调减年度损益，康华农业借壳步森股份时虚增资产等十余家上市公司，因财务造假收到中国证监会及派出机构发出的行政处罚决定书。

七、上市公司违规担保违法行为的行政处罚

在中国证监会四川监管局《行政处罚决定书》（〔2019〕2 号）中，由于成都天翔环境股份有限公司未及时披露实际控制人非经营性占用资金及相关关联交易情况，且未在 2018 年半年报中披露为关联方提供担保的情况，邓亲华作为天翔环境实际控制人、董事长，直接决策了天翔环境向实际控制人提供资金的关联交易、实际控制人非经营性占用资金及关联担保事项，中国证监会及派出机构对天翔环境责令改正，给予警告，并处以 60 万元罚款；对邓亲华给予警告，并处 90 万元罚款（其中作为实际控制人罚款 60 万元，作为直接负责的主管人员罚款 30 万元）；对邓翔、娄雨雷、王军、王培勇给予警告，并分别处以 30 万元、20 万元、10 万元罚款。另外，其他上市公司违规担保违法行为多数为未及时依法进行信息披露。

八、涉及上市公司操纵市场违法行为的行政处罚

在中国证监会《行政处罚决定书》（〔2017〕29 号）中，鲜言以自身及其控制的公司、14 个信托计划证券账户，采用通过集中资金优势、持股优势连续买卖（账户组同时申报买入、相互之间进行证券交易、虚假申报），利用多伦股份更名事宜，在互联网金融题材大热期间，控制信息披露的节奏，

同时发布误导性的公告，以信息优势控制信息披露节奏及内容等多种手段操纵多伦股份股价，未按规定报告、公告其持股信息，严重扰乱市场秩序，构成市场操纵。中国证监会及派出机构对鲜言操纵多伦股份行为，责令依法处理非法持有的证券，没收违法所得 578 330 753.74 元，并处以 2 891 653 768.70 元罚款；对鲜言信息披露违法行为，给予警告，并处以 60 万元罚款。

2018 年，中国证监会做出的操纵市场类案件处罚 38 起，包括上市公司实际控制人何思模通过发布高送转预案提案，实施信息型操纵案等典型案件依法被严惩。

2017 年，中国证监会做出的操纵市场类案件处罚 21 起。除上述鲜言案件外，还有如蝶彩资产实际控制人谢风华与恒康医疗实际控制人阙文彬合谋，以市值管理为名行操纵牟利之实。

在 2016 年中，中国证监会做出的操纵市场类案件处罚二十多起，如任良成操纵龙洲股份等股票案，被依法没收违法行为所得 9 999 余万元，并处以两倍罚款，罚没金额合计近 3 亿元；鑫富盈、吴峻乐操纵特力 A 等股票案，分别被给予违法所得"没一罚三""没一罚二"的罚款，罚没金额共计 11 亿余元；朱德洪、上海永邦利用信息优势合谋操纵宏达新材案，操纵行为人虽交易亏损但仍被处以 300 万元的法定最高罚金；首宗利用沪港通交易机制进行跨境市场操纵的案件，唐汉博及其"亲友团"涉嫌跨境操纵小商品城、同花顺、杰赛科技、广发证券、新希望、博云新材等股票，证监会依法、从重对其合并做出顶格行政处罚，罚没款合计超过 12 亿元。

九、上市公司实际控制人、控股股东违法行为的行政处罚

1. 控股股东违规减持股票，控股大股及相关责任人员被责令改正违法行为、给予警告、处以罚款

在中国证监会深圳证监局《行政处罚决定书》（〔2017〕1号）中，由于新疆成农远大股权投资有限合伙企业作为上市公司控股股东，在减持深圳市金新农饲料股份有限公司股票累计达到公司已发行股份的5%时，未按规定履行报告和公告义务，在履行报告和公告义务前没有停止买卖金新农股票，违法减持的股份数为2 081 400股，违法减持金额为34 988 344元。中国证监会深圳证监局责令新疆成农改正违法行为，在收到行政处罚决定书之日起3日内对超比例减持情况进行报告和公告；对新疆成农超比例减持未披露及限制转让期限内减持行为及其直接责任人员王坚能给予警告；对新疆成农、直接责任人员王坚能分别处以210万元、20万元罚款，其中超比例减持未披露行为处以40万元、10万元罚款，在限制转让期限内的减持行为处以170万元、10万元罚款。

2. 实际控制人、控股股东信息披露违规、操纵股票价格等违法违规行为，被责令改正、给予警告、处以罚款

在中国证监会《行政处罚决定书》（〔2017〕48号），上市公司慧球科技董事会秘书陆俊安根据慧球科技的实际控制人、证券事务代表鲜言的指使，经与鲜言、慧球科技的董事长董文亮、董事温利华等人讨论，起草了1001项议案。根据鲜言的指使，陆俊安安排他人注册网站、登录东方财富网股吧，将相关文件向公众披露或提供链接。由于慧球科技所披露信息的内容存在虚

假记载、误导性陈述及重大遗漏，披露渠道违反法律规定，中国证监会及派出机构对慧球科技做出责令改正，给予警告，并处以60万元罚款；对鲜言给予警告，并处以90万元罚款（其中作为直接负责的主管人员罚款30万元，作为实际控制人罚款60万元），对于直接负责人董文亮、温利华、陆俊安给予警告，并分别处以30万元罚款；对其他直接责任人员刘光如、李占国给予警告，并分别处以20万元罚款。

在中国证监会《行政处罚决定书》（〔2017〕49号）中，由于鲜言实际控制慧球科技及上市公司"截至目前公司实际控制人并未发生变化，仍为顾某平先生"的虚假披露，中国证监会及派出机构对慧球科技做出责令改正，给予警告，并处以60万元罚款，对鲜言给予警告，并处以60万元罚款，对温利华、刘光如、李占国给予警告，并分别处以10万元罚款。

在中国证监会《行政处罚决定书》（〔2017〕51号）及《行政处罚决定书》（〔2017〕52号）中，匹凸匹及实际控制人鲜言，在未经公司董事会批准的情况下，擅自启动公司名称及经营范围的变更程序；鲜言在公司更名及经营范围变化的信息初步形成时，隐瞒相关信息，未及时告知上市公司；匹凸匹未及时披露公司名称变更及经营范围变化。在信息披露中，通过发布更名系列公告，误导投资者认为公司所从事业务与金融服务业相关，误导投资者相信公司将转型发展金融服务业务，误导投资者对公司前景、公司价值的判断。同时，在公司发布相关公告之后的多个交易日内，鲜言进一步通过虚假申报等多种手段，制造投资者积极买入匹凸匹股票、市场对公司转型普遍乐观的假象，进一步造成对投资者的误导。该等误导性陈述对投资者判断、公司股票价格产生了显著影响。中国证监会及派出机构两次对匹凸匹公司处以责令改正，给予警告，并处以60万元罚款；对鲜言给予警告，并处以90万元罚款（其中作为直接负责的主管人员罚款30万元，作为实际控制人罚款60万元）。

在中国证监会《行政处罚决定书》（〔2017〕53号）中，由于匹凸匹公司未及时披露实际控制人变更协议未能生效的行为；鲜言为匹凸匹公司的实际控制人，未及时向匹凸匹告知实际控制人变更协议未能生效的信息，中国证监会及派出机构对匹凸匹公司处以责令改正，给予警告，并处以60万元罚款；对鲜言给予警告，并处以90万元罚款（其中作为直接负责的主管人员罚款30万元，作为实际控制人罚款60万元）。

中国证监会最终对鲜言操纵行为依法开出34.69亿元罚单并采取终身证券市场禁入措施，将其涉嫌犯罪行为移送公安机关，并对多名责任人员做出行政处罚。

3. 非经营性资金占用

在中国证监会浙江证监局《行政处罚决定书》（〔2017〕2号）中，由于2014年9月24日至2016年4月，关联方浙江晨龙锯床集团有限公司（法定代表人为丁泽林）占用晨龙锯床的资金累计发生额为110 753 036.54元；2014年9月24日至2015年12月，实际控制人为丁泽林的浙江合一机械有限公司占用晨龙锯床的资金累计发生额为14 749 829.00元，晨龙锯床未及时信息披露、数据不准确、不完整等违法情况，中国证监会浙江证监局对晨龙锯床做出给予警告，并处以30万元罚款；对直接负责人员丁泽林和周杰给予警告，并分别处以3万元罚款。

4. 未依法履行承诺

在中国证监会青岛证监局《行政处罚决定书》（〔2018〕1号）中，因限售等原因，股东王在军通过借用他人账户、代持形式，实际出让股票权益行为已超过 25 万股限制。王在军转股行为违反了股东限售承诺，上市公司青岛奥盖克化工股份有限公司未按规定披露信息的事项，中国证监会及派出机构对奥盖克做出责令改正，给予警告，并处罚款 40 万元；对王在军给予警告，并处罚款 10 万元；对其他直接责任人员刘武给予警告，并处罚款 5 万元。

十、上市公司持股 5% 以上股东违法行为的行政处罚

在中国证监会北京证监局《行政处罚决定书》（〔2018〕4 号）中，由于文细棠存在超比例持有中国软件与技术服务股份有限公司股票违法行为，在持股比例达到 5% 时，未按规定履行报告义务，也未按规定停止买卖该股票；在持股比例达到 5% 后，违规增持"中国软件"1 732 152 股，违规增持金额 49 652 319.46 元，并于 2016 年 8 月 15 日继续多次买入及卖出。北京证监局责令文细棠改正，对文细棠未依法披露增持行为和限制转让期内的违规增持行为、短线交易行为给予警告；对文细棠未依法披露增持行为处以 35 万元罚款，限制转让期内的违规增持行为处以 250 万元罚款，合计罚款 285 万元。

在中国证监会广东证监局《行政处罚决定书》（〔2017〕6 号）中，由于郑明略为持有巨轮智能装备股份有限公司 5% 以上已发行股份的股东，其存在未依法披露减持行为及限制转让期的违规减持行为，2012 年 7 月 27 日至 2016 年 4 月 13 日期间，郑明略通过深圳证券交易所交易系统减持了巨轮智能 23 866 586 股，占巨轮智能已发行股份数的 3.96%。2016 年 4 月 14 日，郑明略减持巨轮智能 11 000 000 股，占当时巨轮智能已发行股份数的 1.5%。郑明略总计减持了巨轮智能股票 34 866 586 股，占巨轮智能已发行股份的比例达 5.46%。郑明略在减持累计达到 5% 时，未依法及时向中国证监会和深圳证券交易所提交书面报告，也未通知上市公司并予以公告。在没有报告、公

告的情况下，郑明略继续违规减持巨轮智能 3 362 233 股，违规减持的金额为 52 753 435.77 元。中国证监会广东证监局责令郑明略改正，对违规减持行为予以警告，对郑明略的未依法披露减持行为处以 30 万元罚款，限制转让期内的违规减持行为处以 260 万元罚款，合计罚款 290 万元。

十一、上市公司董监高及独立董事违法行为的行政处罚

1. 对董事、监事、高级管理人员的处罚

在中国证监会上海证监局《行政处罚决定书》（沪〔2018〕5 号、6 号、8 号、9 号、10 号、11 号、12 号、14 号、15 号、16 号、17 号、18 号、19 号、20 号、21 号）中，为弥补 2014 年度利润缺口、完成利润指标，上海普天与相关方开展贸易，虚增营业收入 4 261.75 万元，虚增利润总额 998.4 万元，占上海普天 2014 年合并财务报表利润总额 1 354.96 万元的 73.68%。中国证监会上海证监局针对上海普天造假及信息披露违法行为，对曹宏斌（董事长）给予警告，并处以 5 万元罚款；董事李颖、江建平、丛惠生给予警告，并处以 3 万元罚款；董事李林臻由于存在信息披露上的不良诚信记录，给予警告，并处以 4 万元罚款；监事李军、张冬莉、孙会英给予警告，并处以 3 万元罚款；郑建华（法定代表人、总经理）给予警告，并处以 10 万元罚款；副总经理李中耀、总工程师王允强、董事会秘书陆贤薇给予警告，并处以 3 万元罚款；经办人员、参与造假行为，总经理助理、能源事业部负责人沈忠华、总会计师陆维林、全资子公司上海普天能源科技有限公司运营管理部商务经理顾乃凤给予警告，并分别处以 30 万元、25 万元、5 万元罚款。

2. 对独立董事的处罚

在中国证监会《行政处罚决定书》（〔2018〕44号）中，由于金亚科技股份有限公司信息披露违法违规行为（2014年伪造财务数据情况、2014年年度报告虚增利润80 495万元、虚增银行存款2.18亿元、虚列预付工程款3.1亿元），周良超系金亚科技2014年年度报告签字独立董事，作为金亚科技信息披露违规行为的其他直接责任人员，中国证监会对周良超给予警告，并处以25万元的罚款。

在中国证监会上海证监局《行政处罚决定书》（沪〔2018〕7号、13号、22号）中，时任上海普天邮通科技股份有限公司独立董事谢仲华、刘玛琳、蔡桂保，未履行勤勉尽责义务，为上海普天信息披露违法行为的其他直接责任人员，给予警告，并处以3万元罚款。

3. 对董事会秘书的处罚

根据2018年证监会行政处罚情况综述的相关内容，2018年涉及信息披露违法类案件处罚56起，而据不完全统计，有31家上市公司董事会秘书被中国证监会一并处理，共34位董事会秘书被给予行政处罚。2位董事会秘书被予以顶格处罚30万元，24位董事会秘书罚款金额10万元及以下（涉及上市公司约22家，其中有10位董事会秘书罚款金额为3万元）。

在中国证监会福建证监局《行政处罚决定书》（〔2018〕1号）中，由于2016年、2017年部分定期报告存在虚假记载及未及时披露重大事项，除要求上市公司责令改正、对直接负责、其他直接责任人员给予警告、并处罚款之外，董事兼董事会秘书詹金明被处以30万元罚款。

在中国证监会河北监管局《行政处罚事先告知书》(冀证监处罚字〔2018〕1号)中,由于河北常山生化药业股份有限公司在相关行业数据较多、未获取证券公司研究报告原本、未向研究报告撰写方咨询数据来源以及确定计算方法的情况下,发公告披露"据统计数据显示,国内 ED 患者人数约 1.4 亿人",且未注明数据来源,对投资者的投资行为产生误导,公司股票交易异常波动。中国证监会河北证监局除对上市公司、直接负责的主管人员公司董事长兼总经理高树给予警告、并处罚款之外,对公司副总经理兼董事会秘书吴志平给予警告,并处以罚款 30 万元。

第四节
上市公司常见证券类行政处罚附带影响

一、对上市公司自身的影响

1. 对上市公司董事、监事和高级管理候选人的影响

根据深圳证券交易所主板、中小板、创业板的《上市公司规范运作指引（2015年修订）》之3.2.3规定，若董事、监事和高级管理人员候选人存在"被中国证监会采取证券市场禁入措施（行政处罚类），期限尚未届满"情形的，则不得被提名担任上市公司董事、监事和高级管理人员；若存在"最近三年内受到中国证监会行政处罚"情形的，则公司应当披露该候选人具体情形、拟聘请该候选人的原因以及是否影响公司规范运作，并提示相关风险。上述期间，以公司董事会、股东大会等有权机构审议董事、监事和高级管理人员候选人聘任议案的日期为截止日。在任职期间出现本指引第3.2.3条第一款所列情形（《公司法》第一百四十六条规定的情形、被中国证监会采取证券市

场禁入措施、被证券交易所公开认定为不适合担任上市公司董事、监事和高级管理人员、其他情形）之一的，相关董事、监事和高级管理人员应当在该事实发生之日起一个月内离职。

根据《上海证券交易所上市公司董事选任与行为指引（2013年修订）》第十条、第十一条及第四十五条规定，"处于中国证监会认定的市场禁入期"或"最近三年内曾受证监会行政处罚的人员"不得提名为上市公司董事、监事、高级管理人员候选人；但上市公司董事会和监事会认为该董事、监事、高级管理人员（"最近三年内曾受证监会行政处罚的人员"）继续担任职务对公司经营有重要作用的，可以提名其为下一届董事会或监事会及高级管理人员的候选人，或应充分披露提名理由，提名董事、监事的相关决议除需经出席股东大会的股东所持股权过半数通过外，还需经出席股东大会的中小股东所持股权过半数通过。所述期间，以拟审议相关董事提名议案的股东大会召开日为截止日。上海证券交易所与深圳证券交易所有关期间的截止日表述稍有差异。

2. 对上市公司再融资的影响

（1）对公开发行证券的影响。根据《上市公司证券发行管理办法》第六条、第九条、第十一条的规定，上市公司公开发行证券的条件之一，是上市公司及其现任董监高最近三十六个月内未受到过证监会的行政处罚。

《创业板上市公司证券发行管理暂行办法》（中国证监会令〔2014〕第100号）第十条规定，上市公司及董事、监事、高级管理人员最近三十六个月内、控股股东或者实际控制人最近十二个月内，因违反证券法律、行政法规、规章，受到中国证监会的行政处罚的，不得发行证券。

（2）对非公开发行股票的影响。根据《上市公司证券发行管理办法》第三十九条的规定，上市公司现任董事、高级管理人员最近三十六个月内受到过证监会的行政处罚，不得非公开发行股票。

（3）对发行公司债券的影响。根据《公司债券发行与交易管理办法》第十七条的规定，如上市公司最近三十六个月内财务会计文件存在虚假记载或存在其他重大违法行为，则不得公开发行公司债券。

（4）对发行优先股的影响。根据《优先股试点管理办法》第二十五条的规定，如上市公司最近十二个月内曾受证监会行政处罚，或者因涉嫌犯罪正被司法机关立案侦查或涉嫌违法违规正被证监会立案调查，则不得公开发行优先股。

（5）对以其新增股票为基础证券在境外发行存托凭证的影响。《关于上海证券交易所与伦敦证券交易所互联互通存托凭证业务的监管规定（试行）》（中国证券监督管理委员会公告〔2018〕30号），上市公司存在现任董事、高级管理人员最近三十六个月内受到过中国证监会的行政处罚情形的，不得以其新增股票为基础证券在境外发行存托凭证。

3. 对重大资产重组的影响

（1）对非借壳类重大资产重组的影响。根据《上市公司重大资产重组管理办法》第四十三条规定，上市公司发行股份购买资产的条件之一，是上市公司及其现任董事、高级管理人员不存在因涉嫌犯罪正被司法机关立案侦查或涉嫌违法违规正被证监会立案调查的情形；但是，涉嫌犯罪或违法违规的行为已经终止满三年，交易方案有助于消除该行为可能造成的不良后果，且不影响对相关行为人追究责任的除外。

根据《中国证券监督管理委员会关于加强与上市公司重大资产重组相关股票异常交易监管的暂行规定》第十条规定，中国证监会受理行政许可申请后，上市公司、占本次重组总交易金额比例在20%以上的交易对方，及前述主体的控股股东、实际控制人及其控制的机构因与本次重大资产重组相关的内幕交易被证监会行政处罚或者被司法机关依法追究刑事责任的，中国证监会终止审核，并将行政许可申请材料退还申请人或者其聘请的财务顾问。第十三条规定，相关主体因涉嫌本次重大资产重组相关的内幕交易被中国证监会做出行政处罚或者司法机关依法追究刑事责任的，上述主体自证监会做出行政处罚决定或者司法机关做出相关裁判生效之日起，至少三十六个月内不得参与任何上市公司的重大资产重组。

上海证券交易所《关于配合做好并购重组审核分道制相关工作的通知（2013年）》的相关规定，根据交易所有关"中介机构和经办人员的诚信记录"查询，相关中介机构及经办人员受到中国证监会行政处罚，且未满规定期限的，上市公司的并购重组不得列入豁免/快速审核类。

并购重组审核分道制是指中国证监会对上市公司重大资产重组（含发行股份购买资产、重大资产购买或出售、合并分立等）行政许可申请审核时，根据上市公司信息披露和规范运作状况、财务顾问执业能力以及中介机构及经办人员的诚信记录，结合国家产业政策和交易类型，对符合标准的并购重组申请，有条件地淡化行政审核和减少审核环节，实行差异化审核制度安排。并购重组审核分道制具体分为豁免/快速审核、正常审核和审慎审核。进入豁免/快速通道的重组项目，不涉及发行股份的，实行豁免审核，由中国证监会直接核准；涉及发行股份的，实行快速审核，取消预审环节，直接提请并购重组委审议。

（2）对借壳上市的影响。根据《上市公司重大资产重组管理办法》第十三条规定，上市公司实施构成借壳上市的重大资产重组的条件之一，是上市公司及其最近三年内的控股股东、实际控制人不存在因涉嫌犯罪正被司法机关立案侦查或涉嫌违法违规正被证监会立案调查的情形；但是，涉嫌犯罪或违法违规的行为已经终止满三年，交易方案能够消除该行为可能造成的不良后果，且不影响对相关行为人追究责任的除外。

4. 对上市公司收购的影响

《上市公司收购管理办法（2014年修订）》第六条规定，任何人不得利用上市公司的收购损害被收购公司及其股东的合法权益。收购人最近三年有重大违法行为或者涉嫌有重大违法行为情形之一的，不得收购上市公司。

5. 对上市公司交易与挂牌的影响

（1）可能引发退市风险警示。根据上海证券交易所《股票上市规则（2018年修订）》、深圳证券交易所主板《股票上市规则（2019年修订）》第13.2.1条规定，如上市公司出现欺诈发行或重大信息披露违法构成强制退市或交易所对其股票做出实施重大违法强制退市决定的情形，或因财务会计报告存在重大会计差错或者虚假记载，被中国证监会责令改正但未在规定期限内改正，且公司股票已停牌两个月，交易所对其股票实施退市风险警示。

（2）可能引发暂停上市。根据上海证券交易所《股票上市规则（2018年修订）》、深圳证券交易所主板《股票上市规则（2019年修订）》第14.1.1条规定，如上市公司出现因欺诈发行或重大信息披露违法，构成强制退市或交易所对其股票做出实施重大违法强制退市决定的情形，在其股票被实施退市风险警示后交易满三十个交易日，或公司在两个月内仍未按要求改正财务会计报告，由交易所决定暂停其股票上市。

根据深圳证券交易所创业板《股票上市规则（2019年修订）》第13.1.1条的规定，如上市公司出现欺诈发行或重大信息披露违法构成强制退市情形，或因财务会计报告存在重要的前期差错或者虚假记载，被中国证监会责令改正但未在规定期限内披露改正后的财务会计报告和审计报告，并在规定期限届满之日起四个月内仍未改正可能引发暂停股票上市；同时，对于上述情形，交易所有权决定暂停上市公司的可转换公司债券上市。

（3）可能引发终止上市。根据上海证券交易所《股票上市规则（2018年修订）》第14.3.1条、深圳证券交易所主板、创业板《股票上市规则（2019年修订）》第14.4.1条及13.4.1条规定，如上市公司出现因欺诈发行或重大信息披露违法，构成强制退市或交易所对其股票做出实施重大违法强制退市决定的情形，其股票被暂停上市届满6个月（上海证券交易所）或在6个月内未满足恢复上市条件、符合恢复上市申请条件但未在规定期限内提出恢复上市申请；其股票被暂停上市后，公司在2个月内仍未按要求改正财务会计报告，或公司在2个月内披露了按要求改正的财务会计报告，但未在其后的5个交易日内提出恢复上市申请（深圳证券交易所），交易所有权决定终止其股票上市。

上海证券交易所科创板《股票上市规则（2019修订）》第12.2.1条规定，上市公司存在欺诈发行、重大信息披露违法或者其他严重损害证券市场秩序的重大违法行为，且严重影响上市地位，属于重大违法强制退市情形；第12.2.2条规定，上市公司首次公开发行股票或发行股份购买资产并构成重组，上市申请或者披露文件存在虚假记载、误导性陈述或重大遗漏，被中国证监会依据《证券法》第一百八十九条做出行政处罚决定，或者被人民法院依据《刑法》第一百六十条做出有罪生效判决；上市公司披露的年度报告存在虚假记载、误导性陈述或者重大遗漏，根据中国证监会行政处罚决定认定的事实，导致其相关财务指标已实际触及本规则规定的退市标准，其股票应当被终止上市。

上海证券交易所、深圳证券交易所颁布的《上市公司重大违法强制退市实施办法》，对重大违法强制退市的实施标准和程序做出了具体、详细的规定。

二、对上市公司控股股东和实控人的影响

《上市公司股东、董监高减持股份的若干规定》（中国证券监督管理委员会公告〔2017〕9号）第六条规定，在行政处罚决定之后未满六个月的，大股东不得减持股份。

《上市公司证券发行管理办法（2008修订）》第七十二条规定，本办法规定的特定对象（如上市公司控股股东和实际控制人）违反规定，擅自转让限售期限未满的股票的，中国证监会可以责令改正，情节严重的，十二个月内不得作为特定对象认购证券。

三、对上市公司持股5%以上股东的影响

《上市公司股东、董监高减持股份的若干规定》（中国证券监督管理委员会公告〔2017〕9号）第六条规定，在行政处罚决定之后未满六个月的，大股东（上市公司控股股东和持股5%以上股东）不得减持股份。

四、对上市公司董监高的影响

如本章第四节开头所述，若董事、监事和高级管理人员候选人存在最近三年内曾受证监会行政处罚的情形，上市公司董事会、监事会认为该董事、监事、高级管理人员继续担任职务对公司经营有重要作用的，则要披露董事、监事和高级管理人员候选人提名理由，说明是否影响上市规范运作，提示风险，履行股东大会决议程序（上海证券交易所要求需经出席股东大会的中小股东所持股权过半数通过）。

根据《上市公司股东、董监高减持股份的若干规定》（中国证券监督管理委员会公告〔2017〕9号）第七条规定，上市公司董事、监事、高级管理人员在行政处罚决定做出后未满六个月期间，上市公司董事、监事、高级管理人员不得减持股份。

根据《上市公司股权激励管理办法》第八条规定，最近十二个月内因重大违法违规行为被证监会及其派出机构行政处罚（或者采取市场禁入措施）的人员，不得成为激励对象。

五、对上市公司独立董事的影响

根据深圳证券交易所《独立董事备案办法》第八条规定，独立董事候选人应无最近三十六个月内因证券期货违法犯罪受到证监会行政处罚的不良记录。

根据上海证券交易所《上市公司独立董事备案及培训工作指引》第十三条规定，独立董事候选人应无近三年曾被证监会行政处罚的不良记录。

六、对上市公司董事会秘书的影响

根据上海证券交易所《股票上市规则（2018年修订）》、深圳证券交易所主板《股票上市规则（2019年修订）》的规定，具有最近三年曾受证监会的行政处罚情形的人员不得担任董事会秘书。

根据深圳证券交易所创业板《股票上市规则（2019年修订）》第3.2.4条规定，拟聘任董事会秘书存在最近三年内曾受证监会行政处罚情形的，上市公司应当及时披露拟聘任该人员的原因以及是否存在影响上市公司规范运作的情形，并提示风险。

第五节
上市公司非行政处罚性监管措施

一、上市公司非行政处罚性监管措施概述

中国证监会及监管机构认为上市公司及相关人员的违法行为不成立或虽构成违法但依法不予处罚，则有权采取非行政处罚性监管措施。非行政处罚性监管措施，具有反应迅速、及时矫正违法违规行为的特征，作为日常监管的重要手段，对于常规监管具有重要作用。对上市公司及董事、监事、高级管理人员、控股股东和实际控制人的不予行政处罚的违法违规行为，中国证监会及监管机构可采取包括但不限于监管谈话、出具警示函、限制交易、责令暂停或者停止收购、认定为不适当人选、记入诚信档案、证券市场禁入等非行政处罚性监管措施。证券市场禁入是甚为严重且影响最大的法律风险，证券市场禁入措施不仅会影响乃至停止董事、监事、高级管理人员、控股股东和实际控制人相关责任人员，从事证券市场活动和行为，还会对上市公司的稳定经营产生严重影响。

二、近三年上市公司非行政处罚性监管措施情况

近年来,中国证监会在依法全面从严监管理念下,着力强化日常监管,行政监管措施数量呈逐年递增趋势,2015年、2016年行政监管措施数量分别较上一年度增长了47%、51%,2017年亦有大幅提升。2017年全年共采取行政监管措施1 269件,较上一年度增长了30%。其中对市场机构的日常监管力度明显加大,共有817家机构被证监会采取过行政监管措施,包括上市公司158家,占比19%。针对44人做出市场禁入合计25件。2018年度,市场禁入50人,同比增长13.64%。

2018年对上市公司监管规定和规则有诸多方面的更新和变化。2018年7月27日,证监会发布《关于修改〈关于改革完善并严格实施上市公司退市制度的若干意见〉的决定》,要求完善重大违法强制退市主要情形,强化证券交易所的退市制度实施主体责任,明确证券重大违法和社会公众安全重大违法两类强制退市情形,因欺诈发行而退市的公司不得重新上市;2018年9月30日中国证监会对《上市公司治理准则》进行了修订,在保留原《上市公司治理准则》对上市公司治理主要规范要求的基础上,增加了一系列新要求,回应反收购以及控制权变动时的公司治理难题,新增对董事会运作特殊情况的披露,要求制定董监高对外发布信息行为规范,明确自愿性信息披露基本原则,强化对上市公司审计委员会的规定,确立环境、社会责任和公司治理(ESG)信息披露基本框架;2018年11月6日证监会发布《关于完善上市公司股票停复牌制度的指导意见》,在对原本主要适用沪、深证券交易所自律监管规则的停复牌问题做出了全面性、系统性规定,在四个方面进行了细化,包括规范重大资产重组停复牌行为(仅允许发行股份购买资产可以申请停牌不超过10个交易日),收紧筹划其他重大事项停牌标准(上市公司筹划控

权变更、要约收购等事项以及破产重整期间，停牌不超过 5 个交易日），明确交易所停复牌办理和事中事后监管职责，交易所可拒绝办理不符合规定的停牌申请，并对不符合实际情况和规定停复牌事由的情况强制复牌等。

三、上市公司非行政处罚性监管措施种类

《首次公开发行股票并上市管理办法》《首次公开发行股票并在创业板上市管理暂行办法》所涉及的非行政处罚性监管措施主要有：36 个月内不受理发行人股票发行申请、不接受相关机构或人员签署的证券发行文件、监管谈话、责令改正、记入诚信档案并公布、警告、责令公开做出解释并道歉。

《上市公司证券发行管理办法》《上市公司收购管理办法》《上市公司重大资产重组管理办法》及《上市公司信息披露管理办法》所涉及的对上市公司及相关人员的非行政处罚性监管措施主要有：责令整改 / 改正、监管谈话、出具警示函、市场禁入、不再受理发行人公开发行证券申请、不接受相关机构或人员签署的证券发行文件、不得作为特定对象认购证券、责令做出解释并向投资者公开道歉、责令暂停或者停止收购、三年内不得收购上市公司，中国证监会不受理收购人及其关联方提交的申报文件、责令暂停或终止重组活动、责令上市公司补充披露相关信息、暂停交易、责令上市公司做出公开说明、责令定期报告、记入诚信档案并公布、认定为不适当人选。

《公司债券发行与交易管理办法》第五十八条规定，对违反法律法规及本办法规定的机构和人员，中国证监会可采取责令改正、监管谈话、出具警示函、责令公开说明、责令参加培训、责令定期报告、认定为不适当人选、暂不受理与行政许可有关的文件等相关监管措施；依法应予行政处罚的，依照《证券法》《行政处罚法》等法律法规和中国证监会的有关规定进行处罚；

涉嫌犯罪的，依法移送司法机关，追究其刑事责任。

《证券期货业反洗钱工作实施办法》所涉及的非行政处罚性监管措施主要有：责令改正、监管谈话、责令参加培训。

四、上市公司证券发行违规的非行政处罚性监管措施

在中国证监会《行政处罚决定书》（〔2018〕54号）、《市场禁入决定书》（〔2018〕9号）中，五洋建设集团股份有限公司（以下简称"五洋建设"）为了符合公司债券公开发行条件，将工程项目应收账款和应付账款"对抵"后少计提坏账准备，2012年至2014年虚增净利润分别不少于3 052.27万元、6 492.71万元和15 505.47万元，骗取了债券发行核准并多次向合格投资者公开发行；非公开发行公司债券披露的文件存在虚假记载，2013年和2014年分别虚增利润6 492.71万元和15 505.47万元，分别占当年审定的归属母公司所有者净利润的35.77%和80.40%；五洋建设还存在未按规定及时披露年报、未按规定及时披露审计机构变更事项等违法行为。涉案金额巨大、手段恶劣，造成了所发行债券无法兑付的严重后果。除对五洋建设责令改正，给予警告，并处以罚款4 140万元，对陈志樟及相关责任人员给予警告并合计罚款254万元之外，并且对直接负责的主管人员陈志樟采取终身市场禁入，自宣布决定之日起，终身不得从事证券业务或者担任上市公司及非上市公众公司董事、监事、高级管理人员职务。

五、上市公司收购违规的非行政处罚性监管措施

在深圳资本市场，深圳市康达尔（集团）股份有限公司和京基集团有限

公司旷日持久的控制权之争，其剧情不输"万宝之争"。中国证监会深圳证监局于 2016 年 7 月 6 日下发的《关于对深圳市康达尔（集团）股份有限公司采取责令改正措施的决定》（行政监管措施决定书〔2016〕38 号），对上市公司未能于 2016 年 6 月 30 日前召开 2015 年年度股东大会的行为，采取责令改正的行政监管措施。认为上市公司反映的京基集团违法违规事项，中国证监会深圳监管局在进行依法核查过程中，该事项不构成上市公司未按期召开年度股东大会的合理理由。

中国证监会辽宁证监局于 2018 年 9 月 20 日下发的《关于对沈阳市城市建设投资集团有限公司采取出具警示函措施的决定》（行政监管措施决定书〔2018〕8 号），沈阳市城市建设投资集团有限公司在 2018 年 4 月 28 日与沈阳市人民政府国有资产监督管理委员会签署国有股权无偿划转协议，协议约定无偿划转沈阳市国资委持有的沈阳城市公用集团有限公司 100% 的股权，因此沈阳市城市建设投资集团有限公司通过公用集团取得惠天热电控股股东沈阳供暖集团有限公司的控制权，并间接持有惠天热电 35.10% 的股份。2018 年 5 月 8 日才向中国证监会报送要约收购豁免申请。由于未在与沈阳市国资委达成收购协议之日起 3 日内提交豁免申请，沈阳市城市建设投资集团有限公司被采取出具警示函的监督管理措施。

中国证监会辽宁证监局于 2017 年 1 月 11 日下发的《关于对上海快鹿投资（集团）有限公司采取出具警示函措施的决定》（行政监管措施决定书〔2017〕7 号），上海快鹿投资（集团）有限公司截至 2015 年 10 月 14 日，通过原全资子公司上海业祥投资管理有限公司合计拥有上海神开石油化工装备股份有限公司（以下简称"神开股份"）权益的股份数量占神开股份总股本的 28.078%，成为神开股份的控股股东；2016 年 7 月 24 日，上海快鹿投资（集团）有限公司与浙江君隆资产管理有限公司签署了股权转让协议，将持有的业祥投资100%股权转让给君隆资产,并于2016年7月26日完成工商变更登记。上海快鹿投资(集团)有限公司作为神开股份收购人,上述行为违反了《上市公司收购管理办法》第七十四条规定,即在上市公司收购中,收购人持有的被收购公司的股份,在收购完成后12个月内不得转让,被中国证监会辽宁证监局采取予以警示行政监管措施。在2017年2月24日,中国证监会深圳证监局关于对深圳前海全新好金融控股投资有限公司采取出具警示函措施的决定中,对于违反了《上市公司收购管理办法》第七十四条规定的行为,深圳前海全新好金融控股投资有限公司被采取警示函的监管措施,记入证券期货市场诚信档案。

在中国证监会《市场禁入决定书》(〔2018〕7号)中,由于西藏龙薇文化传媒有限公司(以下简称"龙薇传媒")在自身境内资金准备不足(注册资本未实缴到位、提供6 000万元自有资金、其余近30亿元需通过外部融资),相关金融机构融资尚待审批,存在极大不确定性的情况下,以空壳公司收购上市公司浙江万好万家文化股份有限公司(以下简称"万家文化",现已更名为浙江祥源文化股份有限公司),且贸然予以公告,对市场和投资者产生严重误导;关于筹资计划和安排、无法按期完成融资计划原因、积极促使本次控股权转让交易顺利完成的披露存在虚假记载、重大遗漏或虚假陈述;未及时披露与金融机构未达成融资合作的情况等。上述行为造成万家文化股价大幅波动,引起市场和媒体高度关注,严重影响了市场秩序,损害了中小投资者的信心,影响了市场的公平、公正、公开。孔德永作为万家文化的董事长,是对万家文化涉案违法行为直接负责的主管人员,时任龙薇传媒执行董事兼总经理赵薇(拥有中国香港临时居留权、新加坡永久居留权)及其配偶黄有龙(新加坡籍)为直接负责的主管人员,中国证监会对黄有龙、赵薇、孔德永分别采取五年证券市场禁入措施。

六、上市公司重大资产重组违规的非行政处罚性监管措施

在中国证监会《市场禁入决定书》(〔2017〕10号)中,九好集团在与鞍重股份重组过程中,存在信息披露违法的情况,其中2013年至2015年,九好集团通过各种手段虚增服务收入264 897 668.7元,虚增2015年贸易收入574 786.32元,虚构银行存款3亿元、未披露3亿元借款及银行存款质押。九好集团向鞍重股份提供了含有上述虚假信息的财务报表。鞍重股份于2016年4月23日披露了含有虚假内容的《浙江九好办公服务集团有限公司审计报告(2013年至2015年)》。九好集团的财务造假行为导致九好集团、鞍重股份所披露的信息虚假记载、重大遗漏;郭丛军、杜晓芳及其一致行动人九贵投资、九卓投资公开披露的《鞍山重型矿山机器股份有限公司收购报告书摘要》存在虚假记载、重大遗漏。中国证监会对郭丛军(九好集团董事长)采取终身证券市场禁入措施、对宋荣生(九好集团总裁)采取十年证券市场禁入措施、对陈恒文(九好集团财务总监)采取五年证券市场禁入措施,自宣布决定之日起,在禁入期间内,不得从事证券业务或者担任上市公司、非上市公众公司董事、监事、高级管理人员职务。

七、上市公司信息披露违规的非行政处罚性监管措施

除严重侵害社会公众利益,造成重大社会影响,大家所熟悉的2018年长生生物信息披露违法违规案之外,成都华泽钴镍材料股份有限公司(简称"华泽钴镍")信息披露违法违规案,亦具有一定的典型性和代表性。

由于2013年至2015年上半年,成都华泽钴镍材料股份有限公司累计发生向关联方提供资金的关联交易8.9亿元、30.4亿元、14.9亿元,关联方资金

占用余额达13.3亿元;为掩盖关联方长期占用资金的事实,上市公司实际控制人王涛等人先后通过虚构采购合同、虚构代付业务、凭空进行票据背书等违法手段,将37.8亿元无效票据入账充当还款;华泽钴镍2015年未及时披露且未在2015年年报中披露星王集团与陕西华泽签订代付新材料项目建设款合同及华泽钴镍为星王集团融资提供担保的情况,华泽钴镍为王涛向山东黄河三角洲产业投资基金合伙企业(有限合伙)借款3500万元提供担保的情况。2018年1月,中国证监会《行政处罚决定书》(〔2018〕8号),依法对华泽钴镍及相关人员做出行政处罚。2018年2月,中国证监会《市场禁入决定书》(〔2018〕1号),对华泽钴镍董事长王涛采取终身证券市场禁入措施,对副董事长王应虎和财务总监郭立红分别采取十年、五年证券市场禁入措施。同年8月,将相关人员涉嫌证券犯罪移送公安机关依法追究刑事责任。

2016年3月30日,中国证监会四川证监局《关于对资金管控相关问题的监管意见函》(川证监〔2016〕24号),要求华泽钴镍整改;2016年6月18日,中国证监会四川证监局认定,时任董事王涛、王应虎在知情华泽钴镍重大关联担保事项的情况下,未勤勉尽责,未保证华泽钴镍依法履行信息披露义务,对其采取监管谈话的措施;同日,由于时任董事王涛、王应虎存在超期未履行以所持华泽钴镍股份数额为限向华泽钴镍进行业绩补偿承诺相关问题,中国证监会四川证监局责令二人改正,及时将应补偿给华泽钴镍的股份向华泽钴镍进行补偿,上述违反公开承诺的行为记入诚信档案;2017年4月7日,由于时任董事王涛、王应虎超期未履行资金占用的还款承诺事宜,中国证监会四川证监局责令二人在中国证监会指定信息披露媒体上对相关事项予以公开说明;2017年7月25日,华泽钴镍未将平安鑫海向陕西华泽提供担保的事项提交股东大会审议,中国证监会四川证监局对上市公司及相关人员采取责令改正、警示函的监督管理措施;除此之外,尚有其他信息披露违规,被四川证监局采取问讯、警示、监管关注、整改通知等监管措施。

本案的查处表明，部分上市公司法人治理缺位、内控管理混乱，违法行为损害上市公司和投资者的合法权益，必将受到法律严惩。

八、上市公司上市违规的非行政处罚性监管措施

在中国证监会《行政处罚决定书》（〔2016〕84号）、《市场禁入决定书》（〔2016〕5号）中，由于欣泰电气在报送的IPO申请文件中，相关年度财务数据存在虚假记载，上市后披露的定期报告中存在虚假记载和重大遗漏。对于该等违法违规行为，除给予警告，分别处以892万元、60万元罚款，中国证监会对时任欣泰电气实际控制人、董事长温德乙，以及时任欣泰电气总会计师刘明胜采取终身证券市场禁入措施，自宣布决定之日起，终身不得从事证券业务或担任上市公司董事、监事、高级管理人员职务。

根据2016年7月8日中国证监会网站公布的《欣泰电气欺诈发行正式做出处罚启动强制退市程序》，在启动退市程序后，中国证监会仍将继续加大监管力度，对上市公司、控股股东或其他相关主体，侵害上市公司或中小股东利益的行为，坚决打击，绝不手软。一是对欺诈发行相关责任人所持首次公开发行股票前股份采取冻结或限制减持措施，并关注相关股东在欣泰电气立案后减持股份行为的合规性。二是欣泰电气无法履行回购首次公开发行新股的承诺，针对这种不诚信行为，中国证监会将采取出具警示函、记入诚信档案等措施。同时，将密切关注和督促发行人及其控股股东、董监高、中介机构履行赔偿投资者损失的承诺，对不履行承诺行为将依法处理。三是加强对欣泰电气的监管。督促欣泰电气管理层履行勤勉忠实义务，确保欣泰电气正常生产经营，对首发剩余募集资金进行专户监控。

2018年6月25日晚，金亚科技公告收到深圳证券交易所发来的《关于通报金亚科技股份有限公司涉嫌犯罪案被中国证监会移送公安机关的函》，深圳证券交易所接到中国证监会稽查局《关于通报金亚科技股份有限公司涉嫌犯罪被依法移送公安机关情况的函》（稽查局函〔2018〕527号），公司因涉嫌欺诈发行股票等违法行为，已被中国证监会移送公安机关。

在此前的中国证监会《市场禁入决定书》（〔2018〕3号）中，金亚科技2014年年报存在虚假记载的情况，金亚科技通过虚构客户、伪造合同、伪造银行单据、伪造材料产品收发记录、隐瞒费用支出等方式，虚构利润总额8 049.55万元，占当期披露利润总额的比例为335.14%。同时，金亚科技还在该年度年报中虚增银行存款约2.2亿元，虚列预付工程款3.1亿元，周旭辉作为时任金亚科技董事长及实际控制人，其策划、组织公司内部及外部多名人员共同实施财务造假及信息披露违法行为，违法情节特别严重，被采取终身证券市场禁入措施；丁勇和、张法德作为金亚科技财务负责人，分别被采取十年证券市场禁入措施；何苗、罗进作为时任金亚科技高级管理人员，分别被采取五年证券市场禁入措施，自宣布决定之日起，在禁入期间内，不得从事证券业务或者担任上市公司董事、监事、高级管理人员职务。

第六节
上市公司非行政处罚性监管措施附带影响

一、对上市公司的影响

1. 上市公司的并购重组不得列入豁免/快速审核类

上海证券交易所《关于配合做好并购重组审核分道制相关工作的通知（2013年）》的相关规定，根据交易所有关"中介机构和经办人员的诚信记录"查询，相关中介机构及经办人员受到中国证监会行政监管措施，且未满规定期限的，上市公司的并购重组不得列入豁免/快速审核类。

2. 被中国证监会责令改正但公司未在规定期限内改正，交易所可对科创板股票实施退市风险警示

上海证券交易所科创板《股票上市规则（2019年修订）》第12.5.1条规定，

因财务会计报告存在重大会计差错或者虚假记载，被中国证监会责令改正但公司未在规定期限内改正，此后公司在股票停牌二个月内仍未改正，交易所可对其股票实施退市风险警示，乃至终止上市。

相关条款亦规定，上市公司未满足规定的撤销退市风险警示条件，或者未在规定的期限内向申请撤销退市风险警示的，自相应期限届满的次一交易日起，交易所对公司股票实施停牌。自停牌之日起五个交易日内，向上市公司发出拟终止其股票上市的事先告知书，上市公司根据规定提出听证、陈述和申辩。交易所上市委员会在规定的有关期限届满或者听证程序结束后十五个交易日内，就是否终止其股票上市事宜进行审议，做出独立的专业判断并形成审核意见。交易所根据上市委员会的审核意见，做出是否终止股票上市的决定。在做出终止股票上市的决定之日后二个交易日内，通知上市公司并发布相关公告，同时报中国证监会备案。上市公司可就终止上市提出复核，交易所根据具体复核情况，做出是否维持终止上市的决定。

二、对上市公司控股股东及实际控制人的影响

《证券市场禁入规定》第四条规定，被中国证监会采取证券市场禁入措施的人员，在禁入期间内，除不得继续在原机构从事证券业务或者担任原上市公司、非上市公众公司董事、监事、高级管理人员职务外，也不得在其他任何机构中从事证券业务或者担任其他上市公司、非上市公众公司董事、监事、高级管理人员职务。被采取证券市场禁入措施的人员，应当在收到中国证监会做出的证券市场禁入决定后立即停止从事证券业务或者停止履行上市公司、非上市公众公司董事、监事、高级管理人员职务，并由其所在机构按规定的程序解除其被禁止担任的职务。

《创业板上市公司证券发行管理暂行办法》(中国证监会令〔2014〕第100号)第六十条规定,上市公司及其董事、高级管理人员以及上市公司控股股东、实际控制人及其控制的关联方违反所做出的与上市公司证券发行相关的约定或者承诺的,中国证监会可以对其采取监管谈话、责令公开说明、责令改正、认定为不适当人选等监管措施。上市公司控股股东或者实际控制人最近十二个月内未履行持股意向等公开承诺的,不得参与本上市公司发行证券认购。

三、对上市公司收购人及相关人员的影响

《上市公司收购管理办法(2014年修订)》第七十七条、第七十八条规定,投资者及其一致行动人取得上市公司控制权而未按照本办法的规定聘请财务顾问,规避法定程序和义务,变相进行上市公司的收购,或者外国投资者规避管辖的;收购人未依照本办法的规定履行相关义务或者相应程序擅自实施要约收购的,中国证监会有权责令改正,采取监管谈话、出具警示函、责令暂停或者停止收购等监管措施;在改正前,收购人不得对其持有或者支配的股份行使表决权。

四、对上市公司董监高的影响

根据深圳证券交易所主板、中小板、创业板《上市公司规范运作指引(2015年修订)》之相关规定,若董事、监事和高级管理人员候选人存在"被中国证监会采取证券市场禁入措施,期限尚未届满"情形的,则不得被提名担任上市公司董事、监事和高级管理人员。上述期间,以公司董事会、股东大会

等有权机构审议董事、监事和高级管理人员候选人聘任议案的日期为截止日。

根据《上市公司股权激励管理办法》第八条规定，最近十二个月内被中国证监会及其派出机构认定为不适当人选；最近十二个月内因重大违法违规行为被中国证监会及其派出机构采取市场禁入措施的人员不得成为激励对象。

五、对上市公司独立董事的影响

中国证监会《市场禁入决定书》（〔2017〕3号），宋常在担任多家上市公司独立董事期间，内幕交易国发股份，短线交易盛运股份、神雾环保、京能置业股份，有六个月内买入又卖出、六个月内卖出又买入其所任职上述公司股票的行为。中国证监会对宋常采取十年证券市场禁入措施，自宣布决定之日起，在禁入期间，不得从事证券业务或者担任上市公司董事、监事、高级管理人员职务。

对上市公司独立董事来说，证券市场禁入或被认定为不适当人选，会导致任职完全被打断，对个人影响非常大。

六、对上市公司董事会秘书的影响

对上市公司董事会秘书来说，证券市场禁入或被认定为不适当人选，会导致其职业生涯规划完全被打断，对个人影响非常大。

另外，根据《上市公司股权激励管理办法》第八条规定，最近十二个月内被中国证监会及其派出机构认定为不适当人选；最近十二个月内因重大违法违规行为被中国证监会及其派出机构采取市场禁入措施的人员不得成为激励对象。

第七节
上市公司自律监管措施和纪律处分措施

一、上市公司自律监管措施和纪律处分措施概述

根据《证券交易所管理办法（2017）》第十二条规定，证券交易所应当按照章程、协议以及业务规则的规定，对违法违规行为采取自律监管措施或者纪律处分，履行自律管理职责。自律监管与纪律处分措施是证券交易所依法全面履行监管和服务职能，维护证券市场的正常秩序、防范风险、保护投资者合法权益的重要手段，是交易所促进和打造规范、透明、健康稳定发展的资本市场的重要工具。证券交易所将把相关当事人实施的有关自律监管措施和纪律处分记入诚信档案，并可以根据情况通报中国证监会或者其派出机构、地方政府和行业自律组织、在交易所网站予以公布等。

上海证券交易所、深圳证券交易所对涉及上市公司与相关人员的违法违规行为采取自律监管措施或者纪律处分，主要适用上海证券交易所《股票上市规则（2018年修订）》、上海证券交易所科创板《股票上市规则（2019修订）》、

深圳证券交易所《股票上市规则（2019年修订）》、深圳证券交易所创业板《股票上市规则（2019年修订）》及上海证券交易所《纪律处分和监管措施实施办法（2018年修订）》、深圳证券交易所《自律监管措施和纪律处分实施细则（2018年修订）》等相关规定。

证券交易所除对涉及上市公司与相关人员的违法违规行为采取自律监管措施或者纪律处分之外，亦需向证监会上报异动线索，积极配合数据协查、司法机关和稽查部门办案，助力打击证券市场违法违规行为。

二、近三年上市公司自律监管措施和纪律处分措施情况

1. 上海证券交易所近三年涉及上市公司与相关人员的自律监管措施和纪律处分

根据上海证券交易所网站的"首页/披露/监管信息公开/公司监管/监管措施"版块披露的情况，2016年至2018年度上海证券交易所对上市公司及相关人员做出的监管措施及纪律处分统计概况如下：（1）2016年1月1日至2016年12月31日，涉及上市公司及相关人员共计484项，其中监管关注99项，通报批评46项，公开谴责10项，其他（监管工作函）329项；（2）2017年1月1日至2017年12月31日，涉及上市公司及相关人员共计359项，其中监管关注65项，通报批评53项，公开谴责20项及公开认定不适合担任上市公司董事、监事、高级管理人员5项，其他（监管工作函）216项。对于发现较早、程度较轻的违规行为，及时采取监管措施予以警示和制止，在上市公司监管中采取口头警示214次和书面警示63次；（3）2018年1月1日至2018年12月31日，涉及上市公司及相关人员共计269项，其中监管关注

79项，通报批评68项，公开谴责33项及公开认定不适合担任上市公司董事、监事、高级管理人员7项，其他（监管工作函）82项。

2016年、2017年上海证券交易所纪律处分数量分别为68单、93单，比2015年的62单，分别增长10%、50%；其中公开谴责、公开认定分别为12单、3人次和25单、11人次，比2015年的9单、2人次，也有大幅增长。从纪律处分实施情况来看，2017年度纪律处分针对的违规行为主要集中在上市公司信息披露监管、证券异常交易监管以及债券市场监管三大领域，数量占比分别为78%、10%、12%，重点加强了对概念股严重投机炒作、忽悠式重组、滥用停复牌等市场顽疾的监管，严肃惩治了控股股东、实际控制人隐瞒控制权变化、损害公司和投资者利益、破坏证券市场秩序等恶性违规事件；纪律处分的力度也明显加强，除常用的通报批评之外，程度更加严厉地公开谴责、公开认定不适合担任上市公司董监高职务的实施频次增加，同比增长144%。

2018年案件数量有所增长，处分力度有所加强。全年发出纪律处分和监管关注函件分别为78单和80单，同比增长11.43%和21.21%，涉及89家上市公司，462名董事、监事、高级管理人员和8名中介机构相关人员。尤其加大对重大恶性违规案件的惩处力度，公开谴责和公开认定实施频次明显增加，全年共发出公开谴责32份，公开认定22人不适合担任上市公司董事、监事、高级管理人员。其中对违规性质极其恶劣的5名责任人公开认定终身不适合担任上市公司董事、监事、高级管理人员。

2. 深圳证券交易所近几年涉及上市公司与相关人员的自律监管措施和纪律处分

根据深圳证券交易所网站披露的2016年至2018年度深圳证券交易所对上市公司及相关人员做出纪律处分统计概况如下：（1）2016年1月1日至

2016年12月31日，对上市公司及相关人员做出公开谴责共计32项，通报批评79项，公开认定不适合担任上市公司董事、监事、高级管理人员（不含董秘）1项；（2）2017年1月1日至2017年12月31日，对上市公司及相关人员做出公开谴责共计38项，通报批评61项；（3）2018年1月1日至2018年12月31日，对上市公司及相关人员做出公开谴责共计46项，通报批评122项，公开认定不适合担任上市公司董事、监事、高级管理人员（不含董秘）1项。

在2017年中，深圳证券交易所强化对高风险公司及突出问题的监管，坚持依法全面从严监管，持续强化和加大上市公司及相关主体违法违规行为打击和处理力度，提升上市公司质量。统计数据显示，深圳证券交易所全年共向上市公司及其相关方发出监管问询函件3 618份，较去年大幅增加。其中关注函400份，监管函398份，对上市公司及相关责任人给予公开谴责143次、通报批评343次。内容涉及上市公司信息披露、并购重组、对外投资、规范运作等方面。

2018年全年共发出关注问询类函件2 495封，同比增长38.84%，其中关注函近800份，同比大幅增长；问询函近1 900份，同比增长超过20%。此外，全年共发出监管函510份，同比增长27.82%。2018年深交所在日常监管中及时发现、严肃处理各类违法违规行为，全年共发出纪律处分决定书146份，同比增长52.08%；涉及上市公司85家次，同比增长80.85%；涉及责任人员609人次，同比增长38.72%。从违规行为涉及面看，覆盖了信息披露、规范运作、证券交易、中介机构违规等多个维度。

近年来证券交易所以信息披露为中心，坚持全面深入、追根究底的监管理念和精神，对上市公司敏感、风险事件及时做出反应，主动监管，紧抓市场热点，严格防控和惩治市场乱象，净化资本市场环境。通过开展上市公司联合现场检查（内容涉及恢复上市、关联交易、信息披露、并购重组等），交易所与证监会派出机构探索建立高效、顺畅的合作监管机制，有效形成系统内监管合力。

证券交易所运用大数据、人工智能等新技术，不断提高科技监管能力，是一线监管所面临的重要课题和新形势下的必然选择。深圳证券交易所持续优化上市公司监管系统，运用文本挖掘、云计算等信息技术，探索构建上市公司画像图谱、公司与股东行为特征分析体系，提升发现线索能力，开展智能化监管。企业画像集成业务财务、股权股东、监管评价、信息披露等多维度信息，将监管经验凝结成反映企业风险的标签体系，可以直观展示企业特征并提示异常。深圳证券交易所企业画像项目于2016年年底启动开发，陆续上线一期、二期项目，已应用于上市公司日常监管、年报审查、重组审查等方面，三期项目正在开发中，重点开发财务舞弊识别、上市公司风险评估、违规处分智能辅助、舆情智能监测分析等功能。

三、上市公司自律监管措施和纪律处分措施的种类

（1）《证券交易所管理办法（2017）》第六十四条规定，发行人及相关信息披露义务人等出现违法违规行为的，证券交易所可以规定采取通报批评、公开谴责、收取惩罚性违约金、向相关主管部门出具监管建议函等自律监管措施或者纪律处分。

（2）上海证券交易所《纪律处分和监管措施实施办法（2018年修订）》第九条、第十条上海证券交易所科创板《股票上市规则（2019年修订）》、第14.2.2条、14.2.3条与深圳证券交易所《自律监管措施和纪律处分实施细则（2018年修订）》第十四条、第四十五条对包括上市公司在内的监管对象的自律监管措施或者纪律处分种类如下：

类别	上海证券交易所	深圳证券交易所
自律监管措施	监管对象的违规行为，未对证券市场、上市公司、投资者以及证券监管工作造成重大损失或者影响的，本所可以对其实施相应的监管措施。 1．涉及上市公司及相关人员的 （一）口头警示； （二）书面警示； （三）监管谈话； （四）要求限期改正； （五）要求公开更正、澄清或说明； （六）要求公开致歉； （七）要求聘请证券服务机构进行核查并发表意见； （八）要求限期参加培训或考试； （九）要求限期召开投资者说明会； （十）要求上市公司董事会追偿损失； （十一）对未按要求改正的上市公司暂停适用信息披露直通车业务； （十二）建议上市公司更换相关任职人员； （十三）对未按要求改正的证券发行人相关证券实施停牌； （十五）向相关主管部门出具监	实施自律监管措施和纪律处分，应当以事实为依据，与行为的性质、情节的轻重以及危害程度相适应。 1．涉及上市公司及相关人员 （一）口头警示； （二）书面警示； （三）约见谈话； （四）要求中介机构或者要求聘请中介机构核查并发表意见； （五）要求限期改正； （六）要求公开致歉； （七）要求限期召开投资者说明会； （八）要求限期参加培训或者考试； （九）建议更换相关任职人员； （十）暂停受理或者办理相关业务； （十一）暂停适用信息披露直通车业务； （十三）上报中国证监会； （十四）向相关主管部门出具监管建议函。 2．其他 （十二）限制交易； （十五）深交所规定的其他自律监管措施。 对于"暂停受理或者办理相关业

续表

类别	上海证券交易所	深圳证券交易所
自律监管措施	管建议函； 2. 其他 （十四）暂不受理保荐人、证券服务机构及其相关人员出具的文件； （十六）本所规定的其他监管措施。 暂不受理保荐人、证券服务机构及其相关人员出具的文件，即在一定期限内不受理有关保荐人、证券服务机构及其相关人员出具的文件； 交易所同时将暂不受理决定通知监管对象所在单位（如适用）及其聘请其执业的本交易所上市公司或相关信息披露义务人。在暂不受理期间，交易所可以决定是否对该监管对象出具且已受理的其他文件中止审查。	务"，实施期限细分为"三个月、六个月、十二个月或者三十六个月"四个层次。 对于建议更换相关任职人员、向相关主管部门出具监管建议函以及对会员、其他交易参与人的书面警示、暂停受理或者办理相关业务的，还应当提交本所纪律处分委员会审议。
纪律处分	1. 涉及上市公司及相关人员 （一）通报批评； （二）公开谴责； （三）公开认定不适合担任上市公司董事、监事、高级管理人员； （五）暂停或者限制交易权限； （十）认定为不合格投资者； （十一）收取惩罚性违约金；	1. 涉及上市公司及相关人员 （一）通报批评； （二）公开谴责； （三）公开认定不适合担任相关职务； （六）收取惩罚性违约金； （七）暂停或者限制交易权限； （八）取消交易权限；

续表

类别	上海证券交易所	深圳证券交易所
纪律处分	**2. 其他** （四）建议法院更换上市公司破产管理人或管理人成员； （六）取消交易参与人资格； （七）取消会员资格； （九）要求会员拒绝接受投资者港股通交易委托； （十二）本所规定的其他纪律处分。 公开认定不适合担任上市公司董事、监事、高级管理人员，即在中国证监会指定媒体上或者通过其他公开方式，认定上市公司董事、监事、高级管理人员三年以上不适合担任上市公司董事、监事、高级管理人员。 科创板有关交易所可以视情节轻重实施下列纪律处分： （一）通报批评； （二）公开谴责； （三）收取惩罚性违约金。	（十）报请中国证监会认定会员董事、监事、高级管理人员为不适当人选。 **2. 其他** （四）建议法院更换上市公司破产管理人或者管理人成员； （五）暂不受理专业机构或者其相关人员出具的文件； （九）取消会员或者其他交易参与人资格； （十一）深交所规定的其他纪律处分。 对于"公开认定不适合担任相关职务"的期限予以明确，分为三年、五年、十年或者终身四个层次，"相关职务"不仅包括上市公司董监高，还包括红筹公司信息披露境内代表等职务。 "暂不受理专业机构或者其相关人员出具的文件"中专业机构包括保荐人、财务顾问、承销机构、资信评级机构、受托管理人或者履行同等职责的机构、会计师事务所、资产评估机构、律师事务所等，实施期限分为三个月、六个月、十二个月或者三十六个月。

除上述所列的自律监管措施或者纪律处分种类之外，上海证券交易所《股票上市规则（2018年修订）》、上海证券交易所科创板《股票上市规则（2019年修订）》、深圳证券交易所《股票上市规则（2019年修订）》、深圳证券交易所创业板《股票上市规则（2019年修订）》尚有规定的其他种类为：要求发行人、公司及相关信息披露义务人或者其董事（会）、监事（会）、高级管理人员对有关问题做出解释和说明；发出各种通知和函件等；约见有关人员；撤销任职资格；公开认定其不适合担任上市公司董事会秘书。

此外，根据《中国银行间市场交易商协会会员管理规则（2017年修订）》第二十二条规定及《非金融企业债务融资工具市场自律处分规则》（中国银行间市场交易商协会公告〔2013〕11号）第四条规定，涉及上市公司会员的，则对违反协会章程和自律规则的会员，协会可根据情节严重程度给予诫勉谈话、通报批评、警告、严重警告或公开谴责的自律处分，并可据情并处责令改正、责令致歉、暂停相关业务、暂停会员权利或取消会员资格。对负有直接责任的董事、高级管理人员和其他直接责任人员给予诫勉谈话、通报批评、警告、严重警告或公开谴责处分，并可以据情并处责令改正、责令致歉或认定不适当人选。涉嫌违法违规的，协会可移交有关部门进一步处理。

四、上市公司自律监管措施和纪律处分措施常见情形

（1）上市公司控股股东、实际控制人违规，控股股东、实际控制人及其他责任人被公开认定不适合担任上市公司董监高职务，或被公开谴责，或其他纪律处分。

2017年度的自律监管措施和纪律处分主要涉及控股股东、实际控制人隐瞒控制地位逃避应有义务，以及滥用控制地位实施利益输送等情形。例如，

ST慧球严重扰乱市场秩序，蓄意编造并擅自泄露不符合规定的股东大会议案，被公开谴责，鲜言、顾国平等人被公开认定不适合担任上市公司董事、监事、高级管理人员职务；中毅达原实际控制人何晓阳隐瞒控制权转让事项，在持续一年多的时间内，经过媒体报道、上海证券交易所发函问询后，仍拒不披露上述事实，情节恶劣，被公开谴责。

2018年度的自律监管措施和纪律处分，主要为加大对大控股股东利用优势地位侵占上市公司利益的监管力度，交易所全年处理此类案件近10单。*ST天业、*ST保千和*ST工新是其中的典型案件。三家公司的控股股东或实际控制人利用控制地位，违规占用公司巨额资金，进行大额违规担保，公司内部治理严重失序，情节恶劣。这些案件涉及责任范围较广，任期内的全体董事、监事、高级管理人员均受到处理。其中公开认定三家公司的实际控制人或董事长共3人终身不适合担任上市公司董事、监事、高级管理人员，其他主要责任人共9人十年内不适合担任上市公司董事、监事、高级管理人员。

2018年出现损害公司及投资者利益的不当交易。由于市场环境出现一些变化，上市公司不当交易有所增加，其主要目的是帮助控股股东套现，实现利益输送或盈余管理等，而不是服务于公司实际生产经营的需要。对此，交易所在日常监管中强化甄别力度，突出监管实效，对涉及交易估值显失公允、决策程序不合规和不当让渡商业机会等违规事项的8单案件进行问责。如莲花健康将关联交易非关联化；中珠医疗未履行决策程序和披露义务，将商业机会让渡给控股股东。这些公司及相关责任人均被予以纪律处分。

（2）公司重大事项披露、财务信息违规，公司及主要责任人被公开谴责、通报批评或监管关注。

2016年度，上海证券交易所在监管中主要发现三类不当披露行为：一是信息披露涉及跨界转型或者热点题材，但公告内容可能存在重大误导，如中安消公告涉足机器人、无人机等产业，但公司实际仅为相关产业提供配套服务，并不直接投资上述产业，公司公告避重就轻，未说明具体情况，风险揭示不充分；二是重大事项的关键信息存在明显遗漏，如*ST昆机未披露控股股东股权转让的重要生效条款，游久游戏相关股东未及时披露一致行动人关键信息等；三是公司选择性披露对股价可能产生重大影响的重要信息，如曙光股份前期主动披露新能源客车产销量迅速增加，后期月度销量连续为零却不及时对外披露，可能对投资者产生重大误导。

2017年主要涉及业绩预告与重大交易等事项信息披露不及时、不完整、不准确等违规行为。例如，海正药业业绩预告存在重大差错、未及时披露重大合同，公司及主要责任人被公开谴责。怡球资源重大资产出售披露不及时、高送转相关信息披露缺乏事实依据，公司及主要责任人被通报批评。安泰集团日常关联交易超出预计、政府补助及诉讼未及时披露，公司及主要责任人被通报批评。还有4家公司未能按期披露年报，也被依法依规予以公开谴责。

2017年财务信息披露违规主要体现为业绩注水和不当粉饰等情形。例如，神马股份因合并会计报表处理不当大幅虚增收入和成本，公司及主要责任人被公开谴责；大智慧通过提前确认收入，延后确认年终奖少计当期成本费用等方式，虚增收入和利润，金额巨大，公司及主要责任人被公开谴责。

2018年度上海证券交易所继续对该等违规行为保持高度关注，处理相关案件近6单。*ST上普虚构无实质性交易内容的业务，退市昆机跨期确认收入、虚计合同等，公司及相关责任人均被予以纪律处分。交易所还对业绩预告违规、重大事项披露不及时、内部控制存在重大缺陷等违规情形及时追责，共涉及案件近25单。

2018年度还存在上市公司利用敏感信息，蹭热点、炒概念。经过近几年的集中整治，上市公司利用热点信息炒作股价的现象明显减少，但仍有个别公司热衷于此。2018年以来，"区块链""短视频媒体""创投企业"等概念先后受到市场高度关注，有的上市公司借机发布相关信息，且披露信息不准确、不客观，引起股价大幅波动。对于此类不当释放信息、扰乱市场估值体系的行为，交易所快速反应、从严监管，有4单此类案件被严肃问责。例如，游久游戏在官网中发布其布局区块链游戏业务，相关信息披露不准确，被予以监管关注。

（3）上市公司重大资产重组及停复牌违规，公司及相关责任人均被通报批评、纪律处分或监管关注。

2017年度主要涉及筹划重大资产重组不审慎导致公司长期停牌以及重组信息披露违规。例如，天通股份重组标的在转让前需要履行招拍挂程序，其未合理预计前述事项短期内无法取得有效进展，仍启动重大资产重组事项，并多次延期股票复牌，导致公司股票长期停牌达5个半月后终止重组。鹏起科技在重组标的尚无军品生产经营条件的情况下，启动重大资产重组并办理股票停牌，决策不审慎，导致公司股票长期停牌达5个多月后终止重组。上述公司及相关责任人均被通报批评。

2018年度主要涉及上市公司停牌不审慎，影响股票正常交易秩序，个别公司滥用停牌权利，影响投资者正常交易。2018年度有5家公司因此受到纪律处分，其中中天能源重大资产重组停牌不审慎，重组终止风险提示不充分；粤泰股份在重组条件不成熟的情况下，仓促停牌。两家公司及有关责任人均被予以纪律处分或监管关注。

（4）上市公司股东及董监高违规买卖股份，上市公司大股东及董事、监事、高级管理人员被公开谴责、通报批评。

2016年1月，中国证监会发布新规，对上市公司大股东及董事、监事、高级管理人员减持行为做出具体规范。2016年上半年，针对违规减持行为，上海证券交易所共发出纪律处分和监管措施决定 10 余份，公开谴责了山水文化、皖江物流等公司的相关股东或董监高，对于违规减持后已采取承诺买回、上缴收益等补救措施的违规减持行为，酌情从轻处理，予以通报批评。针对并购重组类违规行为 15 件，上海证券交易所严格落实责任追究，且对未勤勉尽责的财务顾问主办人进行了追责，共计处理 6 人次。主要涉及一是筹划重大事项随意性大，相关责任人未勤勉尽责，导致公司股票长期停牌，如林海股份、西部资源、星湖科技；二是重组预案披露存在重大遗漏、重组风险揭示不充分，如亚星化学、上海三毛。上海证券交易所严格落实责任追究，且对未勤勉尽责的财务顾问主办人进行了追责，共计处理 6 人次。

2017 年度主要涉及达到权益变动标准未停止买卖并及时披露、短线交易、违反上市公司股份减持相关规定等情形。股东违规案例，如山东金泰相关股东因三个月减持超 1%，被公开谴责；维维股份 4 名股东因通过大宗交易受让大股东减持股份后 6 个月内即卖出，被限制证券账户交易 6 个月。公司董监高的违规案例，如青山纸业、鹏博士相关董监高分别因违规交易被公开谴责或通报批评。

（5）其他。另外还有公司债券发行人违规，主要涉及信用风险管理、信息披露及募集资金使用违规及中介机构出具专业意见未能勤勉尽责等受到自律监管措施与纪律处分。

第八节
上市公司自律监管措施和纪律处分措施附带影响

一、对上市公司的影响

1. 对公开发行证券的影响

《上市公司证券发行管理办法》第六条、第十一条及《创业板上市公司证券发行管理暂行办法》（中国证监会令〔2014〕第100号）第十条规定，上市公司公开发行证券，其现任董事、监事和高级管理人员具备任职资格，能够忠实和勤勉地履行职务，最近十二个月内未受到过证券交易所的公开谴责；上市公司最近十二个月内未受到过证券交易所的公开谴责。

2. 对非公开发行股票的影响

《上市公司证券发行管理办法》第三十九条规定，现任董事、高级管理人员最近十二个月内受到过证券交易所公开谴责，上市公司不得非公开发行股票。

3. 对重大资产重组的影响

根据《上市公司重大资产重组管理办法》第十三条规定，是上市公司实施构成借壳上市的重大资产重组的条件之一，上市公司及其控股股东、实际控制人最近十二个月内未受到证券交易所公开谴责，不存在其他重大失信行为。

4. 对以其新增股票为基础证券在境外发行存托凭证的影响

《关于上海证券交易所与伦敦证券交易所互联互通存托凭证业务的监管规定（试行）》（中国证券监督管理委员会公告〔2018〕30号），上市公司存在现任董事、高级管理人员最近十二个月内受到过证券交易所公开谴责情形的，不得以其新增股票为基础证券在境外发行存托凭证。

5. 风险警示及股票终止上市

深圳证券交易所主板《股票上市规则（2019年修订）》第13.3.1条规定，上市公司向控股股东或者其关联人提供资金违反规定程序，对外担保且情形严重的，交易所有权对其股票交易实行其他风险警示。

深圳证券交易所主板、创业板《股票上市规则（2019年修订）》第14.4.17及第13.4.2条规定，中小板、创业板上市公司最近三十六个月内受到本所公开谴责两次，第二次被公开谴责时，上市公司发布终止上市风险警示；第13.4.1条规定，公司最近三十六个月内累计受到交易所三次公开谴责的，交易所有权决定其股票终止上市交易。

上海证券交易所科创板《股票上市规则（2019年修订）》第12.5.1条规定，

因上市公司信息披露或者规范运作等方面存在重大缺陷，被交易所责令改正但公司未在规定期限内改正，此后公司在股票停牌二个月内仍未改正，交易所对其股票实施退市风险警示。交易所最终根据相关规定和实际情况，有权做出终止上市的决定。

6. 上市公司信息披露评价及并购重组分道审核

上海证券交易所《上市公司信息披露工作评价办法（2017修订）》第二十二条、第二十三条、第二十四条规定，公司日常信息披露两次（含）以上被采取口头警示（含）以上监管措施的，其评价期内评价结果不得为A；评价期内公司被本所暂停信息披露直通车资格的，评价结果不高于C；公司被本所公开谴责或者两次（含）以上通报批评，或公司信息披露存在重大问题，本所要求公司限期整改，公司在期限内未主动落实整改要求的，评价结果应当为D。

上海证券交易所《关于配合做好并购重组审核分道制相关工作的通知》（2013年）的相关规定：（1）"上市公司信息披露和规范运作状况"评价由地方证监局和本所负责。结果为A的列入豁免/快速审核类，结果为B、C的列入正常审核类，结果为D的列入审慎审核类；（2）上市公司存在最近三年受到证券交易所纪律处分的或股票被暂停上市或实施风险警示（包括*ST和ST）的情形之一的，不得列入豁免/快速审核类。

二、对上市公司股东及实际控制人的影响

《上市公司重大资产重组管理办法（2016年修订）》第十二条规定，是

上市公司实施规定的重大资产重组的条件，上市公司及其控股股东、实际控制人最近十二个月内未受到证券交易所公开谴责，不存在其他重大失信行为。

《上市公司股东、董监高减持股份的若干规定》（中国证券监督管理委员会公告〔2017〕9号）第六条规定，大股东因违反证券交易所自律规则，被证券交易所公开谴责未满三个月的，不得减持股份。

根据上海证券交易所《股票上市规则（2018年修订）》第11.12.2条规定，上市公司首次公开发行股票申请或者披露文件存在虚假记载、误导性陈述或者重大遗漏，被中国证监会立案稽查的，在形成案件调查结论前，上市公司控股股东、实际控制人、董事、监事、高级管理人员、持有上市公司首次公开发行前已发行股份的股东，以及其他持有法律、行政法规、中国证监会规定、本所规则规定的限售股的股东和上市公司自愿承诺股份限售的股东，应当遵守在公开募集及上市文件或者其他文件中做出的公开承诺，暂停转让其拥有权益的股份。

根据深圳证券交易所主板《股票上市规则（2019年修订）》第11.11.12条规定，如上市公司因首次公开发行股票、发行新股、构成借壳上市的重大资产重组的申请或者相关披露文件存在虚假记载、误导性陈述或者重大遗漏被证监会立案稽查的，上市公司董事、监事、高级管理人员、控股股东、实际控制人、持有上市公司首次公开发行股票前已发行股份的股东、重组方及其一致行动人、上市公司购买资产对应经营实体的股份或者股权持有人，以及其他持有法律、行政法规、部门规章、规范性文件和本所规定的限售股的股东或者其他自愿承诺股份限售的股东，应当遵守其在公开募集及上市文件、信息披露文件或者其他文件中做出暂停转让其拥有权益的公司股份。

相关承诺主体在上市公司收到中国证监会立案稽查通知后则不得再行转让其拥有权益的股份，并应当及时向登记结算机构申请办理暂停股份转让手续。

三、对上市公司收购人及相关人员的影响

在交易所日常监管中，存在或收购人故意隐瞒一致行动关系，违规举牌上市公司，或上市股东在信息披露过程中隐瞒一致行动关系，违规减持，证券交易所对其做出公开谴责或通报批评等自律监管措施和纪律处分。

对于上市公司收购人及相关人员的该等违法违规行为，证券交易所做出其适用的纪律处分和监管措施时，通常会综合考量监管对象违规行为的主观因素、客观因素和具体情节（责任大小、从重、从轻或减轻）等因素。

因此，就公开谴责或通报批评等自律监管措施和纪律处分的个案，结合具体违法违规情况和是否属于《国务院关于建立完善守信联合激励和失信联合惩戒制度　加快推进社会诚信建设的指导意见》规定严重失信行为情形，被认定或判定为严重的证券市场失信行为。根据《上市公司收购管理办法（2014修订）》，收购人最近三年有严重的证券市场失信行为情形的，不得收购上市公司。

四、对上市公司董监高的影响

根据深圳证券交易所《上市公司规范运作指引（2015年修订）》之相关规定，若董事、监事和高级管理人员候选人存在"被证券交易所公开认定为不适合担任公司董事、监事和高级管理人员，期限尚未届满"或"被证券交易所公开认定为不适合担任上市公司董事、监事和高级管理人员，期限尚未届满"；本所规定的其他情形的，则不得被提名担任上市公司董事、监事和高级管理人员；若存在"最近三年内受到证券交易所公开谴责或者三次以上通报批评"情形的，则公司应当披露该候选人具体情形、拟聘请该候选人的原

因以及是否影响公司规范运作，并提示相关风险。

根据上海证券交易所《上市公司董事选任与行为指引（2013年修订）》第十条、第十一条及第四十五条规定，"三年内受证券交易所公开谴责或两次以上通报批评"或"处于证券交易所认定不适合担任上市公司董事的期间"不得提名为上市公司董事、监事、高级管理人员候选人；但上市公司董事会、监事会认为该董事、监事、高级管理人员（三年内受证券交易所公开谴责或两次以上通报批评）继续担任职务对公司经营有重要作用的，可以提名其为下一届董事会或监事会及高级管理人员的候选人，或应充分披露提名理由，提名董事、监事的相关决议除需经出席股东大会的股东所持股权过半数通过外，还需经出席股东大会的中小股东所持股权过半数通过。

根据上海证券交易所、深圳证券交易所的《股票上市规则》有关董事会秘书的规定，最近三年受到证券交易所公开谴责或者三次以上通报批评的或交易所认定不适合担任董事会秘书的其他情形，不得担任董事会秘书。

《上市公司股东、董监高减持股份的若干规定》（中国证券监督管理委员会公告〔2017〕9号）第七条规定，董监高因违反证券交易所自律规则，被证券交易所公开谴责未满三个月的，上市公司董监高不得减持股份。

《上市公司股权激励管理办法（2018年修订）》第八条规定，最近十二个月内被证券交易所认定为不适当人选的，不得成为激励对象。

五、对相关保荐代表人、证券服务机构及其相关人员的影响

证券交易所自律监管措施及纪律处分所述的"暂不受理专业机构或者其相关人员出具的文件"的专业机构，包括保荐人、财务顾问、承销机构、资信评级机构、受托管理人或者履行同等职责的机构、会计师事务所、资产评

估机构、律师事务所及相关人员等，纪律处分的实施限制期限分为三个月、六个月、十二个月或者三十六个月；暂不受理保荐人、证券服务机构及其相关人员出具的文件自律监管措施中，有关限制的期限或条件以相关暂不受理的原因、期限、文件种类、恢复受理的条件和时间等内容为准。

上海证券交易所《关于配合做好并购重组审核分道制相关工作的通知（2013年）》的相关规定，根据交易所有关"中介机构和经办人员的诚信记录"查询，相关中介机构及经办人员受到证券交易所纪律处分，且未满规定期限的，上市公司的并购重组不得列入豁免/快速审核类。

因此，上市公司在聘请相关中介机构时，若专业机构或者其相关人员等曾被交易所实施纪律处分或监管措施，且仍在相关纪律处分或自律监管措施的实施期限内，则需要考虑是否会影响上市公司资本市场重大事项的进程。

第四章
上市公司常见证券类刑事法律责任

04

第一节
上市公司证券类刑事法律责任概况

一、上市公司证券类刑事犯罪概述

相对于民事责任、行政责任而言,刑事责任无疑是违法后果最为严重的责任。上市公司若因违法行为被追究刑事责任,则往往伴随着相关责任人员身受刑罚,公司被停牌乃至退市,更有甚者,还可能陷入濒临停产、停业、破产、解散等危局。

刑事责任所体现的严厉程度是民事责任和行政责任所不可比拟的,刑事责任所带来的严重后果,也是上市公司之"生命不能承受之重",相信是所有上市公司唯恐避之不及的。然而,上市公司及其高管人员因违法而被追究刑事责任的案例屡见不鲜,尤其是随着证券监管部门监管力度的不断加大、法律法规的不断修订和完善,上市公司及其高管人员被追究刑事责任的案例越来越多。

上市公司可能被追究刑事责任的情形纷繁复杂,只要是刑法里面规定的单位性质犯罪，上市公司作为一个单位，都有可能会触及，如生产、销售伪劣商品罪；走私罪；非法吸收公众存款罪；隐匿、故意销毁会计凭证、会计账簿、财务会计报告罪；虚开发票罪；污染环境罪等大量犯罪。除了一般性质的犯罪之外，刑法规定的犯罪行为中，还有一些是与证券发行、上市直接相关的犯罪行为，我们称其为证券类刑事犯罪，这也是本书要重点介绍的。

根据我国目前《刑法》的规定，涉及证券类刑事犯罪的罪名主要有：欺诈发行股票、债券罪；违规披露、不披露重要信息罪；擅自发行股票或者公司、企业债券罪；内幕交易、泄露内幕信息罪；利用未公开信息交易罪；编造并传播证券、期货交易虚假信息罪；操纵证券、期货市场罪；背信损害上市公司利益罪八大罪名。

上述八大罪名涉及的违法行为，要求行为人（上市公司或其相关人员）的证券违法行为达到后果严重、数额巨大或者有其他严重情节的标准，若不符合上述标准，或不具备相应的刑事立案标准，则属于行政违法行为，承担行政法律责任。行为人的行为究竟属于行政违法还是刑事犯罪，取决于其行为是否达到后果严重、数额巨大或者是否有其他严重情节等符合刑事立案标准，若符合则构成犯罪，反之，则属于行政违法行为。无论是行政违法还是刑事犯罪，若由此给上市公司或他人造成损失的，则需要附带承担民事赔偿责任。

针对行为人证券类违法行为，由于证券民事赔偿诉讼不够完善，真正追究民事责任并如愿获得赔偿的证券诉讼案件仍是少数。另外，根据目前的法律规定，有关的行政违法行为受到的行政处罚相对于违法获益而言太低，换言之，行政违法成本过低，而监管层及有关司法机关对此类案件又慎用刑法。在此情况下，滋生和助长了大量证券类违法行为发生。但自2019年开始，中国证监会及司法机关加大了对证券类违法案件的查处力度，对大量上市公司证券类涉嫌刑事犯罪案件启动刑事追责程序。很多上市公司董事长因涉嫌证券违规被刑事立案。

据不完全统计，截至 2019 年 7 月 30 日，年内已经有 11 家 A 股上市公司的实控人、董事长及高管或被公安机关正式逮捕，或被采取强制措施，或被刑事拘留，或接受公安机关调查。涉及 16 位当事人，其中 10 人为上市公司实控人。这 11 家公司有 80 万户股东。详见下表。

公告日期	证券代码	证券简称	涉事人员	被捕（或被采取强制措施，或接受公安机关调查）事由
2019年3月28日	300176.SZ	派生科技	实控人唐军、董事长兼总经理张林、董事余军、副总经理兼董事会秘书晋海曼	涉嫌非法吸收公众存款
2019年4月12日	002290.SZ	*ST中科	实控人张伟	涉嫌黑社会犯罪
2019年4月27日	601519.SH	大智慧	控股股东及实控人张长虹	涉嫌违规披露、不披露重要信息罪
2019年5月7日	002517.SZ	恺英网络	实控人王悦	涉嫌操纵证券市场罪
2019年5月14日	002450.SZ	*ST康得	实控人钟玉	涉嫌犯罪
2019年5月20日	002517.SZ	恺英网络	董事、总经理兼财务总监陈永聪	涉嫌操纵证券市场罪
2019年7月5日	600083.SH	博信股份	实控人兼董事长罗静、董事兼财务总监姜绍阳	涉嫌集资诈骗
2019年7月9日	600614.SH	*ST鹏起	实控人、董事长张朋起	涉嫌内幕交易、泄露内幕信息罪
2019年7月11日	601155.SH	新城控股	实控人王振华	涉嫌犯罪
2019年7月27日	600275.SH	ST昌鱼	实控人翦英海	涉嫌行贿罪

续表

公告日期	证券代码	证券简称	涉事人员	被捕（或被采取强制措施，或接受公安机关调查）事由
2019年7月29日	300431.SZ	暴风集团	实控人冯鑫	涉嫌对非国家工作人员行贿罪、职务侵占罪
2019年7月30日	002220.SZ	ST天宝	董事长黄作庆	涉嫌虚开发票罪

（数据来源：上市公司公告）

二、近几年上市公司刑事追责情况

鉴于统计渠道的限制，据不完全统计，近三年来上市公司涉及证券类刑事犯罪被追究责任的情况，呈逐年上升趋势。

（1）据不完全统计，2016年1月1日至12月31日，部分上市公司涉及刑事案件统计情况详见下表：

序号	涉及公司	涉案人员	涉嫌罪名
1	武汉钢铁股份有限公司	监事会主席张翔	受贿罪
2	上海锐英科技股份有限公司	董事、总经理肖江	非法获取公民个人信息罪
3	福建省福信富通网络科技股份有限公司	董事、副总经理余建	危险驾驶罪
4	恒拓开源（天津）信息科技股份有限公司	实际控制人、董事长马越	妨害公务罪
5	广东广州日报传媒股份有限公司	子公司董事长兼副总经理李名智	行贿罪
6	北京永捷发科技股份有限公司	董事包明干	故意伤害罪

续表

序号	涉及公司	涉案人员	涉嫌罪名
7	三门峡德安饲料股份有限公司	董事张青民，董事长、总经理赵发平和监事闫盼盼	贷款诈骗罪
8	金越交通装备股份有限公司	控股股东、实际控制人、董事长金明南	行贿罪
9	武汉汉德阀门股份有限公司	全资子公司武汉上润精密仪器有限公司	单位行贿罪
10	贵州万峰电力股份有限公司	董事谢芳	受贿罪
11	上海延华智能科技（集团）股份有限公司	大股东、实际控制人胡黎明	内幕交易罪

（2）据不完全统计，2017年1月1日至2017年12月31日，部分上市公司涉及刑事案件情况详见下表：

序号	涉及公司	涉案人员	涉嫌罪名
1	北京世纪航凯电力科技股份有限公司	副总经理贾晟	危险驾驶罪
2	江苏宝宸净化设备股份有限公司	实际控制人梁袁平	行贿罪
3	北京弘视影业股份有限公司	董事长、总经理郑克洪	危险驾驶罪
4	江苏剑桥涂装工程股份有限公司	采购部副经理陆德法、财务总监陈建林	虚开增值税专用发票罪
5	聚龙股份有限公司	实际控制人柳长庆	破坏选举罪
6	吐鲁番雪银金属矿业股份有限公司	董事长兼总经理杨雪银	赌博罪
7	上海君山表面技术工程股份有限公司	实际控制人王建成	单位行贿罪

续表

序号	涉及公司	涉案人员	涉嫌罪名
8	深圳市诺龙技术股份有限公司	董事刘小斌	危险驾驶罪
9	北京纽哈斯科技股份有限公司	股东、董事丁伟	交通肇事罪
10	上海加冷松芝汽车空调股份有限公司	董事长陈福泉	内幕交易罪
11	北京航天长峰股份有限公司	控股子公司北京长峰科威光电技术有限公司总经理尉钟	贪污罪、挪用公款罪
12	吉林森林工业股份有限公司	副总经理刘波	行贿罪
13	四川富临运业集团股份有限公司	全资子公司四川富临运业集团成都股份有限公司副总经理任建	重大责任事故罪
14	盐城市亭湖区顺泰农村小额贷款股份有限公司	法定代表人、董事长陈立昌，董事、董事会秘书陈锦	受贿罪、挪用公款罪
15	联创新世纪（北京）品牌管理股份有限公司	活动部总监付某	侵占罪
16	广东嘉达早教科技股份有限公司	实际控制人陈树佳	挪用资金罪
17	华精科技股份有限公司	股东、董事兼总经理童余杨	交通肇事罪
18	上海卓思智能科技股份有限公司	董事洪雄	危险驾驶罪
19	上海韶华文化传播股份有限公司	实际控制人林莉、刘忠全等	组织领导传销活动罪

续表

序号	涉及公司	涉案人员	涉嫌罪名
20	汉镒资产管理股份有限公司	实际控制人、董事长兼总经理郭钧	非法吸收公众存款罪
21	沈阳埃森诺信息技术股份有限公司	董事许宏生	职务侵占罪
22	浙江麦迪制冷科技股份有限公司	单位及相关负责人	走私国家禁止进出口的货物罪
23	山东日科化学股份有限公司	董事郝建波、监事张立伟	重大责任事故罪
24	湖南合源水务环境科技股份有限公司	董事曾红卫	受贿罪

（3）据不完全统计，2018年1月1日至2018年12月31日，部分上市公司涉及刑事案件统计情况详见下表：

序号	涉及公司	涉案人员	涉嫌罪名
1	华精科技股份有限公司	董事兼总经理童余杨	交通肇事罪
2	深圳市法兰智联股份有限公司	总经理沈维	危险驾驶罪
3	天津港峰门窗制品股份有限公司	控股股东、实际控制人李恩山	贪污罪
4	浙江金盾风机股份有限公司	投融资部负责人张汛	非法吸收公众存款罪
5	北京乐升科技股份有限公司	实际控制人、董事长许金龙	违反台湾地区有关证券交易规定，被台北地方法院判刑
6	遵义市红花岗城市建设投资经营有限公司	副总经理王富华	受贿罪

续表

序号	涉及公司	涉案人员	涉嫌罪名
7	深圳市迈凯诺电气股份有限公司	董事刘军龙	危险驾驶罪
8	辽宁圣维机电科技股份有限公司	公司实际控制人盛利、公司董事盛平	骗取贷款罪
9	鹏博士电信传媒集团股份有限公司	子公司北京电信通电信工程有限公司、鹏博士智能系统工程有限公司（原北京鹏博士安全信息技术有限公司），北京电信通副总经理、鹏博士智能总经理宋春生	单位行贿罪
10	甘肃皇台酒业股份有限公司	董事长卢鸿毅	职务侵占罪
11	亿丰洁净科技江苏股份有限公司	控股股东、实际控制人、董事长、总经理周树荣	挪用资金罪
12	上海沿锋汽车科技股份有限公司	副总经理樊江勤	诈骗罪
13	恒生电子股份有限公司	高级副总裁廖章勇、副总裁沈志伟	背信损害上市公司利益
14	北京瑞智华胜科技股份有限公司	法定代表人、董事周嘉林，监事黄健、梁修军	非法获取计算机信息系统数据罪
15	金亚科技股份有限公司	实际控制人周旭辉	欺诈发行股票
16	山东二十度智慧供热股份有限公司	董事长、实际控制人、法定代表人王杰礼	拒不支付劳动报酬罪
17	中水集团远洋股份有限公司	公司工作人员	挪用资金罪

续表

序号	涉及公司	涉案人员	涉嫌罪名
18	上海韶华文化传播股份有限公司	实际控制人林莉、刘忠全等	组织领导传销活动罪
19	神州能源集团股份有限公司	控股股东、实际控制人之一刘明燕	单位行贿罪
20	上海丰汇医学科技股份有限公司	董事翁孙华	非法集资犯罪
21	大恒新纪元科技股份有限公司	控股子公司北京中科大洋科技发展股份有限公司	单位行贿罪
22	北京理想传媒股份有限公司	股东金忠栲	非法吸收公众存款
23	上海君山表面技术工程股份有限公司	控股股东、实际控制人王建成	滥用职权罪、单位行贿罪
24	北京华业资本控股股份有限公司	董事孙涛	合同诈骗罪
25	上海利隆新媒体股份有限公司	董事、总经理陈宏	行贿罪
26	北京中恒安科技股份有限公司	实际控制人、董事、财务总监、董事会秘书朱宁	虚开增值税专用发票罪
27	深圳市利和兴股份有限公司	副总经理刘光胜	危险驾驶罪
28	北京华业资本控股股份有限公司	董事兼总经理燕飞	非国家工作人员受贿罪
29	西藏银河科技发展股份有限公司	前任董事长、总经理王承波，前任董事吴刚	合同诈骗罪
30	珠海市蓝海之略医疗股份有限公司	立案时未涉及个人	合同诈骗罪
31	辽宁瑞博精密部件股份有限公司	控制股东、实际控制人蒋丽鹏	危险驾驶罪

(4) 2019年1月1日至2019年7月11日，部分上市公司涉及刑事案件统计情况详见下表：

序号	涉及公司	涉案人员	涉嫌罪名
1	赣州鑫磊稀土新材料股份有限公司	控股股东、实际控制人、董事长兼总经理钟小伟	非法吸收公众存款罪
2	四川富临运业集团股份有限公司	原总经理韩毅、原常务副总经理李秀荣	合同诈骗罪
3	新疆天山畜牧生物工程股份有限公司	董事、副总经理陈德宏	合同诈骗罪
4	重庆广建装饰股份有限公司	实际控制人兼总经理李云	串通投标罪
5	中国南玻集团股份有限公司	部分前高级管理人员	背信损害上市公司利益罪
6	杭州立方控股股份有限公司	董事、副总经理胡一彬	危险驾驶罪
7	聊城继东华明机械股份有限公司	董事长、总经理法定代表人、实际控制人郑继东	单位行贿罪
8	江苏盈丰电力装备股份有限公司	监事杨继伟	盗窃罪
9	哈慈股份有限公司	董事长李东涛	职务侵占罪
10	苏州长天互娱网络科技股份有限公司	实际控制人、董事长兼总经理王景艳	非法吸收公众存款罪
11	南京宝泰特种材料股份有限公司	原任董事长邓贵顺，原任副总经理杨伟	污染环境罪
12	沈阳天安科技股份有限公司	董事、总经理曹伟	危险驾驶罪

续表

序号	涉及公司	涉案人员	涉嫌罪名
13	福建毅宏游艇股份有限公司	实际控制人叶清潭	单位行贿罪
14	广东安尔发智能科技股份有限公司	公司原董事长、原总经理、法定代表人邓新文，曾担任公司财务总监、实际控制人卢婷	虚开增值税专用发票罪
15	湖南贵之步科教股份有限公司	控股股东、实际控制人、董事长、总经理、法定代表人郑靖	合同诈骗罪
16	奥其斯科技股份有限公司	法定代表人、控股股东、实际控制人罗嗣国	虚开增值税专用发票罪
17	温州瓷爵士科技股份有限公司	实际控制人胡其丰、董事兼财务总监谢碧丽	非法吸收公众存款罪
18	浙江原态农业股份有限公司	实际控制人徐伟凑	非法吸收公众存款罪
19	杭州丽晶光电股份有限公司	实际控制人韦杰，董事徐黎云、谷德耀，监事李晔	非法集资罪
20	浙江太悦健康股份有限公司	实际控制人韦杰，董事徐黎云、蔡元皞，监事李晔	非法吸收公众存款罪
21	上海韶华文化传播股份有限公司	实际控制人林莉、控股股东陈华、曾伟明	组织领导传销活动罪
22	山东远大特材科技股份有限公司	丁某分	虚开增值税专用发票罪
23	江苏徕兹智能装备科技股份有限公司	实际控制人、董事朱新琴	非法吸收公众存款

续表

序号	涉及公司	涉案人员	涉嫌罪名
24	丹东欣泰电气股份有限公司	温德乙、刘明胜	欺诈发行股票罪、违规披露重要信息罪
25	北京慧网通达科技股份有限公司	控股股东、实际控制人齐凯	非法吸收公众存款罪
26	上海界龙实业集团股份有限公司	董事、副总经理高祖华	内幕交易、泄露内幕信息罪
27	山东亚飞达信息科技股份有限公司	控股股东、实际控制人、董事长、法定代表人任震,董事、总经理苏峰,董事、副总经理、财务负责人朱家祥,监事会主席白立弟	刑事拘留（未披露罪名）
28	河北兄弟伊兰食品科技股份有限公司	控股股东、实际控制人、董事长兼总经理赵林松	危险驾驶罪
29	上海欧泰科智能科技股份有限公司	董事长尹智勇	刑事拘留（侦查，未披露罪名）
30	露笑科技股份有限公司	全资子公司法定代表人、董事长胡德良	职务侵占犯罪
31	无锡联力电子科技股份有限公司	控股股东、实际控制人徐爱龙	伪造公司印章罪
32	山东新潮能源股份有限公司	前任管理人员	职务犯罪
33	北京兴业源物业管理股份有限公司	实际控制人陈永杰	单位行贿罪
34	江苏博信投资控股股份有限公司	实际控制人兼董事长罗静,董事兼财务总监姜绍阳	刑事拘留

续表

序号	涉及公司	涉案人员	涉嫌罪名
35	新城控股集团股份有限公司	实际控制人、董事长王振华先生	猥亵儿童罪

从以上公开披露的部分上市公司董事、监事、高级管理人员涉嫌刑事犯罪信息看，与证券类有关的犯罪比较少，绝大部分属于非证券类刑事犯罪。但可以看到一个明显的趋势：逐年提升，且在2019年出现大幅增长。

第二节
上市公司常见证券类犯罪

一、欺诈发行股票、债券罪

欺诈发行股票、债券罪,是指在招股说明书、认股书、公司、企业债券募集办法中隐瞒重要事实或者编造重大虚假内容,发行股票或者公司企业债券,数额巨大、后果严重或者有其他严重情节的行为。

1. 有关法律规定

《刑法》第一百六十条 在招股说明书、认股书、公司、企业债券募集办法中隐瞒重要事实或者编造重大虚假内容,发行股票或者公司、企业债券,数额巨大、后果严重或者有其他严重情节的,处五年以下有期徒刑或者拘役,并处或者单处非法募集资金金额百分之一以上百分之五以下罚金。

单位犯前款罪的,对单位判处罚金,并对其直接负责的主管人员和其他直接责任人员,处五年以下有期徒刑或者拘役。

《公司法》第二百零七条　制作虚假的招股说明书、认股书、公司债券募集办法发行股票或者公司债券的，责令停止发行，退还所募资金及其利息，处以非法募集资金金额1%以上5%以下的罚款。构成犯罪的，依法追究刑事责任。

《证券法》第一百七十五条　未经法定的机关核准或者审批，擅自发行证券的，或者制作虚假的发行文件发行证券的，责令停止发行，退还所募资金和加算银行同期存款利息，并处以非法所募资金金额百分之一以上百分之五以下的罚款。对直接负责的主管人员和其他直接责任人员给予警告，并处以三万元以上三十万元以下的罚款。构成犯罪的，依法追究刑事责任。

第二百零七条　违反本法规定，应当承担民事赔偿责任和缴纳罚款、罚金，其财产不足以同时支付时，先承担民事赔偿责任。

第二百零九条　依照本法对证券发行、交易违法行为没收的违法所得和罚款，全部上缴国库。

2. 犯罪构成要件

（1）客体要件。本罪侵犯的客体是复杂客体，即国家对证券市场的管理制度以及投资者（即股东、债权人和公众）的合法权益。

（2）客观要件。① 行为人必须实施在招股说明书、认股书、公司、企业债券募集办法中隐瞒重要事实或者编造重大虚假内容的行为。

② 行为人必须实施了发行股票或公司、企业债券的行为。如果行为人仅是制作了虚假的招股说明书、认股书、公司、企业债券募集办法，而未实施发行股票或者公司、企业债券的行为，不构成本罪。必须是既制作了虚假的上述文件，且已发行了股票和公司、企业债券的才构成本罪。

③ 行为人制作虚假的招股说明书、认股书、公司债券募集办法发行股票或者公司、企业债券的行为，必须达到一定的严重程度，即达到"数额巨大、

后果严重或者有其他严重情节的",才构成犯罪。

根据司法实践,具有下列情形之一的,应当追诉:

a. 发行数额在 500 万元以上的。

b. 伪造、变造国家公文、有效证明文件或相关凭证、单据的。

c. 利用募集的资金进行违法活动的。

d. 转移或者隐瞒所募集资金的。

e. 其他后果严重或有其他严重情节的情形。

(3)主体要件。本罪的主体主要是单位。自然人在一定条件下也能成为犯罪的主体。

(4)主观要件。本罪在主观上只能依故意构成,过失不构成本罪。即行为人明知自己所制作的招股说明书、认股书、债券募集办法等不是对本公司状况或本次股票、债券发行状况的真实、准确、完整反映,仍然积极为之者。因而本罪行为人的罪过实质是诈欺募股或诈欺发行债券。

3.【案例】 四川××集团股份有限公司欺诈发行股票罪

四川省绵阳市高新区人民法院曾一审审结一起特大欺诈发行股票案,被告单位四川××集团股份有限公司因欺诈发行股票罪被判处罚金24万元,被告人陈某因欺诈发行股票罪被判处有期徒刑十九年,被告人龚某因欺诈发行股票罪被判处有期徒刑两年,缓刑三年。

1998年年初,时任四川省江油市茶叶公司法定代表人的陈某为使公司顺利改制为股份公司募集更多资金,指使员工虚拟211名自然人出资1 828万元为发起人,和四川江油市茶叶公司等五家法人共同发起成立四川××茶业股份有限公司,并伪造了发起人协议书、发起人认购股份表以及211名自然人股东的签名等。

1998年4月，经四川省体改委批复同意该股份公司成立，批复文件同时明确规定，自公司成立之日起三年内，所有股份不得转让。

1998年5月，××公司成立后，被告人陈某即带领被告人龚某等人到以前江油茶叶公司集资户较多的干休所等处向集资户进行债转股和现金购买股票的宣传，吸引了大量集资户和社会公众来办理业务。此外，被告人龚某等人还在绵阳科学城等地设点发售××公司股票。通过一系列宣传、发售活动，××公司迅速将所谓的自然人股东持有的1 828万股股票全部发售完毕。

2000年，××公司正式更名为××集团，其股票须计零后变更名称重新托管。陈某等人趁机将江油茶叶公司持有的法人股票全部量化到若干个人名下，并安排员工联系对外发售了近1 000万股并办理了过户手续。同年6月，××集团将股票陆续转至成都托管中心进行托管。因该中心要求股票构成须与发起设立时一致，陈某等人遂将前阶段出售的近1 000万股股票暂时收回。后陈某利用一份虚构的江油市体改委文件于2001年10月和2002年2月分两次在成都托管中心将2 000万股法人持有股量化到若干个人名下。其中1 000余万股用于交还上述暂收回的股票外，其余均被用于偿还企业债务或出售。

2006年2月，经四川省绵阳市兴瑞司法鉴定所对××公司1998年及1999年对外发行股票的12本凭证进行查证，发现其以××公司名义发行股票共计2 200多万股，获取现金2 200多万元。

法院审理认为，被告单位××集团股份有限公司在股票发行的过程中，隐瞒重要事实，编造重大虚假内容，发行股票数额巨大，且不能及时清退，后果严重，社会影响恶劣，其行为已构成欺诈发行股票罪；被告人陈某、龚某作为该公司直接负责的主管人员和其他直接责任人员，其行为亦构成欺诈发行股票罪，遂依法做出前述判决。

（资料来源：中国证监会网）

二、违规披露、不披露重要信息罪

违规披露、不披露重要信息罪，指依法负有信息披露义务的公司和企业，向股东和社会公众提供虚假的或者隐瞒重要事实的财务会计报告，或者对依法应当披露的其他重要信息不按照规定披露，严重损害股东或者其他人利益的行为。

1. 有关法律规定

《刑法》第一百六十一条 【违规披露、不披露重要信息罪】依法负有信息披露义务的公司、企业向股东和社会公众提供虚假的或者隐瞒重要事实的财务会计报告，或者对依法应当披露的其他重要信息不按照规定披露，严重损害股东或者其他人利益，或者有其他严重情节的，对其直接负责的主管人员和其他直接责任人员，处三年以下有期徒刑或者拘役，并处或者单处两万元以上二十万元以下的罚金。

《公司法》第二百零三条 公司在依法向有关主管部门提供的财务会计报告等材料上作虚假记载或者隐瞒重要事实的，由有关主管部门对直接负责的主管人员和其他直接责任人员处以三万元以上三十万元以下的罚款。

最高人民检察院、公安部《关于经济犯罪案件追诉标准的补充规定二》第六条 【违规披露、不披露重要信息罪（刑法第一百六十一条）】或者对依法应当披露的其他重要信息不按照规定披露，涉嫌下列情形之一的，应予立案追诉：

（一）造成股东、债权人或者其他人直接经济损失数额累计在五十万元以上的；

（二）虚增或者虚减资产达到当期披露的资产总额百分之三十以上的；

（三）虚增或者虚减利润达到当期披露的利润总额百分之三十以上的；

（四）未按照规定披露的重大诉讼、仲裁、担保、关联交易或者其他重大事项所涉及的数额或者连续十二个月的累计数额占净资产百分之五十以上的；

（五）致使公司发行的股票、公司债券或者国务院依法认定的其他证券被终止上市交易或者多次被暂停上市交易的；

（六）致使不符合发行条件的公司、企业骗取发行核准并且上市交易的；

（七）在公司财务会计报告中将亏损披露为盈利，或者将盈利披露为亏损的；

（八）多次提供虚假的或者隐瞒重要事实的财务会计报告，或者多次对依法应当披露的其他重要信息不按照规定披露的；

（九）其他严重损害股东、债权人或者其他人利益，或者有其他严重情节的情形。

2. 本罪犯罪构成要件

违规披露、不披露重要信息罪具有以下构成特征：

（1）本罪侵犯的客体是国家对公司、企业的信息公开披露制度和股东、社会公众和其他利害关系人的合法权益。

（2）本罪在客观方面表现为公司向股东和社会公众提供虚假的或者隐瞒重要事实的财务会计报告等，严重损害股东或者其他人利益的行为。

（3）本罪在主观方面只能由故意构成，过失不构成本罪。

（4）本罪的主体是特殊主体，即依法负有信息披露义务的公司、企业。

3.【案例】 深圳××公司违规披露、不披露重要信息案

由海南省检察院第一分院提起公诉的被告单位深圳蛇口汉盛电子有限公

司（以下简称"汉盛公司"）、被告人黄先锋合同诈骗、违规披露、不披露重要信息一案，2009年9月2日，经海南省高级法院终审裁定，认定被告单位及被告人构成犯罪，遂驳回上诉，维持原判。

深圳××公司是一家发行B股后在深圳证券交易所上市交易的上市公司。被告单位汉盛公司是深圳××公司最大股东、控股公司，被告人黄先锋是被告单位汉盛公司总经理，并先后兼任深圳××的总经理、董事长，依法和被授权负责这两家公司的全面工作。深圳××公司1998年开始连年出现亏损，为保住上市公司的空壳，深圳××公司自1998年开始采取虚增利润、减少成本等手段做假账，并从1998年开始做账外担保和账外贷款，欺骗证券管理部门和广大股民。在经营活动中，汉盛公司利用其控股公司的有利条件，侵吞、占用深圳××公司大量资产，并以深圳××公司名义为他人提供4亿多元的担保。后黄先锋隐瞒了深圳××已亏损累累的情况，诈骗在海南儋州经营林木产品的台资企业如来木业公司收购汉盛公司所持有的深圳××公司的法人股14 668.557股。截至2004年3月18日，如来木业公司先后支付给汉盛公司3 000多万元，而经鉴定深圳××公司的净资产为每股负1.49元，股权价值为零。

儋州市法院完全采信检察机关指控的事实和罪名，以合同诈骗罪、违规披露、违规披露重要信息，数罪并罚，并罚判处黄先锋有期徒刑十三年，罚金七万元；以合同诈骗罪判处被告单位蛇口汉盛公司罚金一百万元。

一审宣判后，被告人及被告单位均不服，遂提出上诉。海南省高级人民法院经开庭审理后认为，上诉人汉盛公司、黄先锋在转让汉盛公司所持深圳××公司股权过程中，以非法占有为目的，隐瞒深圳××公司巨额亏损和账外负债的事实，以诱骗他人收购价值为零的股权的手段骗取他人财物，数额特别巨大，其行为均已构成合同诈骗罪。深圳××公司向股东和社会公众提供虚假的以及隐瞒重要事实的财务会计报告,严重损害股东和其他人利益,上诉人黄先锋系该公司直接负责的主管人员和直接责任者,其行为又构成违规披露、不披露重要信息罪,对其应予数罪并罚。遂裁定驳回上诉,维持原判。

(资料来源:中国法院网)

三、擅自发行股票或者公司、企业债券罪

擅自发行股票或者公司、企业债券罪,是指未经国家有关主管部门批准,擅自发行股票或者公司、企业债券,数额巨大、后果严重或者有其他严重情节的行为。

1. 有关法律规定

《公司法》第七十七条　股份有限公司的设立,必须经过国务院授权的部门或者省级人民政府批准。

第八十五条　经国务院证券管理部门批准,股份有限公司可以向境外公开募集股份,具体办法由国务院做出特别规定。

第一百三十九条　股东大会做出发行新股的决议后,董事会必须向国务院授权的部门或者省级人民政府申请批准。属于向社会公开募集的,须经国务院证券管理部门批准。

第一百六十四条　公司债券的发行规模由国务院确定。国务院证券管理部门审批公司债券的发行,不得超过国务院确定的规模。国务院证券管理部门对符合本法规定的发行公司债券的申请,予以批准;对不符合本法规定的申请,不予批准。

第二百一十条 未经本法规定的有关主管部门的批准，擅自发行股票或者公司债券的，责令停止发行，退还所募资金及其利息，处以非法所募资金金额百分之一以上百分之五以下的罚款。构成犯罪的，依法追究刑事责任。

《证券法》第一百八十八条 未经法定的机关核准或者审批，擅自发行证券的，或者制作虚假的发行文件发行证券的，责令停止发行，退还所募资金和加算银行同期存款利息，并处以非法所募资金金额百分之一以上百分之五以下的罚款。对直接负责的主管人员和其他直接责任人员给予警告，并处以三万元以上三十万元以下的罚款。构成犯罪的，依法追究刑事责任。

第二百零七条 违反本法规定，应当承担民事赔偿责任和缴纳罚款、罚金，其财产不足以同时支付时，先承担民事赔偿责任。

第二百零九条 依照本法对证券发行、交易违法行为没收的违法所得和罚款，全部上缴国库。

《刑法》第一百七十九条 犯本罪，数额巨大、后果严重或者有其他严重情节的，处五年以下有期徒刑或者拘役，并处或者单处非法集资金额百分之一以上百分之五以下罚金。单位犯本罪的，实行双罚制，即对单位判处罚金，并对其直接负责的主管人员和其他直接责任人员，处五年以下有期徒刑或者拘役。

2. 犯罪构成及立案标准

（1）主体。本罪的主体要件为一般主体，凡达到刑事责任年龄并具备刑事责任能力的自然人均能构成本罪，单位亦能成为本罪主体。单位犯本罪时，实行两罚制，即既对单位判处罚金，又对其直接负责的主管人员和其他直接责任人员判处相应的刑罚。

（2）主观方面。本罪在主观方面表现为故意，过失不构成本罪。

（3）客体。本罪的客体为复杂客体，即国家对证券市场的管理制度以及投资者和债权人的合法权益。

所谓股票，是股份有限公司签发的证明股东所持股份的凭证。股份有限公司的资本划分为若干股份，股份采取股票的形式，每一股的金额相等，同股同权，同股同利。因此股票的发行即是股份的发行。

所谓公司债券，是指公司依照法定程序发行的，约定在一定期限内还本付息的有价证券。根据公司法的规定，股份有限公司、国有独资公司和两个以上的国有企业或者其他两个以上的国有投资主体投资设立的有限责任公司，为筹集生产经营资金，可以发行公司债券。

所谓企业债券，是指企业依照法定程序发行、约定在一定期限内还本付息的有价证券。企业通过发行股票、公司、企业债券，向社会公众融资，吸纳社会剩余、闲散资金，筹集到较大数量的生产经营资金。根据相关规定，企业发行股票、公司、企业债券必须依规定进行审批，未经批准的，不得擅自发行和变相发行企业债券。本条就是对这种擅自发行股票或者公司、企业债券行为构成犯罪的条件及其刑罚的具体规定。

（4）客观方面。本罪在客观方面，行为人必须实施了未经国家有关主管部门的批准，擅自发行股票或者公司、企业债券，数额巨大、造成严重后果或者有其他严重情节的行为。主要表现在：

a.行为人须有发行股票、公司、企业债券的行为。如果尚未发行或正在准备发行的，不构成本罪；

b.行为人发行股票、公司、企业债券的行为是擅自进行，未经国家有关主管部门批准的；

c.擅自发行的股票、公司、企业债券的行为必须达到情节严重的程度，才能构成犯罪。

（5）追诉标准（数额巨大、后果严重或者有其他严重情节）：

a. 发行数额在五十万元以上的；

b. 虽未达到上述数额标准，但擅自发行致使三十人以上的投资者购买了股票或者公司、企业债券的；

c. 不能及时清偿或者清退的；

d. 其他后果严重或者有其他严重情节的情形。

3.【案例】 某公司擅自发行股票或者公司、企业债券案

被告单位某公司成立于1997年4月，被告人郑某担任该公司的董事长、法定代表人。该公司经工商管理部门核准的经营范围为：生物制品加工，化工原料、建筑材料、金属材料销售，本企业自产生物制品和技术出口，本企业进料加工及"三来一补"业务。

2001年12月，被告单位为筹集研发资金，由被告人郑某提议经股东会集体同意后，委托中介公司及个人向社会不特定公众转让自然人股东的股权。此后直到2007年8月期间，由郑某负责联系并先后委托两家投资公司及其他个人，以随机拨打电话的方式，对外谎称该公司的股票短期内将在美国纳斯达克上市并能获取高额回报，向不特定社会公众推销郑某及其他自然人股东的股权。郑某和中介人员具体商定每股转让价格为人民币2～4元不等。某公司与受让人分别签订《股权转让协议书》和《回购承诺书》（承诺如果三年内公司不能上市就回购股权），并发放自然人股东缴款凭证卡和收款收据。经审计，被告单位向社会公众260余人发行股票计322万股，筹集资金人民币1 109万余元，其中有157人在股权托管中心托管，被列入公司股东名册，并在工商行政管理部门备案。上述募集资金全部用于该公司的经营活动和支

付中介代理费。被告单位某公司成立后主要从事艾滋病药物的研发，一直处于研发阶段，没有任何生产和销售行为。案发后不能回购股票，不能退还钱款，仅有土地及房产被查封。

法院经审理认为，被告单位违反国家政策及相关法律规定，未经证券监管部门的批准，委托他人以公开方式向不特定社会公众发行股票，情节严重，被告人郑某系直接负责的主管人员，其行为均已构成擅自发行股票罪，依法判处被告单位犯擅自发行股票罪，判处罚金人民币三十万元；被告人郑某犯擅自发行股票罪，判处有期徒刑二年。

（资料来源：经济犯罪辩护网）

四、内幕交易、泄露内幕信息罪

内幕交易、泄露内幕信息罪，是指证券、期货交易内幕信息的知情人员或者非法获取证券、期货交易内幕信息的人员，在涉及证券的发行，证券、期货交易或者其他对证券、期货交易的价格有重大影响的信息尚未公开前，买入或者卖出该证券，或者从事与该内幕信息有关的期货交易，或者泄露该信息，情节严重的行为。

1. 有关法律规定

《刑法》第一百八十条　证券、期货交易内幕信息的知情人员或者非法获取证券、期货交易内幕信息的人员，在涉及证券的发行，证券、期货交易或者其他对证券、期货交易价格有重大影响的信息尚未公开前，买入或者卖出该证券，或者从事与该内幕信息有关的期货交易，或者泄露该信息，或者明示、暗示他人从事上述交易活动,情节严重的,处五年以下有期徒刑或者拘役,并处或者单处违法所得一倍以上五倍以下罚金;情节特别严重的,处五年以上十年以下有期徒刑,并处违法所得一倍以上五倍以下罚金。

单位犯前款罪的,对单位判处罚金,并对其直接负责的主管人员和其他直接责任人员,处五年以下有期徒刑或者拘役。

内幕信息、知情人员的范围,依照法律、行政法规的规定确定。

2. 犯罪构成

(1)主体。本罪的主体为特定主体,是知悉内幕信息的人,即内幕人员。所谓内幕人员,是指证券、期货交易内幕信息的知情人员或者非法获取证券、期货交易内幕信息的人员。依本条第三款及《证券法》第六十八条的规定,内幕人员是指由于持有发行人的证券,或者在发行人或者与发行人有密切联系的公司中担任董事、监事、高级管理人员,或者由于其会员地位、管理地位、监督地位和职业地位,或者作为雇员、专业顾问履行职务,能够接触或者获得内幕信息的人员,包括:

① 发行股票或者公司债券的公司董事、监事、经理、副经理及有关的高级管理人员;

② 持有公司百分之五以上股份的股东;

③ 发行股票公司的控股公司的高级管理人员;

④ 由于所任公司职务可以获取公司有关证券交易信息的人员;

⑤ 证券监督管理机构工作人员以及由于法定的职责对证券交易进行管理的其他人员;

⑥ 由于法定职责而参与证券交易的社会中介机构或者证券登记结算机构、

证券交易服务机构的有关人员；

⑦ 国务院证券监督管理机构规定的其他人员。单位也可构成本罪。

（2）主观方面。本罪在主观方面只能依故意构成，包括直接故意和间接故意。过失不构成本罪。行为人故意的内容，即行为人明知自己或他人内幕交易行为会侵犯其他投资者的合法权益，扰乱证券、期货市场管理秩序，却希望或放任这种结果发生的心理态度。过失行为者主观上没有恶意，不以非法牟利或非法避免损失为目的，其客观上利用内幕信息进行证券、期货交易的行为只能是因疏忽大意没有尽到应尽的注意义务，而错误地认为该信息已经公开，不构成本罪。但是对此类过失行为也应施以行政处罚。

（3）客体。本罪侵害的客体是证券、期货市场的正常管理秩序和证券、期货投资人的合法利益。

（4）客观方面。本罪在客观上表现为行为人违反有关法规，在涉及证券发行，证券、期货交易或者其他对证券、期货交易价格有重大影响的信息正式公开前，利用自己所知的内幕信息进行证券、期货买卖，或者建议其他人利用该内幕信息进行证券、期货买卖，或者泄露内幕信息，情节严重的行为。

本罪是利用内幕信息实施的。根据《证券法》第六十九条规定，所谓内幕信息，是指证券交易活动中，涉及公司的经营、财务或者对公司证券的市场价格有重大影响的尚未公开的信息。主要包括以下内容：

① 公司的经营方针和经营范围的重大变化；

② 公司的重大投资行为和重大的购置财产的决定；

③ 公司订立重要合同，而该合同可能对公司的资产、负债、权益和经营成果产生重要影响；

④ 公司发生重大债务和未能清偿到期重大债务的违约情况；

⑤ 公司发生重大亏损或者遭受超过净资产百分之十以上的重大损失；

⑥ 公司生产经营的外部条件发生的重大变化；

⑦ 公司的董事长，三分之一以上的董事，或者经理发生变动；

⑧ 持有公司百分之五以上股份的股东，其持有股份情况发生较大变化；

⑨ 公司减资、合并、分立、解散及申请破产的决定；

⑩ 涉及公司的重大诉讼，法院依法撤销股东大会、董事会决议；

⑪ 法律、行政法规规定的其他事项；

⑫ 公司分配股利或者增资的计划；

⑬ 公司股权结构的重大变化；

⑭ 公司债务担保的重大变更；

⑮ 公司营业用主要资产的抵押、出售或者报废一次超过该资产的百分之三十；

⑯ 公司的董事、监事、经理、副经理或者其他高级管理人员的行为可能依法承担重大损害赔偿责任；

⑰ 上市公司收购的有关方案；

⑱ 国务院证券监督管理机构认定的对证券交易价格有显著影响的其他重要信息。

内幕消息不包括运用公开的信息和资料，对证券市场做出的预测和分析。

五、利用未公开信息交易罪

利用未公开信息交易罪，是指证券交易所、期货交易所、证券公司、期货经纪公司、基金管理公司、商业银行、保险公司等金融机构的从业人员以及有关监管部门或者行业协会的工作人员，利用因职务便利获取的内幕信息以外的其他未公开的信息，违反规定，从事与该信息相关的证券、期货交易活动,或者明示、暗示他人从事相关交易活动,情节严重的行为。

1. 有关法律规定

《刑法》第一百八十条 证券、期货交易内幕信息的知情人员或者非法获取证券、期货交易内幕信息的人员,在涉及证券的发行,证券、期货交易或者其他对证券、期货交易价格有重大影响的信息尚未公开前,买入或者卖出该证券,或者从事与该内幕信息有关的期货交易,或者泄露该信息,或者明示、暗示他人从事上述交易活动,情节严重的,处五年以下有期徒刑或者拘役,并处或者单处违法所得一倍以上五倍以下罚金;情节特别严重的,处五年以上十年以下有期徒刑,并处违法所得一倍以上五倍以下罚金。

单位犯前款罪的,对单位判处罚金,并对其直接负责的主管人员和其他直接责任人员,处五年以下有期徒刑或者拘役。

内幕信息、知情人员的范围,依照法律、行政法规的规定确定。

证券交易所、期货交易所、证券公司、期货经纪公司、基金管理公司、商业银行、保险公司等金融机构的从业人员以及有关监管部门或者行业协会的工作人员,利用因职务便利获取的内幕信息以外的其他未公开的信息,违反规定,从事与该信息相关的证券、期货交易活动,或者明示、暗示他人从事相关交易活动,情节严重的,依照第一款的规定处罚。

2. 犯罪构成及立案标准

(1)主体。利用未公开信息交易罪的主体为证券交易所、期货交易所、证券公司、期货经纪公司、基金管理公司、商业银行、保险公司等金融机构的从业人员以及有关监管部门或者行业协会的工作人员。首先,利用非公开信息交易罪的主体为自然人，而非单位；其次，该等自然人可细分为三类人群，即金融机构工作人员、金融监管部门的工作人员和行业协会的工作人员。

（2）主观方面。要求行为人有利用内幕信息以外的未公开信息进行交易的故意。如果行为人没有此故意，则不构成犯罪。如何判断是否有故意，则要从以下几个方面进行：

① 行为人是否知悉特定的未公开的信息，即内幕信息以外的其他未公开的信息，如果不知悉，则当事人无法利用；

② 当事人是否从事了有关的行为，即只有从事了相关的行为，才有可能推断其具有故意；

③ 当事人从事有关行为前和行为时的心理状态。

（3）客体。利用未公开信息交易罪侵犯的客体是金融秩序，更准确地说是证券期货市场的交易秩序。

（4）客观方面。客观方面是行为人利用因职务便利获取的内幕信息以外的其他未公开的信息，违反规定，从事与该信息相关的证券、期货交易活动，或者明示、暗示他人从事相关交易活动，情节严重。具体构成如下：

① 利用信息，利用的信息具有以下特点：a.取得方式是利用职务便利获取；b.信息不属于内幕信息；c.信息具有非公开性。

② 违反规定利用上述信息，只有相关规定禁止利用该等信息时，才可能构成犯罪，如无相关规定禁止，则不构成犯罪，这就要求相关规定须与刑法进行衔接，才能起到惩罚的目的。

③ 从事相关的证券、期货交易活动，或者暗示他人从事相关的交易活动。

④ 情节严重。

（5）追诉标准：

以下情节严重的行为：

a. 证券交易成交额累计在五十万元以上的；

b. 期货交易占用保证金数额累计在三十万元以上的；

c. 获利或者避免损失数额累计在十五万元以上的；

d. 多次利用内幕信息以外的其他未公开信息进行交易活动的；

e. 其他情节严重的情形。

情节特别严重的情形，目前没有明确的规定，司法实践中可根据追诉标准酌情认定。

3. 【案例】 马乐利用未公开信息交易罪

2011年3月9日至2013年5月30日，被告人马乐担任博时基金管理有限公司旗下的博时精选股票证券投资经理，全权负责投资基金投资股票市场，掌握了博时精选股票证券投资基金交易的标的股票、交易时间和交易数量等未公开信息。马乐在任职期间利用其掌控的上述未公开信息，从事与该信息相关的证券交易活动，操作自己控制的三个股票账户，通过临时购买的不记名神州行电话卡下单，先于（1～5个交易日）、同期或稍晚于（1～2个交易日）其管理的"博时精选"基金账户买卖相同股票76只，累计成交金额10.5亿余元，非法获利18 833 374.74元。2013年7月17日，马乐主动到深圳市公安局投案，且到案之后能如实供述其所犯罪行，属自首；马乐认罪态度良好，违法所得能从扣押、冻结的财产中全额返还，判处的罚金亦能全额缴纳。

深圳市中级人民法院认为，被告人马乐的行为已构成利用未公开信息交易罪。但刑法中并未对利用未公开信息交易罪规定"情节特别严重"的情形，因此只能认定马乐的行为属于"情节严重"。马乐自首，依法可以从轻处罚；

认罪态度良好，确有悔罪表现；另经调查评估，马乐符合适用缓刑的条件。遂以利用未公开信息交易罪判处马乐有期徒刑三年，缓刑五年，并处罚金人民币1884万元；违法所得依法予以追缴，上缴国库。

宣判后，深圳市人民检察院提出抗诉；广东省高级人民法院裁定驳回抗诉，维持原判。二审裁定生效后，广东省人民检察院提请最高人民检察院按照审判监督程序向最高人民法院提出抗诉。最高人民检察院抗诉提出，刑法第一百八十条第四款属于援引法定刑的情形，应当引用第一款处罚的全部规定；马乐的行为应当被认定为犯罪情节特别严重，对其适用缓刑明显不当。

本案终审裁定以刑法第一百八十条第四款未对利用未公开信息交易罪规定有"情节特别严重"为由，降格评价马乐的犯罪行为，属于适用法律确有错误，导致量刑不当，应当依法纠正。

最高人民法院认为，原审被告人马乐的行为已构成利用未公开信息交易罪，属于情节特别严重。鉴于马乐具有法定从轻、减刑处罚情节及认罪悔罪态度好，赃款未挥霍，原判罚金刑得已全部履行等酌定从轻处罚情节，对马乐可予减轻处罚。判决如下：（1）维持广东省高级人民法院和深圳市中级人民法院对原审被告人马乐的定罪部分；（2）撤销原判对原审被告人的量刑及追缴违法所得部分；（3）原审被告人马乐犯利用未公开信息交易罪，判处有期徒刑三年，并处罚金人民币1913万元；（4）违法所得依法予以追缴，上缴国库。

（资料来源：中国法院网）

六、编造并传播证券、期货交易虚假信息罪

编造并传播证券、期货交易虚假信息罪，是指编造并且传播影响证券、

期货的虚假信息，扰乱证券、期货交易市场，造成严重后果的行为。虚假信息，是完全不存在的，或者是完全不曾发生的情况。

1. 有关法律规定

《刑法》第一百八十一条第一款　编造并且传播影响证券、期货交易的虚假信息，扰乱证券、期货交易市场，造成严重后果的，处五年以下有期徒刑或者拘役，并处或者单处一万元以上十万元以下罚金。

单位犯前两款罪的，对单位判处罚金，并对其直接负责的主管人员和其他直接责任人员，处五年以下有期徒刑或者拘役。

2. 犯罪构成及立案标准

（1）主体。本罪的犯罪主体是一般主体，即具备刑事责任能力、达到刑事责任年龄的自然人和单位。

（2）主观方面。本罪在主观方面表现为故意，即明知自己在编造并传播影响证券、期货交易市场的虚假信息而为之，并希望这种结果产生。

（3）客体。本罪侵犯的客体是国家对证券市场、期货交易市场的正常管理秩序及投资人的合法权益、社会公共利益。

（4）客观方面。本罪在客观方面的表现为行为人实施了编造并传播了虚假信息，扰乱了证券交易市场、期货交易市场的正常秩序的行为。

（5）立案标准。行为造成如下严重后果的：

a. 获利或者避免损失数额累计在五万元以上的；

b. 造成投资者直接经济损失数额在五万元以上的；

c. 致使交易价格和交易量异常波动的；

d. 虽未达到上述数额标准，但多次编造并且传播影响证券、期货交易的虚假信息的；

e. 其他造成严重后果的情形。

3.【案例】 "中科创业"操纵证券交易价格案

北京市第二中级人民法院对深圳市中科创业投资股份有限公司（简称"中科创业"）操纵证券交易价格案一审公开宣判，以操纵证券交易价格罪判处上海华亚实业发展公司罚金人民币2 300万元；以操纵证券交易价格罪分别判处丁福根、董沛霖、何宁一、李芸、边军勇、庞博6名被告人四年至两年零两个月不等有期徒刑，并对丁福根、边军勇、庞博分别判处罚金50万元至10万元。

法院经审理查明，1998年11月至2001年1月，吕新建与朱焕良（均另行处理）合谋操纵深圳康达尔（集团）股份有限公司的流通股（股票名称为康达尔，股票代码为000048，以下简称为"000048股票"），双方签定了合作协议，并按约定比例共同持有000048股票。在吕新建指使下，被告人丁福根、董沛霖、何宁一、李芸、边军勇等人，在北京、上海、浙江等20余个省、自治区、直辖市，以单位或个人名义先后在120余家证券营业部开设股东账户1 500余个，并通过相关证券营业部等机构，以委托理财等方式向出资单位或个人融资人民币50余亿元。吕新建利用其在海南成立的海南燕园投资管理有限公司等几家公司大量收购深圳康达尔股份有限公司法人股，并控制了该公司董事会。后吕新建将深圳康达尔股份有限公司更名为深圳市中科创业投资股份有限公司，股票名称为"中科创业"，并通过发布开发高科技产品及企业重组等"利好"消息方式影响000048股票的交易价格。在操纵000048股票的过程中，丁福根、庞博根据吕新建的指令，在与朱焕良商定了0048股票交易的时间、价位、数量后，亲自或指令他人交易000048股票。丁福根、庞博、何宁一、李芸、边军勇等人利用开设的多个证券交易账户和股东账户，集中资金优势、持股优势，联合、连续对000048股票进行不转移所有权的自买自卖等操纵活动。吕新建一方最高持有或控制000048股票达5600余万股，占000048股票流通股总量的55.36%，严重影响000048股票交易价格和交易量。董沛霖在担任上海华亚实业发展公司法定代表人期间，明知吕新建意图操纵000048股票，仍与其所在公司总经理李芸及杭州华亚实业公司法定代表人何宁一商定，通过帮助吕新建融资为各自所在公司获取利益，共为吕新建融资人民币7.7亿余元。边军勇在明知吕新建意图操纵000048股票的情况下，按照吕新建的指令融资人民币1.5亿余元，并按照丁福根、庞博的指令购买或转托管000048股票。

北京市第二中级人民法院认为，被告人丁福根、庞博、边军勇为获取不正当利益，被告单位上海华亚实业发展公司原法定代表人董沛霖、原总经理李芸为使该单位获取不正当利益，被告人何宁一为使所在单位获取不正当利益，明知吕新建等人意图操纵000048股票价格，仍采取多种方式帮助吕新建融资，并按照吕新建的指令指使他人或直接参与操纵000048股票价格，严重影响了000048股票的交易价格和交易量，侵害了国家对证券交易的管理制度和投资者的合法权益，情节严重，其行为均已构成操纵证券交易价格罪，依法应予惩处。被告人董沛霖、何宁一、李芸系所在单位直接负责的主管人员，依法应承担相应的刑事责任，据此做出上述判决。

（资料来源：新华网）

七、操纵证券、期货市场罪

操纵证券、期货市场罪，是指以获取不正当利益或者转嫁风险为目的，集中资金优势、持股或者持仓优势或者利用信息优势联合或者连续买卖，与他人串通相互进行证券、期货交易，自买自卖期货合约，操纵证券、期货市场交易量、交易价格，制造证券、期货市场假象，诱导或者致使投资者在不了解事实真相的情况下做出准确投资决定，扰乱证券、期货市场秩序的行为。

1. 有关法律规定

《刑法》第一百八十二条 有下列情形之一，操纵证券、期货市场，情节严重的，处五年以下有期徒刑或者拘役，并处或者单处罚金；情节特别严重的，处五年以上十年以下有期徒刑，并处罚金：

（一）单独或者合谋，集中资金优势、持股或者持仓优势或者利用信息优势联合或者连续买卖，操纵证券、期货交易价格或者证券、期货交易量的；

（二）与他人串通，以事先约定的时间、价格和方式相互进行证券、期货交易，影响证券、期货交易价格或者证券、期货交易量的；

（三）在自己实际控制的账户之间进行证券交易，或者以自己为交易对象，自买自卖期货合约，影响证券、期货交易价格或者证券、期货交易量的；

（四）以其他方法操纵证券、期货市场的。

单位犯前款罪的，对单位判处罚金，并对其直接负责的主管人员和其他直接责任人员，依照前款的规定处罚。

2. 犯罪构成及立案标准

（1）主体。本罪主体为一般主体，凡达到刑事责任年龄并且具有刑事责任能力的自然人均可成为本罪主体；单位亦能成为本罪主体。

（2）主观方面。本罪主观方面由故意构成，且以获取不正当利益或者转嫁风险为目的。

（3）客体。本罪侵害了国家证券、期货管理制度和投资者的合法权益。

（4）客观方面。

a. 单独或者合谋，集中资金优势、持股或者持仓优势或者利用信息优势联合或者连续买卖，操纵证券、期货交易价格或者证券、期货交易量的；

b. 与他人串通，以事先约定的时间、价格和方式相互进行证券、期货交易，影响证券、期货交易价格或者证券、期货交易量的；

c. 在自己实际控制的账户之间进行证券交易，或者以自己为交易对象，自买自卖期货合约，影响证券、期货交易价格或者证券、期货交易量的；

d. 以其他方法操纵证券、期货市场的。

（5）追诉标准（情节严重）。

a. 单独或者合谋，持有或者实际控制证券的流通股份数达到该证券的实际流通股份总量百分之三十以上，且在该证券连续二十个交易日内联合或者连续买卖股份数累计达到该证券同期总成交量百分之三十以上的；

b. 单独或者合谋，持有或者实际控制期货合约的数量超过期货交易所业务规则限定的持仓量百分之五十以上，且在该期货合约连续二十个交易日内联合或者连续买卖期货合约数累计达到该期货合约同期总成交量百分之三十以上的；

c. 与他人串通，以事先约定的时间、价格和方式相互进行证券或者期货合约交易，且在该证券或者期货合约连续二十个交易日内成交量累计达到该证券或者期货合约同期总成交量百分之二十以上的；

d. 在自己实际控制的账户之间进行证券交易，或者以自己为交易对象，自买自卖期货合约，且在该证券或者期货合约连续二十个交易日内成交量累计达到该证券或者期货合约同期总成交量百分之二十以上的；

e. 单独或者合谋，当日连续申报买入或者卖出同一证券、期货合约并在成交前撤回申报，撤回申报量占当日该种证券总申报量或者该种期货合约总申报量百分之五十以上的；

f. 上市公司及其董事、监事、高级管理人员、实际控制人、控股股东或者其他关联人单独或者合谋，利用信息优势，操纵该公司证券交易价格或者证券交易量的；

g. 证券公司、证券投资咨询机构、专业中介机构或者从业人员，违背有关从业禁止的规定，买卖或者持有相关证券，通过对证券或者其发行人、上市公司公开做出评价、预测或者投资建议，在该证券的交易中牟取利益，情节严重的；

h. 其他情节严重的情形。

情节特别严重，目前没有明确的规定，司法实践中可参照追诉标准酌情认定。

3.【案例】 因涉嫌操纵证券市场罪 顺威股份股东被判刑四年 罚款 1 亿元

2017 年 11 月 1 日，上海市人民检察院第一分院受理上海市公安局移送审查起诉的黄国海、文细棠、蒋九明、何曙华、MAI REN ZHAO 操纵证券、期货市场一案，上海市公安局对顺威股份持股 5% 以上股东文细棠执行了逮捕并羁押。

2018 年 12 月，顺威股份收到第一大股东蒋九明的联系人发来的《逮捕通知书》，蒋九明由于涉嫌操纵证券市场罪被上海市公安局逮捕并羁押。同时经了解，文细棠、蒋九明等涉嫌操纵证券市场一案已由上海市第一中级人民法院判决，文细棠被判处有期徒刑六年，并处罚金人民币二亿元；蒋九明被判处有期徒刑四年，并处罚金人民币一亿元。

（资料来源：《新京报》）

八、背信损害上市公司利益罪

背信损害上市公司利益罪，是指上市公司的董事、监事、高级管理人员违背对公司的忠实义务，利用职务便利，操纵上市公司损害上市公司利益，致使上市公司利益遭受重大损失的行为。

1. 有关法律规定

《刑法》第一百六十九条第二款　上市公司的董事、监事、高级管理人员违背对公司的忠实义务，利用职务便利，操纵上市公司从事下列行为之一，致使上市公司利益遭受重大损失的，处三年以下有期徒刑或者拘役，并处或者单处罚金；致使上市公司利益遭受特别重大损失的，处三年以上七年以下有期徒刑，并处罚金：

（一）无偿向其他单位或者个人提供资金、商品、服务或者其他资产的；

（二）以明显不公平的条件，提供或者接受资金、商品、服务或者其他资产的；

（三）向明显不具有清偿能力的单位或者个人提供资金、商品、服务或者其他资产的；

（四）为明显不具有清偿能力的单位或者个人提供担保，或者无正当理由为其他单位或者个人提供担保的；

（五）无正当理由放弃债权、承担债务的；

（六）采用其他方式损害上市公司利益的。

上市公司的控股股东或者实际控制人，指使上市公司董事、监事、高级管理人员实施前款行为的，依照前款的规定处罚。

犯前款罪的上市公司的控股股东或者实际控制人是单位的，对单位判处罚金，并对其直接负责的主管人员和其他直接责任人员，依照第一款的规定处罚。

2. 犯罪构成及立案标准

（1）主体。本罪主体是特殊主体，是指上市公司的董事、监事、高级管理人员。上市公司的控股股东或者实际控制人，指使上市公司董事、监事、高级管理人员实施恶意损害上市公司利益的行为，也以本罪论。

（2）主观方面。本罪在主观方面表现为故意。即行为人明知自己实施的是背信行为，明知自己的行为会对上市公司造成财产上损害的结果，并且希望或者放任这种结果的发生。

（3）客体。本罪侵犯的客体是上市公司及其股东的合法权益和证券市场的管理秩序。

（4）客观方面。主要表现为上市公司的董事、监事、高级管理人员违背对公司的忠实义务，利用职务便利，通过操纵上市公司从事不正当、不公平的关联交易等非法手段，致使上市公司利益遭受重大损失的行为。所谓背信行为，是指行为人破坏与其任职的上市公司之间的法律确认的信任关系，违背对公司的忠实义务，从事了六种非法活动，即：

a.无偿向其他单位或者个人提供资金、商品、服务或者其他资产的；

b.以明显不公平的条件，提供或者接受资金、商品、服务或者其他资产的；

c.向明显不具有清偿能力的单位或者个人提供资金、商品、服务或者其他资产的；

e.为明显不具有清偿能力的单位或者个人提供担保，或者无正当理由为其他单位或者个人提供担保的；

f.无正当理由放弃债权、承担债务的；

g.采用其他方式损害上市公司利益的行为。

（5）立案标准。最高人民检察院公安部关于公安机关管辖的刑事案件立案追诉标准的规定（二）第18条规定：上市公司的董事、监事、高级管理人员违背对公司的忠实义务，利用职务便利，操纵上市公司从事损害上市公司利益的行为，以及上市公司的控股股东或者实际控制人，指使上市公司董事、监事、高级管理人员实施损害上市公司利益的行为，涉嫌下列情形之一的，应予立案追诉：

a.无偿向其他单位或者个人提供资金、商品、服务或者其他资产，致使上市公司直接经济损失数额在一百五十万元以上的；

b.以明显不公平的条件，提供或者接受资金、商品、服务或者其他资产，致使上市公司直接经济损失数额在一百五十万元以上的；

c.向明显不具有清偿能力的单位或者个人提供资金、商品、服务或者其他资产，致使上市公司直接经济损失数额在一百五十万元以上的；

e.为明显不具有清偿能力的单位或者个人提供担保，或者无正当理由为其他单位或者个人提供担保，致使上市公司直接经济损失数额在一百五十万元以上的；

f. 无正当理由放弃债权、承担债务，致使上市公司直接经济损失数额在一百五十万元以上的；

g. 致使公司发行的股票、公司债券或者国务院依法认定的其他证券被终止上市交易或者多次被暂停上市交易的；

h. 其他致使上市公司利益遭受重大损失的情形。

3.【案例】 张杰背信损害上市公司利益案

被告人张杰系上海宽频科技股份有限公司（以下简称"上海科技"）董事长，因涉嫌挪用资金罪于 2006 年 8 月 24 日被逮捕。上海市浦东新区人民检察院以被告人张杰犯挪用资金罪向上海市浦东新区人民法院提起公诉。

上海市浦东新区法院经审理查明：2003 年七八月间，被告人张杰在上海科技大股东南京斯威特集团有限公司（以下简称"斯威特集团"）实际控制人严晓群的要求下，未经公司董事会同意，并在未告知财务经理胡良资金最终去向的情况下，指使胡良先后两次将上海科技账外账户中的人民币 1 亿元和 6 800 万元划至上海科技下属南京宽频科技有限公司（以下简称"南京宽频"）账户。南京宽频的出纳刘琼瑶按张杰指令没有将该两笔钱款入账，而是将其中 1 亿元划至上海科技下属控股子公司南京图博软件有限公司（以下简称"南京图博"），后经严晓群签字确认将该人民币 1 亿元划至斯威特集团指定的南京凯克通信技术有限公司（以下简称"南京凯克"）。嗣后，严晓群指使斯威特集团出纳王振亚将该 1 亿元用于投资设立湖南新楚视界公司（以下简称"新楚视界"）；另 6 800 万元会同南京宽频的人民币 200 万元，按严晓群要求划至严实际控制的南京罗佛通信技术服务有限公司（以下简称"南京罗佛"）。斯威特集团得款后，严晓群指使王振亚将该 7 000 万元会同南京信发文化传媒有限公司（以下简称"南京信发"）和斯威特集团的2 300万元用于收购小天鹅公司的股权。8月29日，南京信发通过南京罗佛，将7 000万元划回南京宽频账户。刘琼瑶经张杰同意和严晓群审批，将该7 000万元划至南京和远咨询服务有限公司（以下简称"南京和远"）账户，该账户将7 000万元连同南京口岸进出口有限公司（以下简称"南京口岸"）划入的2 000万元合计人民币9 000万元电汇至上海证券有限责任公司临平路证券营业部，以广州安迪实业投资有限公司（以下简称"广州安迪"）名义开设账户进行股票买卖。

浦东新区法院认为，被告人张杰身为上海科技董事长，违背对公司的忠实义务，利用职务上的便利，操纵上市公司，无偿地将本单位资金提供给其他单位使用，致使上市公司利益遭受重大损失，其行为已构成背信损害上市公司利益罪。被告人张杰到案后交代态度较好，有一定的悔罪表现，斯威特集团已将占用的上海科技的资金全数归还，上海科技的利益损失得到弥补，酌情从轻处罚。依照《中华人民共和国刑法》第十二条、第一百六十九条之一、第五十三条之规定，判处被告人张杰有期徒刑二年，罚金人民币二千元。

（资料来源：互联网）

第三节
上市公司证券类刑事犯罪附带影响

上市公司自身涉及刑事犯罪，实际控制人、控股股东、董监高涉及的犯罪，从其违法违规行为所造成的后果、情节及数额上看，均达到了后果严重、数额巨大或者有其他严重情节的刑事犯罪标准，对该类行为的法律评价或惩处，仅仅靠追究行政法律责任，给予行政处罚、非行政处罚监管措施已经不够了，需要动用最严厉的刑罚措施。因此，从行为评价角度看，凡是行为人的行为被追究刑事责任，其后果显然大于行政责任，所承担的责任以及由此给上市公司造成的影响也应当大于行政违法。

根据现行证券类法律、法规及有关监管规定，上市公司及其相关人员涉及的刑事犯罪，将对上市公司的资本运营行为造成诸多重大不利影响。

一、对 A 股上市公司的影响

1. 对公开发行证券的影响

根据《上市公司证券发行管理办法》第六条、第九条、第十一条规定，上市公司公开发行证券的条件之一，是上市公司及其现任董监高最近三十六个月内未受到过证监会的行政处罚。并且，上市公司或其现任董事、高级管理人员存在因涉嫌犯罪被司法机关立案侦查或涉嫌违法违规被证监会立案调查情形的，不得公开发行证券。

根据《公司债券发行与交易管理办法》第十七条规定，如上市公司最近三十六个月内财务会计文件存在虚假记载或存在其他重大违法行为，则不得公开发行公司债券。

2. 对非公开发行股票的影响

根据《上市公司证券发行管理办法》第三十九条规定，上市公司现任董事、高级管理人员最近三十六个月内受到过证监会的行政处罚，或者上市公司或其现任董事、高级管理人员因涉嫌犯罪正被司法机关立案侦查或涉嫌违法违规正被证监会立案调查的，不得非公开发行股票。

3. 对发行优先股的影响

根据《优先股试点管理办法》第二十五条规定，如上市公司最近十二个月内曾受证监会行政处罚，或者因涉嫌犯罪正被司法机关立案侦查或涉嫌违法违规正被证监会立案调查，则不得公开发行优先股。

4. 对重大资产重组的影响

根据《中国证券监督管理委员会关于加强与上市公司重大资产重组相关股票异常交易监管的暂行规定》（下称《股票异常交易监管暂行规定》）第六条的规定，上市公司向证监会提出重大资产重组行政许可申请，如该重大资产重组事项涉嫌内幕交易被证监会立案调查或者被司法机关立案侦查，尚未受理的，证监会不予受理；已经受理的，证监会暂停审核。

根据《股票异常交易监管暂行规定》第十条规定，证监会受理行政许可申请后，实施本次重大资产重组的上市公司、占本次重组总交易金额比例在20%以上的交易对方，及前述主体的控股股东、实际控制人及其控制的机构因与本次重大资产重组相关的内幕交易被证监会行政处罚或者被司法机关依法追究刑事责任的，证监会终止审核，并将行政许可申请材料退还申请人或者其聘请的财务顾问。

根据《上市公司重大资产重组管理办法》第十三条规定，上市公司实施构成借壳上市的重大资产重组的条件之一，是上市公司及其最近三年内的控股股东、实际控制人不存在因涉嫌犯罪正被司法机关立案侦查或涉嫌违法违规正被证监会立案调查的情形；但是，涉嫌犯罪或违法违规的行为已经终止满三年，交易方案能够消除该行为可能造成的不良后果，且不影响对相关行为人追究责任的除外。

根据《股票异常交易监管暂行规定》第十三条规定，《股票异常交易监管暂行规定》第七条所列主体因涉嫌本次重大资产重组相关的内幕交易被立案调查或者立案侦查的，自立案之日起至责任认定前不得参与任何上市公司的重大资产重组。证监会做出行政处罚或者司法机关依法追究刑事责任的，上述主体自证监会做出行政处罚决定或者司法机关做出相关裁判生效之日起至少三十六个月内不得参与任何上市公司的重大资产重组。

5. 对发行股份购买资产的影响

根据《上市公司重大资产重组管理办法》第四十三条规定，上市公司发行股份购买资产的条件之一，是上市公司及其现任董事、高级管理人员不存在因涉嫌犯罪正被司法机关立案侦查或涉嫌违法违规正被证监会立案调查的情形；但是，涉嫌犯罪或违法违规的行为已经终止满三年，交易方案有助于消除该行为可能造成的不良后果，且不影响对相关行为人追究责任的除外。

6. 可能引发退市风险警示

根据沪、深证券交易所《股票上市规则》的规定，如上市公司出现欺诈发行或重大信息披露违法情形，交易所对其股票实施退市风险警示。

7. 可能引发暂停上市

根据沪、深证券交易所《股票上市规则》的规定，如上市公司出现因欺诈发行或重大信息披露违法情形、其股票被实施退市风险警示后交易满三十个交易日，由交易所决定暂停其股票上市。

根据《深圳证券交易所创业板股票上市规则》第13.1.1条规定，如上市公司因欺诈发行受中国证监会行政处罚，因涉嫌欺诈发行罪被依法移送公安机关，因重大信息披露违法受中国证监会行政处罚，或因涉嫌违规披露、不披露重要信息罪被依法移送公安机关，则深圳证券交易所可决定暂停其股票上市。

8. 可能引发终止上市

根据上海证券交易所《股票上市规则》第14.3.1条规定，上市公司因出现欺诈发行或重大信息披露违法情形、其股票已被暂停上市且未在规定期限内恢复上市的，上海证券交易所有权决定终止其股票上市。

根据深圳证券交易所《股票上市规则》《创业板股票上市规则》的规定，上市公司出现欺诈发行或重大信息披露违法规定情形、其股票被暂停上市后，在中国证监会做出行政处罚决定、移送决定之日起的十二个月内被法院做出有罪判决或者在前述规定期限内未满足恢复上市条件的，深圳证券交易所有权决定终止其股票上市。

二、对上市公司董监高的附带影响

1. 对担任上市公司董监高的影响

（1）影响其担任深圳证券交易所上市公司董监高。根据深交所《主板上市公司规范运作指引》第 3.2.3 条规定，如上市公司董监高候选人最近三年内曾受证监会行政处罚，或因涉嫌犯罪被司法机关立案侦查或者涉嫌违法违规被证监会立案调查且尚未有明确结论意见，上市公司应当披露该候选人的具体情形、拟聘请该候选人的原因以及是否影响上市公司规范运作。

（2）影响其担任上海证券交易所上市公司董事。根据上交所《上市公司董事选任与行为指引》第十条、第十一条的规定，最近三年内曾受中国证监会行政处罚的人员，不得担任上市公司董事候选人；但上市公司董事会认为该董事继续担任董事职务对公司经营有重要作用的，可以提名其为下一届董事会的董事候选人，并应充分披露提名理由。

（3）影响其担任上市公司独立董事。根据深圳证券交易所《独立董事备案办法》第八条规定，独立董事候选人应无最近三十六个月内因证券期货违法犯罪受到证监会行政处罚或者司法机关刑事处罚的不良记录，应无因涉嫌证券期货违法犯罪被证监会立案调查或者被司法机关立案侦查且尚未有明确结论意见的不良记录。

2. 对成为股权激励对象的影响

根据《上市公司股权激励管理办法》第八条的规定，最近十二个月内因重大违法违规行为被中国证监会及其派出机构行政处罚或者采取市场禁入措施的人员不得成为激励对象。

3. 对董监高减持股份的影响

根据《上市公司股东、董监高减持股份的若干规定》第七条的规定，上市公司董事、监事、高级管理人员因涉嫌证券期货违法犯罪，在被中国证监会立案调查或者被司法机关立案侦查期间以及在行政处罚决定、刑事判决做出后未满六个月期间，上市公司董事、监事、高级管理人员不得减持股份。

第四节
上市公司证券类三大法律责任的附带与交叉问题

如前所述,上市公司证券违规涉及三大类法律责任,即:民事法律责任、行政法律责任及刑事法律责任。这与我国法律规定的法律责任体系是相应的。民事责任承担的前提是符合归责原则及有损失客观存在;行政法律责任承担的前提是违反了证券类监管法规的管理性规定;刑事法律责任承担的前提是行为人的证券违法行为已达到了刑法规定的后果、数额及情节。

在实践中,监管部门基于检查、抽查或举报针对上市公司进行立案调查,待立案调查后,根据查获的事实证据,采取不同的处理结果,如果触犯刑法涉嫌刑事犯罪的,则移送司法机关处理。若其证券违法行为尚未达到刑事立案的标准,则根据具体违法事实做出行政处罚或给予非行政处罚监管措施。而对于部分已经给予了行政处罚或非行政处罚措施的证券违法案件,事后发现其已涉嫌刑事犯罪,则移交司法机关处理,若经查证确实涉嫌刑事犯罪的,则撤销原行政处罚或非行政处罚监管措施,依法追究刑事责任。

无论是行为人的证券违法行为属于行政违法还是刑事犯罪，若其行为给其他利益相关者造成经济损失的，利益相关者则可以提起证券民事赔偿诉讼，依法进行索赔。

一、上市公司证券行政违法与刑事犯罪的界限

如上所述，证券类违法行为的认定不同于其他普通违法行为，它具有较强的专业性与技术性，属于一门专业性的工作，属于高智商、知识性、技术性违法甚至犯罪行为。在实践中，上市公司证券违法行为的立案查处往往基于中国证监会及其派出机构的检查或抽查，以及有关方的举报行为，在没有立案调查前，是无法知晓该类案件的法律性质，是否存在违法行为，究竟属于行政违法还是刑事犯罪行为。所以，对上市公司证券类违法行为的立案调查，由专业的监管机构——中国证监会负责。证监会根据查获的事实证据做出定性处理，分别做出：涉嫌犯罪的，移送司法机关启动刑事程序追究刑事责任；一般违法行为，则做出行政处罚或非行政处罚监管措施。

由于证券监管部门是该类案件的立案调查机关，因此，其对案件事实证据的调查，以及据此做出的行政认定就十分关键。在实践中，上市公司证券类违法案件之前很少有被启动刑事程序的，只有极个别的社会影响极大的案件才可能被移送司法机关进行查处。只要办案机关没有移送司法机关，该证券类违法案件基本都会被当作一般行政违法案件处理。很少发生司法机关直接立案查处涉嫌证券犯罪的案件，除非极个别影响极其恶劣的重大案件。而且，即便司法机关以涉嫌证券刑事犯罪案件立案调查，行政机关的立案调查材料及行政认定也会起到关键性的作用。随着证券监管力度的加大，近年来，证券类刑事犯罪案件逐渐增加，尤其是 2019 年，多家上市公司的实控人、董

事长被以涉嫌刑事犯罪立案调查。

那么,证券类行政违法与证券类刑事犯罪的边界究竟在哪里呢?由于前文提到的证券类犯罪罪名的犯罪构成及立案(追诉)标准有所不同,具体到个案中,具体的违法行为罪与非罪的界限有所不同,也就是行政违法与刑事犯罪的边界有所不同。归纳起来,判断二者边界的标准大致有以下三大要素:

1. 后果是否严重

在部分证券类犯罪案件中,判断行为人的证券违法行为是否构成犯罪的标准,或者说司法机关予以刑事追诉的标准,是行为人的证券违法行为造成的后果是否严重,达到追诉标准所规定的严重后果的,则作为刑事案件立案查处。但该后果需要量化处理,往往量化或体现在具体的金额上,该金额往往是指行为人的证券类违法行为给其他人造成的经济损失的大小。

2. 涉及的数额是否巨大

在部分证券类犯罪案件中,涉及的数额是否巨大是判断行为人的证券违法行为是否构成犯罪的标准,或者说是司法机关予以刑事追诉的标准。达到追诉标准所规定的数额的,则作为刑事案件立案查处。由于数据是可以量化的,可以直接而简单地反映出金融、经济、证券类违法行为的严重程度,易于操作,便于裁判掌握。因此,无论是证券类犯罪以犯罪后果论、还是以犯罪情节论,一般都会采取可以量化、易于掌握的数额来体现,作为定性的标准。

虽然二者都基本采用了数额作为定性依据,但后果论与情节论却采取了不同的数额维度。后果是否严重的数额量化标准采取了受害人的经济损失大小维度,而情节是否严重的数额量化标准则采用了行为人的行为涉及的金额大小（或操作的金额，或获益的金额等）。

3. 情节是否严重

在部分证券类犯罪案件中，情节是否严重成为判断行为人的证券违法行为是否构成犯罪的标准，或者说是司法机关予以刑事追诉的标准。达到追诉标准所规定的严重情节的，则作为刑事案件立案查处。为了便于操作，在具体的规定中，判断情节是否严重的标准采取了量化的方法，即行为人证券违法行为涉及的数额大小。

由此可见，判断行为人的行为是否构成证券类犯罪，主要看行为人（上市公司或其相关人员）的证券违法行为是否达到后果严重、数额巨大或者有其他严重情节的标准，若不符合上述标准，则属于行政违法行为，承担行政法律责任。

二、上市公司证券类行政违法、刑事犯罪与民事赔偿责任

如上所述，对于上市公司及相关者（统称为"行为人"）的证券违法行为，是应当认定为行政违法行为还是刑事犯罪呢？这取决于该行为造成的后果、涉及的金额以及违法情节严重程度等，达到刑事案件立案追诉标准的，则予以追究刑事责任。

但无论是行政违法还是刑事犯罪，只要行为人的证券违法行为给利益相关者造成了经济损失，由此而遭受经济损失的人均可以提起证券民事赔偿诉讼，请求人民法院判决行为人给予赔偿。也就是说，对于行为人的违法行为，我国法律采取了既罚又赔的司法态度。而且对于行为人财产不足以同时支付

刑罚的财产罚（罚金与没收等）和民事赔偿金时，应当优先清偿或支付民事赔偿金。也就是，民事赔偿优先于刑事财产刑。

1. 行政违法、刑事犯罪与民事赔偿之间的程序问题

关于行为人证券违法行为给利益相关者造成损失的救济途径，在最初的最高法院司法解释中，还设置了行政处罚或刑事判决前置程序，也就是说，针对行为人的证券违法行为，只有经过证监会做出了行政处罚决定，或者人民法院做出了刑事裁判之后，法院才会受理，利益相关者提起的民事赔偿之诉。具体如下：

《关于审理证券市场因虚假陈述引发的民事赔偿案件的若干规定》（法释〔2003〕2号）第六条　投资人以自己受到虚假陈述侵害为由，依据有关机关的行政处罚决定或者人民法院的刑事裁判文书，对虚假陈述行为人提起的民事赔偿诉讼，符合民事诉讼法第一百零八条规定的，人民法院应当受理。投资人提起虚假陈述证券民事赔偿诉讼，除提交行政处罚决定或者公告，或者人民法院的刑事裁判文书以外，还须提交以下证据。

根据上述司法解释之规定，行为人的证券违法行为已由行政机关做出行政处罚决定或公告，或者已由人民法院做出刑事裁判文书，是证券类民事赔偿之诉的前提。若缺少了前者，人民法院将不予受理。

但是，2015年12月24日，最高人民法院在《关于当前商事审判工作中的若干具体问题》中提出，根据立案登记司法解释规定，因虚假陈述、内幕交易和市场操纵行为引发的民事赔偿案件，立案受理时不再以监管部门的行政处罚和生效的刑事裁判文书认定为前置条件。详见如下：

《最高人民法院关于当前商事审判工作中的若干具体问题》（最高人民

法院审判委员会委员、民事审判第二庭庭长杨临萍 2015 年 12 月 24 日在全国民事审判工作会议上讲话第二条）　关于证券投资类金融纠纷案件的审理问题的第二款：依法受理和审理虚假陈述、内幕交易和市场操纵行为引发的民事赔偿案件，维护证券交易市场上投资者的合法权益。根据立案登记司法解释规定，因虚假陈述、内幕交易和市场操纵行为引发的民事赔偿案件，立案受理时不再以监管部门的行政处罚和生效的刑事判决认定为前置条件。面对这一变化，在证券案件的审理中应当注意以下两方面的问题：

a. 在审理程序方面要注意：在诉讼方式上，根据案件具体情况，有的可以单独立案、分别审理，有的可以依据《民事诉讼法》第五十四条实践代表人诉讼制度。在调查取证上，除了法官到现场调查取证外，还可以积极探索利用调查令、书面通知持有证据的单位提供证据等多种手段，补强查明案件事实所需要的证据。另要充分发挥专家辅助人作用，以利形成司法判断。

b. 在实体方面要正确理解证券侵权民事责任的构成要件。要在传统民事侵权责任的侵权行为、过错、损失、因果关系四个构成要件中研究证券侵权行为重大性、交易因果关系特殊的质的规定性。重大性，是指违法行为对投资者决定的可能影响，其主要衡量指标可以通过违法行为对证券交易价格和交易量的影响来判断。交易因果关系，是指违法行为影响了投资者的交易决定。重大性、交易因果关系是为了限制或减轻行为人责任的制度安排。侵权行为不具有重大性或者侵权行为与投资者的交易决定没有因果关系时，行为人不负赔偿责任。

从以上规定可以看出，如果行为人的证券违法行为给相对人造成经济损失的，在行为人受到行政处罚或承担行政责任后，仍负有赔偿相对人经济损失的法律义务。这类行政法律责任与民事赔偿责任兼具的情形，在法律上称之为行政附带民事赔偿，或行民交叉问题。

但以上述虚假陈述案件行政处罚与民事赔偿诉讼规定的演变看，最初采取的是，先行政后民事程序原则，也就是行为人的证券类违法行为被行政处罚后，相对人才可以另行提起民事赔偿诉讼。但随着大量虚假陈述案件的发生，再采取先行后民的程序原则，将不利于保护中小证券投资者的利益。于是，根据最高法院最新的态度，采取的则是法院可以直接受理民事赔偿诉讼。不再将行政处罚决定作为受理民事赔偿诉讼的前提条件。在此模式下，民事与行政并行模式，也就是说，相对人可以直接向法院提起赔偿诉讼，法院根据查明的证据直接予以认定。对于行为人的行政违法行为，行政机关可以进行立案调查，但是否立案调查并不影响民事赔偿案件的受理与审理。

对于因行为人证券犯罪行为给相对人造成的损失赔偿之诉，在法律上可以采用刑事附带民事赔偿的程序，或采取刑民交叉处理原则。根据上述司法解释及最高法院最新精神，对于行为人因证券违法行为构成刑事犯罪给相对人造成经济损失的情形，也采取了与上述行政违法兼具民事赔偿相同的处理程序。

2. 证券民事赔偿的救济路径选择

（1）因行政违法给他人造成的经济损失。针对因行为人证券行政违法行为给相对人造成的经济损失赔偿问题，由于行政案件的处理机关与民事案件审理机关不属于同一个体系或机关，且遵循法院最终裁决的纠纷处理司法原则，在处理行为人证券行政违法行为时，并没有一并处理民事赔偿问题，而是另行向法院起诉。但行政认定意见对民事赔偿诉讼的事实证据认定起着关键的作用。

（2）因证券刑事犯罪行为给他人造成的经济损失。针对刑事犯罪给相对人（受害人）造成的损失，我国目前法律及司法解释规定的救济途径有如下三个：

a. 刑事附带民事诉讼。《刑事诉讼法》第一百零一条　被害人由于被告人的犯罪行为而遭受物质损失的，在刑事诉讼过程中，有权提起附带民事诉讼。被害人死亡或者丧失行为能力的，被害人的法定代理人、近亲属有权提起附带民事诉讼。如果是国家财产、集体财产遭受损失的，人民检察院在提起公诉的时候，可以提起附带民事诉讼。

根据该规定，刑事附带民事诉讼仅适用于遭受的物质损失。其适用范围是特定的，并非适用于任何损失。

b. 通过司法机关追赃程序处理。2013年1月1日起实施的《最高人民法院关于适用〈中华人民共和国刑事诉讼法〉的解释》第一百三十九条规定："被告人非法占有、处置被害人财产的，应当依法予以追缴或者责令退赔。被害人提起附带民事诉讼的，人民法院不予受理。"

另外，最高人民法院早在2013年10月21日发布并实施《关于适用刑法第六十四条有关问题的批复》（法〔2013〕229号），其中明确规定："被告人非法占有、处置被害人财产的，应当依法予以追缴或者责令退赔。据此，追缴或者责令退赔的具体内容，应当在判决主文中写明；其中判决前已经发还被害人的财产，应当注明。被害人提起附带民事诉讼，或者另行提起民事诉讼请求返还被非法占有、处置的财产的，人民法院不予受理。"

同时，根据最高人民法院2014年11月6日起实施的《关于刑事裁判涉财产部分执行的若干规定》（法释〔2014〕13号）第一条规定：本规定所称刑事裁判涉财产部分的执行，是指发生法律效力的刑事裁判主文确定的下列事项的执行：责令退赔；处置随案移送的赃款赃物。

c. 另行提起民事诉讼。刑事案件无法对相对人的损失做出准确认定，该类损失认定极其复杂，涉及人数众多，因果关系复杂，损失数额确定难度大，针对此类案件，则采用另行提起民事诉讼的方式处理。

d.通过追赃程序损失弥补不足的，可以另行提起民事诉讼予以索赔不足的损失。详见如下最高法院公布的案例：

【案例1】 最高人民法院（2017）最高法民申4094号

本院经审查认为，本案中，邢野、温颜擎、申海霞以签订合作协议的方式骗取被害单位沈阳欣桑达电子有限公司、被害人李晶943万元，该案虽经生效刑事判决认定邢野、温颜擎、申海霞犯合同诈骗罪，并在邢野、温颜擎、申海霞刑事判决主文中写明"案发后扣押的赃款、赃物返还被害人，其余赃款、赃物继续追缴"，但刑事判决主文并未写明追缴或者责令退赔的具体内容，亦未明确刑事判决前是否存在已经发还被害人财产的问题，李晶通过刑事判决追缴或者退赔的数额不明确、不具体。根据本案一、二审法院查明事实，到目前为止，案涉刑事案件经追赃，仅返还李晶一辆奥迪车价值60万元，其余损失未经刑事追赃途径返还或追缴。在本院组织询问过程中，李晶提供相关证据证明因刑事案件存在多个受害人且李晶已获得了一辆奥迪车，故李晶未能参与分配刑事案件执行程序中查扣的温颜擎的财产140万元，温颜擎也未履行《赔偿协议》约定的500万元赔偿，李晶已另行提起民事诉讼主张该500万元赔偿且已得到法院生效判决支持；同时，《赔偿协议》明确约定该协议项下的500万元赔偿不影响李晶其他损失的赔偿，而李晶通过刑事追赃未能弥补其被诈骗的损失。在通过刑事追赃、退赔不能弥补李晶全部损失的情况下，赋予被害人李晶向人民法院另行提起民事诉讼的权利，有利于最大限度地保护被害人的合法权益，刑事判决与民事判决对于保护被害人的合法权益是相互补充的，并未加重温颜擎等人的赔偿责任，人民法院受理李晶提起的民事诉讼并无不当。对于温颜擎在再审申请中主张的"公安机关办案人员私分各被告人被插口的财产足够赔偿李晶的损失"的问题，因温颜擎并未提交足以证明该事实的证据，本院不予认定，对此问题温颜擎可通过其他途径予以解决。据此，一、二审法院受理本案并判决邢野、温颜擎、申海霞承担赔偿责任并无不当，本院予以维持。

（资料来源：互联网）

【案例2】　最高人民法院（2017）最高法民申1914号

关于本案是否应在刑事案件执行终结后由远大公司另诉以及认定远大公司的实际损失为1 406万元是否正确问题。如前所述，刑事案件与民事案件在价值取向、保护法益、责任形式、证明标准、举证责任承担等方面均存在不同。因同一法律事实分别产生刑事法律关系和民事法律关系的，构成刑事责任和民事责任的聚合，刑事责任的承担并不能否定民事责任的承担。刑事案件没有执行终结也并不影响民事案件的受理和审理。为避免民事权利人（同时为刑事被害人）双重受偿，可在执行中对于刑事追赃与民事责任，依据实体责任的认定进行综合处理。因此，刑事案件未执行终结并不意味着民事案件不能受理。由于刑事案件和民事案件审理的法律关系和救济的法益不同，本案所涉刑事判决书认定远大公司实际损失的标准和依据与本案一、二审法院认定的标准和依据存在不同，并不违反法律规定和客观事实。本案一、二审法院依据中轻公司基于《代理协议》而提出的诉请，认定远大公司的损失为远大公司开立信用证支付的金额扣减追回的赃款、中轻公司支付的保证金后的数额，并无不当。

刑事判决与民事判决是否存在法律冲突。在民刑交叉案件中，由于救济的法益不同、责任形式不同，刑事案件与民事案件对于刑事被害人或者民事权利人的救济方式并不相同。在刑事判决明确进行追赃，民事判决判决责任人承担民事责任的情形下，应对追赃与民事责任的认定和执行进行协调。在民事案件审理过程中，追赃款应从民事责任人赔偿范围内进行扣减。在执行过程中，执行法院应结合民事责任、刑事责任的认定，确定民事责任人应承担的民事责任范围和赃款的退还对象，避免民事权利人（刑事被害人）双重受偿。在民事案件已经执行完毕、刑事被害人的民事权益得到全部救济的情形下，因罪犯是民事责任的最终责任人，民事案件的责任人承担完民事责任后有权向罪犯追偿，因此，赃款应退还给民事责任人。本案中，中轻公司已全部履行本案项下全部给付义务，故案涉追赃款应给付中轻公司。一、二审法院未明确该事项虽存在不当，但该不当不影响本案实体审理结果。

关于证券类民事赔偿诉讼，根据最高法院相关司法解释及最新审判工作会议纪要精神，目前采取的是另行提起民事诉讼的救济模式。

（资料来源：最高人民法院）

第五章
上市公司常见证券类法律风险管控与应对

05

第一节
抓信息披露工作

在当前证券市场强监管的形势和大背景下,法院受理的证券虚假陈述纠纷案件逐年大幅攀升,上市公司信息披露违法可能引发的诸多法律风险和法律责任,上市公司如何防范信息披露违法甚为重要。

《上市公司信息披露管理办法》第二条明确规定,信息披露义务人应当真实、准确、完整、及时地披露信息,不得有虚假记载、误导性陈述或者重大遗漏。上市公司多数情况下,或仅习惯于满足强制性披露(主要为上市公司的发行信息和包括定期报告和临时报告的持续性信息披露)要求,在信息披露方面,存在着有效性严重不足的情形。如有些上市公司对环境、社会和公司治理方面的相关信息进行了披露,仍然存在着选择性披露或只披露有利部分的情形,信息披露真实性和准确性通常难以得到保证。因此,利益相关方对信息披露的期望和诉求往往不能得以满足,尤其对于中小投资者,较难从披露的内容中获取一定的有效信息,且尚存在被信息误导的可能性。所以上市公司严格按照《上市公司信息披露管理办法》等要求，依法如实履行信息披露义务，并将其作为规避信息披露或虚假陈述等法律风险的必备选项。

上市公司与相关责任人员应树立和提高信息披露风险防范和法律意识，建立全面认知和深刻理解信息披露制度的基础。因此，上市公司应充分重视对大股东、实际控制人、公司董事、监事、管理层、董事会秘书、财务会计人员和相关业务人员的培训和学习，着重提高相关责任人员对信息披露规则和法律的把握，以及对信息披露法律责任和可能造成的严重法律后果的充分认识。同时，上市公司应聘请包括律师事务所在内的第三方专业服务机构，为上市公司信息披露提供服务，使上市公司信息披露更加专业化和透明化，提高信息披露的真实性、全面性和准确性。

2018年修订的《上市公司治理准则》第九章专门规定并提出信息披露与透明度，强调上市公司及董事、监事、高级管理人员、持股达到规定比例的股东、实际控制人以及收购人、交易对方等信息披露义务人的依法履行信息披露义务；鼓励上市公司除依照强制性规定披露信息外，自愿披露可能对股东和其他利益相关者决策产生影响的信息，并应当遵守公平原则，保持信息披露的持续性和一致性，不得进行选择性披露，不得利用自愿性信息披露从事市场操纵、内幕交易或者其他违法违规行为，不得违反公序良俗、损害社会公共利益；董事长对信息披露事物承担首要责任；上市公司应按照相关要求依法合规披露环境信息以及履行扶贫等社会责任相关情况等。

因此，上市公司应当狠抓信息披露工作，建立内部控制和风险管理制度，并设立专职部门或者指定内设部门，负责对公司的重要营运行为、下属公司管控、财务信息披露和法律法规遵守执行情况进行检查和监督。上市公司应进一步规范和健全信息披露事务管理机制，规范和加强重大或敏感信息的内部通报、排查、传递、归集、流转程序和信息披露机制，制定涉及实际控制人、持股5%以上股东等人信息的问询、管理、披露制度，落实和强化信息披露的集中管理，大力提高信息披露的准确性、真实性、及时性、主动性和完整性；积极加强与关联交易公司的沟通交流机制，指定专人负责信息交流和沟通工作，以明确双方的责任与义务，有效防范擅自违规披露上市公司相关信息。上市公司还可建立信息披露绩效评价与考核机制，将信息披露事务管理纳入绩效考核中，强化信息披露责任人的职责和落实情况。

另外，上市公司应加强与投资者及潜在投资者之间的沟通，在信息披露与交流过程中，使得投资者增进对上市公司的了解和认知，以实现上市公司整体利益和保护投资者合法权益的统一协调发展目标。上市公司亦需妥善处理与媒体之间的关系，健康、良好的媒体舆论环境，提高危机公关的应对能力，通过正常渠道引导媒体舆论方向。

需要提请注意，在新媒体环境下，社交媒体已成为上市公司信息对外传播或推送的重要渠道。在特定情形下，社交媒体方式或途径所披露公司的交易信息，可能还会违反上市公司关于信息披露的规定。若不当地使用社交媒体进行发布信息，则可能会产生未公开信息被违规发布的问题。《证券法》第七十条规定"依法必须披露的信息，应当在国务院证券监督管理机构指定的媒体发布，同时将其置备于公司住所、证券交易所，供公众查阅"。对于《证券法》等法律法规规定的必须披露的信息，上市公司应在指定媒体披露，也可在其他媒体披露，但披露时间不得早于指定媒体，披露内容不得多于指定媒体，否则将构成信息披露违规行为，各种传播媒介传播证券市场信息必须真实、客观，禁止误导。任何机构和个人不得提供、传播虚假或者误导投资者的上市公司信息。中国证监会及证券交易所依法对社交媒体信息发布行为进行监督。社交媒体发布、传播上市公司未公开信息导致股价异常波动的，证券交易所将依法核查是否涉嫌内幕交易或操纵市场，是否存在通过融资融券交易、股指期货交易等做空工具进行跨市场套利等情形。任何机构和个人利用社交媒体实施内幕交易、操纵市场、证券欺诈等违法违规行为的，中国证监会将依法予以查处。

第二节
完善公司治理结构　让董事更懂事

在实践中，部分上市公司的股东大会、董事会、监事会三会治理结构仅为表象，实质存在明显的失衡，主要表现在股东大会过于强势，董事会在很多方面都流于形式，尤其是一些财务、投资等关键事项决策，都是听命于大股东或实际控制人。

因此，上市公司应持续积极优化、完善公司的治理结构，与时俱进，适应监管需求。根据资本市场规范运作的实践需要，上市公司要不断修订和完善公司章程、"三会"议事规则，规范"三会"职能和议事程序。同时，上市公司应积极完善公司的内部管理规章制度和信息披露等规范文件，明确主要责任人，建立内部治理的绩效评价与激励机制。

2018年修订的《上市公司治理准则》，强调公司治理的核心目的在于评判上市公司是否具有良好的治理结构，并在诸多方面进行明确规定。譬如在股东大会的规范条款中，明确股东大会不得将法定由股东大会行使的职权授予董事会；强调董事应当对董事会的决议承担责任；明确不得将法定由董事会行使的职权授予董事长、总经理等行使；确定上市公司可依规设立外部监事，解决内部监事不愿监督、监督不到位及不敢监督的难题；细化了董事会秘书的权责，上市公司设董事会秘书，负责公司股东大会和董事会会议的筹备及文件保管、公司股东资料的管理、办理信息披露事务、投资者关系工作等事宜；要求独立董事不得委托非独立董事代为投票；独立董事不得与其所受聘上市公司及其主要股东存在可能妨碍其进行独立客观判断的关系；确定上市公司董事会应当设立审计委员会；上市公司控制权发生变更的，有关各方应当采取有效措施保持上市公司在过渡期间内稳定经营；出现重大问题的，上市公司应当向中国证监会及其派出机构、证券交易所报告等。

具有法律背景的董事、高级管理人员和独立董事在完善公司治理结构方面的重要作用。近年来，上市公司具有法律背景的董事、高级管理人员平均人数规模呈现波动下降趋势。如果拥有较多法律背景的董事、高级管理人员，上市公司便能从公司治理核心机构、决策及执行层面，尽可能避免公司治理中出现的法律风险。上市公司治理结构完善、规范运作、保障中小股东的利益，独立董事必须发挥作用。除应当具有公司法和其他相关法律、法规规定的董事职权外，独立董事享有的一些"特别职权"，以便保证独立董事任职及发表意见的"独立性"。主要包括重大关联交易应由独立董事认可后，提交董事会讨论；独立董事做出判断前，可以聘请中介机构出具独立财务顾问报告，作为其判断的依据；向董事会提议聘用或解聘会计师事务所；向董事会提请召开临时股东大会；提议召开董事会；独立聘请外部审计机构和咨询机构；可以在股东大会召开前公开向股东征集投票权。上市公司独立董事能运用好法律赋予的特别职权，为防范公司行政法律风险做出有力保障。上市公司治理的核心在于发挥董事会的作用，让董事更懂事！

2018年修订的《上市公司治理准则》在第八章将"利益相关者、环境保护与社会责任"单独进行规定，强调和倡导上市公司践行绿色发展理念，积极参与公益事业，履行社会责任。在第九章"信息披露与透明度"中规定，上市公司依照相关法律法规和有关部门要求，披露环境信息、履行社会责任情况及公司治理相关信息。这意味着新修订的《上市公司治理准则》，提出了目前国际资本市场上推行的ESG（环境、社会责任和公司治理，简称ESG）经营理念，要求上市公司将环境、社会责任和公司治理融入公司发展战略，并且从制度层面搭建了上市公司ESG信息披露的基本框架。因此，上市公司应重视和关注ESG信息披露与相关评价体系建设。

第三节
严格执行内控与风险防范制度

上市公司应依照有关规定定期披露内部控制制度建设及实施情况，以及会计师事务所对上市公司内部控制有效性的审计意见。目前我国关于内部控制信息披露的监管规则主要包括财政部等五部委的《企业内部控制评价指引》《企业内部控制审计指引》，中国证监会的《公开发行证券的公司信息披露编报规则第21号——年度内部控制评价报告的一般规定》、证券交易所的《上市公司内部控制指引》，以及中注协的《独立审计具体准则第9号——内部控制与审计风险》《内部控制审核指导意见》《企业内部控制审计问题解答》等。

根据有关近期上市公司内部控制披露情况的分析报告，上市公司内部控制整体水平虽然在趋势上逐年向好，但整体水平有待提升，仍存在着一些问题。不少公司对风险的重要性认识不足，风险评估工作的深度不够，对于中美贸易战、合规管理、大股东股权质押等风险预估和管控的关注不够，战略、经营、资产安全目标的实现与预期有一定差距。另譬如上市公司风险信息披露中存在表述模糊、简单等特征，尚有一定比例的风险事项未披露具体应对措施的情形，存在上年度未整改完成的重大、重要缺陷，已披露的风险应对措施、整改措施和整改计划，部分上市公司表述过于笼统，缺陷原因及影响均未涉及，或缺乏实际可操作性。内部控制信息披露质量有待提升。在内部控制评价结论和审计意见存在不一致时，将财报内部控制重大缺陷认定为非财报内部控制重大缺陷；内部控制评价报告内容、修订前后结论、披露的准确性、严谨性不足；财报、非财报缺陷混淆不清，内部控制缺陷等级认定不当等。上市公司内部控制缺陷多数在资金活动（应收账款、银行账户管理、现金管理、投资及印章管理环节）、资产管理（存货及固定资产管理环节）、财务报告（会计核算、会计准则应用）等领域出现和发生。

因此，上市公司风险管控能力亟待加强，信息披露的完整性也有待改进。上市公司应严格执行内部控制和风险防范制度，应加强对公司内部控制各环节的审视和监督，根据内外部市场监督环境的变化和监管要求，进一步健全上市公司在资金活动、资产管理、财务报告、对外担保、关联交易、财务管理、子公司管理等重要环节的内部控制机制建设，有效提高上市公司的风险防范能力和内部管理水平，降低上市公司的风险隐患。建立健全内部控制缺陷整改机制，确保缺陷整改落到实处。对于已经发生的对公司生产经营有重大不利影响的缺陷，应制订切实可行的整改方案，明确整改责任，确保相关职能部门和业务单位各尽其能、各司其职；加强对整改效果的跟踪考核，对整改不及时、不到位的，分析原因，并严格追究相关责任人和责任部门的责任。同时，对于资金活动、资产管理、财务报告、信息披露等关键事项及内部控制缺陷高发领域，应将其作为日常监督重点，加大监督检查力度，推动建立健全管理制度与流程，完善对薄弱环节的管控。应当与其内部法律部门及人员形成良好的工作配合机制，真正发挥出法律风险预防和管理的作用。对于子公司多、管理难度大、地域分散的情形，上市公司应通过不断调整和完善管理层级、母子公司股权结构等方式，加强对子公司的管理流程，提高控制力，防范监督和管理的失控风险，消除管理盲区和遗漏之处。虽然目前国家内部控制信息披露监管规则的要求和信息披露标准不尽统一或一致，但上市公司无论如何，应当切实加强风险防控机制的建设，提高风险管理的监测、预警和合规管理能力，提升风险管理工作的科学性、精准化，适应市场需求的变化和调整，取得高水平资源配置效率和市场竞争力。

内部控制和风险防范制度的落实，依赖于具体的人员。上市公司董事长、总经理、董事会秘书、财务总监、审计委员会召集人等高管人员应当通过多种途径，加强内部控制培训和学习，树立正确的风险理念，从深层次认识高质量发展背景下企业内部控制和风险防控的重要性，切实提升风险责任感和风险防控能力。

最后，作为补充，根据上市公司实际情况，上市公司及其董事、监事、高级管理人员可选择投保符合自身需求的上市责任保险或其他职业责任保险，以避免公司及相关责任人员承担可能发生的高昂经济赔偿。

第四节
对外积极沟通与应诉

当被监管机构或行政执法、司法部门予以立案调查或涉诉，上市公司应当认识到，监管机构或行政执法部门、司法部门已经掌握上市公司可能涉嫌违法的初步证据，或符合立案的条件。上市公司应当高度重视，对外积极沟通和应对、应诉。

（1）上市公司被监管机构或行政执法部门立案调查，并非意味着上市公司必然会被行政处罚。即使被下发《行政处罚事先告知书》，若上市公司采取积极有效申辩措施和申请听证，最终仍可能不被行政处罚，其中也不乏先例。

证券市场违法问题的专业性和实务性非常强，上市公司应当及时寻找合适的具有丰富应对证券违法调查和处罚经验的专业律所和律师，聆听专业律师的客观、中肯的有效意见和建议。在专业律师的指导和协调组织下，上市公司应尽快弄清楚涉嫌违法违规的事实，听取专业法律分析，预测和评判可能产生的法律后果，寻求可声辩和主张的诉求、突破点和合理理由，确定合理的应对策略、恰当的预期与目标。

在前述搞清事实和分析论证的基础上，上市公司充分、全面运用和积极行使法律赋予的权利和权能，进行举证、申辩及必要的听证申请。若相关行为不构成违法违规的，则在监管机构正式立案前，上市公司积极依法申辩和举证，争取监管机构不予立案；已被立案的，争取监管机构撤案，不予下发《行政处罚事先告知书》；若已被下发《行政处罚事先告知书》的，争取撤案，不被行政处罚。若相关行为是否构成违法违规存疑的，则上市公司应采取积极抗辩措施，争取疑案不罚、从无的结果。若相关行为确实构成违法违规的，情节轻微，依法可以不予行政处罚，上市公司可争取不予行政处罚；依法应被行政处罚，则上市公司及相关责任人员应当积极认错和整改，争取宽大处理，从轻处罚。

对于已经做出的行政处罚，必要时可以申请行政复议，甚至向法院提起行政诉讼。详见如下案例：

【案例】 中国证监会二审败诉

证监会于 2016 年开出的 1.3 亿的罚单被迫撤销了！理由是事实不清、程序违法。

2018 年 7 月 17 日下午，北京市高级人民法院以事实不清、程序违法为由终审判决撤销证监会行政处罚决定和行政复议决定，一并撤销此前驳回当事人苏嘉鸿诉讼请求的一审判决。

为此，证监会连续三年在行政处罚诉讼案中保持实体"零败诉"的纪录被打破了。这也是近年来证监会首例被法院撤销处罚的内幕交易案件。

中国证监会给个人开 1.3 亿罚单。这张罚单产生于 2016 年 4 月 26 日。

2016年，中国证监会认为，苏嘉鸿交易威华股份的时点与资产注入及收购铜矿事项的进展情况高度吻合，但是苏嘉鸿没有为其与殷卫国在涉案期间存在接触联络以及其交易行为与内幕信息形成过程高度吻合提供充分、有说服力的解释。苏嘉鸿的上述行为违反了《证券法》第七十三条、第七十六条第一款的规定，构成《证券法》第二百零二条所述内幕交易行为。

根据苏嘉鸿违法行为的事实、性质、情节与社会危害程度，依据《证券法》第二百零二条的规定，中国证监会做出〔2016〕56号行政处罚决定：没收苏嘉鸿违法所得65 376 232.64元，并处以65 376 232.64元罚款。

就此，苏嘉鸿被证监会处以共计1.3亿元罚款，这也成为2017年之前A股市场十大天价罚单之一。

2016年4月，苏嘉鸿不服被诉处罚决定，向中国证监会申请行政复议。2017年4月，中国证监会经审查做出〔2017〕63号行政复议决定，决定维持被诉处罚决定。苏某行政复议失败后依然不服气，诉至北京某中院，法院一审判决，驳回苏某全部诉讼请求。经过两年多时间的行政复议和法院诉讼后，二审中，北京高院全面否决了证监会、全面否决了一审判决结果。

（资料来源：新浪财经）

（2）如前述章节内容，对于证券类民事诉讼，股民或投资者取得胜诉通常为大概率事项，但并非上市公司在该等类诉讼中就无所作为。在相关案例统计中，亦有上市公司在提供充足的事实和证据基础上，对诉讼应对得当，取得与原告进行谈判和调解的条件，或反败为胜，从而为减少上市公司损失奠定良好的基础。因此，上市公司在证券类民事诉讼中尚有不少的抗辩点争取和予以运用。

作为证券行业的三大类传统违法案件之一，近年来上市公司涉及证券虚假陈述的民事赔偿案件数量呈快速上升趋势。本文此处以法院审理虚假陈述类案件为例，讨论上市公司在证券类民事诉讼中可予以争取和运用的抗辩点：

① 有关人民法院认定虚假陈述与损害结果之间存在因果关系的判断，最高人民法院《关于审理证券市场因虚假陈述引发的民事赔偿案件的若干规定》（以下简称《若干规定》）第十八条规定，只有在虚假陈述实施日及以后至揭露日或者更正日之前买入证券的，才与虚假陈述行为具有因果关系。因此，准确界定虚假陈述实施日和揭露日或者更正日，是投资者建立购股受损与虚假陈述之间的因果关系的基础。通常在行政处罚决定书中，会对处罚上市公司的虚假陈述行为发生与时间进行具体描述。然而在确认具体实施日的日期时，需要注意上市公司按照规定应披露相关信息时，可能为某个截止日或公告日或某个时间段内。确定虚假陈述实施日，一方面防止原告将虚假陈述实施日之前购买股票所遭受的损失计入虚假陈述诉讼之中，阻却该部分投资损失与虚假陈述之间的关系，另一方面通过准确的界定，尽可能为上市公司减损所应承担的赔付金额。如东旭蓝天案中，广东高级人民法院认定，原告至虚假陈述揭露日仅持有了案涉股票1股，在揭露日与基准日之间未进行过案涉股票的买卖，因此，其损失与案涉虚假陈述之间不存在因果关系。

同时，除上述的虚假陈述实施日之外，虚假陈述揭露日的界定，也是上市公司可提起抗辩的重要部分。现行法律体系中，关于虚假陈述揭露日的规定仅见于《若干规定》第二十条第二款："虚假陈述揭露日，是指虚假陈述在全国范围发行或者播放的报刊、电台、电视台等媒体上，首次被公开揭露之日。"由于该规定的宽泛定义和笼统解释，针对诸如"揭露是否需要具体明确，以及具体到何种程度""究竟是当采纳《立案调查通知》还是《行政处罚事先告知书》公告日作为揭露日"等认定标准问题却未加以规定，致使在裁判实践中，不同法院之间的采纳标准都有所不一。

在上海顺灏新材料科技股份有限公司证券虚假陈述责任纠纷中，上海市第二中级人民法院及上海市高级人民法院一致认为应当以《立案调查通知》公告日作为揭露日。在〔2016〕沪01民初653号刘坚诉上海大智慧股份有限公司证券虚假陈述责任纠纷一案中，上海市第一中级人民法院认为"虽然大智慧公司于该日公告其被中国证监会立案调查，但公告的内容仅提及'公司信息披露涉嫌违反证券法律规定'，并未指出信息披露涉嫌违法的具体表现……关于收到中国证监会《行政处罚及市场禁入事先告知书》的公告已完整披露了涉案虚假陈述的事实以及中国证监会拟做出的行政处罚决定，披露内容与中国证监会〔2016〕88号行政处罚决定书内容具有高度对应性，充分揭示了投资风险，足以警示投资者重新评估股票价值。因此，应当以该公告日作为涉案虚假陈述揭露日。"

综上有关对于虚假陈述揭露日的认定和理解，应当以全国性、首次性、公开性为前提，以风险警示为原则，着重考察揭露行为是否已经充分揭示投资风险。不必然要求揭露具体、明确的虚假陈述内容，但要求至少揭露了上市公司涉嫌信息披露违规或可能实施虚假陈述。综合考虑揭露后对投资者决策和涉诉股票市场产生的实质性影响等因素确定揭露日。诸如此类分歧，亦为上市公司有效抗辩提供了机会。

② 证券市场系统风险阻断投资者损害与虚假陈述之间的因果关系。按照《若干规定》第十九条的规定，如果投资者损失是由于证券市场的系统风险所导致的，那么人民法院应当认定虚假陈述与损害结果之间不存在因果关系。

由于证券市场的复杂性，相关政治、经济形势的变动因素对证券市场的影响程度，是难以准确衡量与判断的。司法实践中，参考和采纳整体政治经济环境对股票市场的影响，所导致案涉股票的异常波动，如2016年A股熔断、2015年股灾、2007年和2008年股市动荡等事件。通常认为以大盘或行业板块或个股等指数、走势的波动情况作为判断系统风险因素是否存在以及是否影响案涉股票跌落的参考依据。

在亚太实业案中,最高人民法院更加倾向于支持福州中院在兴业证券案中的观点,认为投资者选择的案涉股票交易背景(2015年6月8日至9月1日)正是在当时中国股市大规模的股灾周期内,亚太实业的股价下跌并非其个股所独有,而是当时证券市场普遍存在的现象。同时,最高人民法院比较了揭露日至基准日期间亚太实业个股指数的跌幅(43.14%)和深证大盘指数的跌幅(深证成指:41.77%、深证A指:43.11%),最终认定系统风险对亚太实业个股的影响比例接近100%,投资者全部损失均由证券市场系统风险所致。

在宝安鸿基案、东旭蓝天案中,广东高院则提出从横向、纵向的角度分析个股本身的走势及受到大盘、行业板块股票等的影响。在宝安鸿基案中,广东高院认为,从纵向变化看,其股票的价格在虚假陈述实施日后和揭露日后的一段期间内,没有在短时间内大起大落或者连续涨跌停等异常情况,没有发生异常性大幅度的波动;从横向比较来看,虽然个股因经营状况差异、受国家政策、市场大势等其他因素影响,大盘和同类企业股票价格有不同程度的跌幅,其股票价格涨跌幅与大盘、所在产业板块及与其他同类企业股票价格的整体走势基本一致。由此可见,股票市场对宝安鸿基虚假陈述行为反应有限,没有证据表明虚假陈述行为导致宝安鸿基股价出现异常波动、严重背离其市场价值。投资者的损失与宝安鸿基虚假陈述行为没有因果关系。

③ 区分重大和非重大虚假陈述标准,明确应属于或需承担的法律责任。《若干规定》第十七条规定,证券市场虚假陈述是指对重大事件的信息披露违法行为。若信息披露违法行为对股民的投资决定没有重大影响,那么上市公司也不负担赔偿责任。

在2013年3月、7月,广州市中级人民法院分别公开审理杨志刚、王明生等人诉深圳香江控股股份有限公司（以下简称"香江控股"）证券虚假陈述一案中，法院通过精确计算上市公司错误会计处理导致少计算净利润32万元，占2008年度合并财务报表的比例为0.09%，影响微小，难以影响股票市场，也不符合《若干规定》所指的重大事件的构成条件。在乔灵花诉东贝股份（股票代码：900956）虚假陈述索赔案件中，武汉中级人民法院在《民事判决书》（〔2015〕鄂武汉中民商初字第00727号）中认为，东贝股份公司、东贝集团公司未披露或未如实披露与艾博科技公司、法瑞西公司两家公司的关联关系以及关联交易的行为及未披露法瑞西公司对芜湖欧宝公司的持股信息，构成证券市场虚假陈述行为，但该行为未对原告的投资行为产生影响，不具有重大性，且与投资者的交易损失没有因果关系。

（3）2019年7月29日ST天宝公告称，董事长黄作庆先生因涉嫌虚开发票罪，经大连市人民检察院批准，已被大连市公安局正式逮捕。据粗略统计发现，自2019年1月至7月31日，至少已有16名上市公司董事长、总经理或实控人被公检法部门调查或批捕，其中7月"案发"的就有4人。从案由来看，有10人涉及经济犯罪，主要包括操纵证券市场、行贿受贿、内幕交易、票据诈骗、欺诈发行股票、背信损害公众利益、非法吸收公众存款等。另外，长春长生董事长高俊芳涉嫌生产、销售劣药罪被强制拘留，主营农化产品贸易的科菲特董事长奚圣虎因涉嫌污染环境罪被执行指定监视居住。

刑事法律风险产生原因有很多方面，既有企业家法律意识淡薄，犯罪界限认识不清，个人资金和公司资金混同，无视企业管理制度，在自己控制的多家企业之间随意调拨使用资金，权商勾结谋取不正当暴利，结交社会不正当势力进行非法经营，或亲情、友情、生活感情、陋习与虚荣等人性弱点的原因；也有公司未依法、按照规章制度科学管理，或管理制度存在不完善，以及社会风气和政策、市场体制的外部原因。

上市公司控股股东、实际控制人及董事、监事、高级管理人员通常没有接受过必要的法律教育，缺乏必要的法治熏陶，大多对于违法或犯罪既没有能真正了解和认识，更遑论必要的防范，其法律风险防范意识尚待提高。通过上市公司的法务部人员或者外聘法律专家提供的法律培训，上市公司相关责任人员应学习和掌握必要的法律知识，具备日常工作和生活中的基本法律常识。

在证券类刑事法律风险发生，遇到公安机关、检察机关或者其他具有侦查职能的办案机关要求上市公司或相关人员进行协助调查或监察调查、调查讯问时，首先良好的心态有助于保持对事情的正确判断力，可争取案件朝着有利方向发展。其次，重视和正确对待危机，配合相关部门的调查。相关部门通常在掌握可能涉嫌犯罪的线索基础上才启动立案调查，若无确凿的证据证明犯罪事实存在，在案件调查阶段，案件的真实性和定性尚有疑问或者争议。如果应对措施得当，尚有可能将事件化解在立案阶段。若处置不当，一旦进入刑事司法程序，将会变得非常复杂。

在刑事司法程序中，当事人应当充分行使和主张自己的诉讼权利。譬如当侦查人员采取强制措施时，有权核实对方身份和相关法律手续，请求侦查机关及时讯问、家属知悉涉案原因和羁押处所、有权要求解除超过法定期限的强制措施，要求核对和补充或改正讯问笔录、法庭笔录和自行书写供述，申请回避等权利。犯罪嫌疑人在被侦查机关第一次讯问后或者采取强制措施之日起，可以聘请律师为其提供法律咨询、代理申诉、控告；犯罪嫌疑人被逮捕的，聘请的律师可以为其申请取保候审；公诉案件自案件移送之日起，犯罪嫌疑人有权委托辩护人。慎重选择代理律师或者辩护人，选择合格、适合的律师，认真配合辩护人完成整个庭审活动，达到最佳的辩护效果。

第五节
对内严格追责

上市公司完善法人治理和结构，需要建设廉洁、务实、高效的管理团队，促使公司管理层恪尽职守，合法、认真、有效履行岗位职责，提高公司决策与经营管理水平，提升公司治理和内部控制建设水平。因此，明确领导和管理责任，约束与激励并举，上市公司健全内部约束和责任追究机制实属必要。不仅要健全严格的责任追究和监管制度，而且要日常化，绝不能让上市公司管理制度流于形式，放任自流。

证券类法律风险的防范和管控、应对，尚需上市公司持续完善治理，建立健全责任追究和强化内部控制问责机制，逐步推进内部控制的法治和管理制度建设与实施。除法律层面明确上市公司法定代表人、董事、监事和高级管理人员、部门负责人、子公司负责人及信息披露负责人，在内部控制建设、审计及信息披露中的违规责任范围、标准、责任认定、追究办法和处罚措施，强化和明确对内部控制违规的公司、董事会、监事会、经理层及审计机构（会计师事务所、注册会计师）的问责和处罚标准与力度之外。实践中上市公司治理结构完善，在所涉及的上市公司内部控制和治理缺陷方面，需要制订切实可行的整改方案，明确上市公司相关职能部门和业务单位职责和整改责任，建立和强化整改效果的跟踪考核，对整改不及时、不到位的，分析原因，并严格追究相关责任人和责任部门的责任；对于资金活动、资产管理、财务报告、信息披露等关键事项及内部控制缺陷高发领域，上市公司应将其作为日常监督重点，加大监督检查力度，持续推动建立健全管理制度与流程，完善对薄弱环节的管控。

具体而言，内部责任追究系指董事、监事、高级管理人员及其他责任人员在履行职责过程中发生失职、渎职、失误或为个人、股东的利益而弄虚作假，损害公司或其他股东利益的行为；或者在其管辖范围内发生了重大问题，虽然该责任人不是直接当事人也没有参与，但有失职、失察、未勤勉尽责，对公司发展或经营管理造成不良影响的，必须追究其相应责任。上市公司根据实际情况，建立《内部责任追究制度》，包括但不限于对制度适用的对象及原则、适用的情形或范围、责任追究的执行、追究责任的形式和种类、从轻或减轻或免于处理、从重或加重处理、听取相关责任人的意见，保障其陈述和申辩，追究责任履行程序，以及责任追究制度的制定、修订，有权解释内部机构和程序。

第六节
及时自查自纠

在实际运作中，上市公司治理结构中还存在不少亟待解决的薄弱环节和缺陷方面，公司治理"形似而神不至"的现象仍然存在。上市公司要防范和化解资本市场重大风险，需积极主动自查自纠，以"有则化解、无则防范"为原则，建立风险自防自律的长效机制。

上市公司在专项治理和日常经营管理活动中，本着实事求是、全面客观的原则，严格对照《公司法》《证券法》《股票上市规则》等有关法律、行政法规、规范性文件，以及《公司章程》、三会会议事规则等内部规章制度进行自查，主要包括公司股东会、董事会、监事会、管理层、内部控制的规范运作；公司在资产、人员、财务、机构、业务等方面的独立性；信息披露事务管理制度和执行透明度，重大事件的报告、传递、审核、披露程序和落实情况，主动信息披露的意识；公司治理创新措施，实施效果。从公司发展战略、组织结构调整、业务转型升级、资本市场运作等多层面，研究和判断经营发展路径和措施中的风险。认真查找上市公司治理结构方面存在的问题和不足，深入分析产生问题的深层次原因，对查找出的问题制定明确的整改措施。通过业务检查、内控控制、审计等打好风险防控的基础，落实内部问责制度。确保每一个风险事项，准确查找发生原因、有解决措施、有整改结果、有负责人员，主动减轻和消除危害后果。加强舆情监测，建立应急处理机制，确保发生对公司有重大影响的事件时能够及时有序做出反应，妥善应对市场关切。

治理是长期的系统工程，需要持续不懈地努力，通过自查自纠，上市公司不断完善治理结构、建立健全公司内部管理和控制制度，持续开展公司治理活动，不断提升公司规范治理水平，有效化解和防范证券市场的法律风险。

第七节
聘请外部专家

上市公司可通过聘请在证券市场合规领域与法律事项方面具有丰富经验的律师事务所与律师，以及信息披露、内部控制和风险防范的专业咨询机构，提供日常的法律帮助、内部控制和风险防范咨询服务。专业的律师事务所与律师能够帮助上市公司及董事、监事、高级管理人员提高法律意识，培养法律思维，懂得如何防范上市公司所面临的法律风险。上市公司在涉及重大事项做出决策之前，聘请专业律师对决策涉及的事项进行合法合规性评估，判断和预见其中可能存在或潜在的法律风险，并提出建议和解决方案，可防患于未然。因此，在取得律师、专业咨询机构日常的法律帮助之外，比如涉及专业、复杂的或碰到把握不准的信息披露问题和事项时，上市公司及时取得和听取专业律师、专业咨询机构的意见和建议，可防范上市公司及相关人员的违法违规行为和法律风险的发生。

2018年修订的《上市公司治理准则》提出和要求上市公司将环境、

社会责任和公司治理融入公司发展战略,并且从制度层面搭建了上市公司 ESG 信息披露的基本框架。因此,上市公司的 ESG 信息披露与相关评价体系建设,在实践中亦需取得律所在内的专业机构、学界和业界专家的帮助。

第八节

危机处理

　　对于突发性事件、媒体的不利报道，上市公司如何应对？大老板、实际控制人、董事长、法定代表人被限制人身自由或采取强制措施、拘留，上市公司该如何独善其身？有关上市公司信息披露或其他违法违规行为的新闻媒体揭露报道，投资者和竞争对手的投诉、举报，通常会引起广大股民、资本市场和监管机构的高度关注，相关事件持续发酵，上市公司被监管机构或行政司法部门立案调查，并最终上市公司或相关责任人员被采取行政处罚或引发民事诉讼、追究刑事责任。因此，上市公司应未雨绸缪，重视投资者的质询和合理解答投资者的疑问，妥善处理与同业、竞争对手的关系，实时关注舆情，合理应对新闻媒体的报道，主动和积极关注、防控可能引发证券监管机构调查和处罚，被追究民事、刑事责任的法律风险和因素，以避免陷入与投资者、交易所、监管机构对立、冲突的地位，或者舆论审判的被动或不利局面。有效的管控和处理、应对机制，积极采取措施，及时妥善处理，能够最大限度降低或减少对上市公司的不利影响。

以本书中所列举的上市公司涉及信息披露违法违规典型案例来说，其既有人为故意披露虚假信息行为，长期以来上市公司存在信息披露不真实、不准确或存在重大遗漏、信息披露不及时、信息披露不认真、财务预测性信息失真、利用内幕信息操纵市场等情形；也有在公开披露信息逐年增多和信息披露监管要求不断提高的态势下，由于认识偏差或工作失误，出现信息披露遗漏、不准确、不及时的问题。因此，作为上市公司而言，除了严谨和周密地做好信息披露的事项，还应未雨绸缪，做好危机管控和处理、应对的预案或方案。就上市公司涉及信息披露证券民事诉讼判决结案的粗略统计情况来看，有个别上市公司以判决结案的涉案案件数量达百件以上，也有上市公司以判决结案的涉案案件数量仅为个位数或仅为一件。同类型的上市公司证券类民事诉讼，除去个案情况存在差异之外，不同上市公司的判决结案案件数量悬殊之大，有些让人费解。因此，危机一旦发生，上市公司应即刻启动相关危机管控和处理、应对的预案或方案，以避免事态恶化、扩大化和防范发生次生风险，最大限度降低或减少危机事项给上市公司所带来的不可预估和判断的负面影响。

同时，在配合监管机构或行政执法、司法部门等迅速查清事实，积极应诉和应对处理之外，向属地政府机关等寻求帮助，尽量保持公司经营稳定，亦非常重要。

本文仅仅是上市公司常见证券类法律风险管控、防范和应对的一般性建议。由于上市公司常见证券类法律风险和问题非常专业和复杂，实务性极强，牵扯面比较广泛，个案之间差异很大，具体如何防范和应对，应因人、因事、视时而异，具体事项和案件区别对待。上市公司及相关责任人员在遇到具体法律问题时，应及时咨询专业律师的具体意见。